GOTTESDIENST PRAXIS SERIE A

Arbeitshilfen für die Gottesdienste
zu den Sonn- und Feiertagen
des Kirchenjahres

Herausgegeben von Horst Nitschke

Gütersloher Verlagshaus Gerd Mohn

GOTTESDIENST-PRAXIS

III. Perikopenreihe

Band 1: 1. Sonntag im Advent bis Okuli

Gütersloher Verlagshaus Gerd Mohn

Die Deutsche Bibliothek – CIP-Einheitsaufnahme

Gottesdienstpraxis / hrsg. von Erhard Domay und Horst Nitschke. –
Gütersloh : Gütersloher Verl.-Haus Mohn.

Teilw. hrsg. von Horst Nitschke

Ser. A, Arbeitshilfen für die Gottesdienste zu den Sonn- und Feiertagen des Kirchenjahres.
Perikopenreihe 3.

NE: Domay, Erhard [Hrsg.]; Nitschke, Horst [Hrsg.]; 1. Abt.

Bd. 1: 1. Sonntag im Advent bis Okuli – 1992

ISBN 3-579-02877-4

ISBN 3-579-02877-4

Satz: Satz-Service-Berkemeier, Gütersloh
Druck und Bindung: Ebner Ulm
Umschlagentwurf: Franz Wöllzenmüller, Oberhaching
Umschlagbild: © Benedikt Werner Traut, 8677 Selbitz
Im Zeichen der Auferstehung, 1973
Aus dem Zyklus »Er wird bei ihnen wohnen«, Farbholzschnitt 90 x 93 cm
Printed in Germany

Inhalt

1. Sonntag im Advent

Predigttext: Jeremia 23,5–8

Wolfgang Gerlach

Theologisch-homiletische Skizze

Selbst meine gutbürgerliche, akademisch durchsetzte, aufgeweckte Gemeinde weigert sich, einer Predigt zuzuhören, die sie mit historisch-kritischen Forschungsergebnissen langweilt. Deshalb gehe ich nachstehend höchst sparsam mit der Angabe von geschichtlichen Kontexten um, zumal ich selber merke, daß ich sie nicht behalten kann.

In meinem eigenen theologischen Ansatz fühle ich mich durch die »hermeneutischen Konsequenzen« W. Schottroffs aufs erfreulichste unterstützt. Daher wird jemand, der sich von einer Theologie »*vor* der Shoa« partout nicht trennen kann, mit meinem Predigtangebot wenig anzufangen wissen. Im übrigen muß dann jede(r) selber wissen, ob er/sie einen Text der hebräischen Bibel in christliche Adventsvorstellungen klassischen Stils umbiegen darf. Es sei denn, in der Predigt wird ausdrücklich vermerkt, daß nicht so sehr die Intention und die zeitgenössischen Umstände Jeremias interessieren, sondern der Jeremiatext nur als Folie für eine christologisch eingefärbte Adventspredigt herhalten soll. Diese Ehrlichkeit müßte die Folge einer verantwortlichen Exegese sein.

Liturgievorschläge

Lieder

»Es ist für uns eine Zeit angekommen« (aus dem Quempas); »Es kommt die Zeit, in der die Träume sich erfüllen« (in: Mein Liederbuch für heute und morgen, tdv 8100 N,B 74). Im übrigen werden sich Adventslieder anbieten.

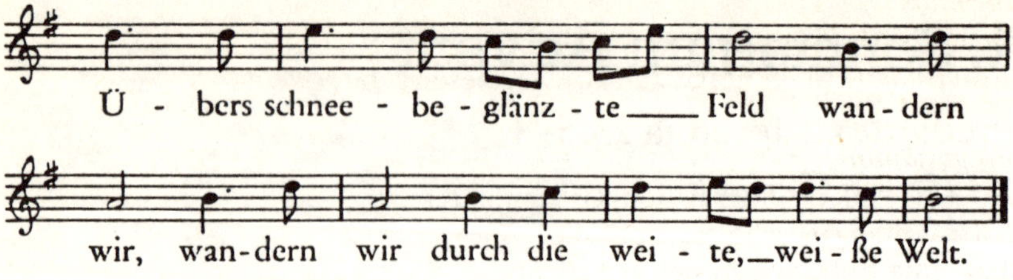

1. Es ist für uns eine Zeit angekommen, die bringt uns eine große Freud.
   Übers schneebeglänzte Feld wandern wir, wandern wir durch die weite, weiße Welt.
2. Es schlafen Bächlein und See unterm Eise, es träumt der Wald einen tiefen Traum :|
   Durch den Schnee, der leise fällt, wandern wir, wandern wir durch die weite, weiße Welt.
3. Vom hohen Himmel ein leuchtendes Schweigen erfüllt die Herzen mit Seligkeit :|
   Unterm sternbeglänzten Zelt wandern wir, wandern wir durch die weite, weiße Welt.

Melodie: Sternsingerlied; Text: Paul Hermann

* Capo III - D-dur

Text: Gerhard Schnath, Melodie: Peter Janssens
aus: »Leben wird es geben«, 1975

Introitus
Psalm 24,1f. (Sprecher)
7–10 (dialogisch in Frage und Antwort lesen)

Eingeständnis
Advent. Anfang eines neuen Kirchenjahres.
Aller Anfang ist schwer, sagen die,
die wenig Zutrauen zu sich selbst haben,
aber oft zum guten Ende finden.
Aller Anfang ist leicht, sagen die,
die sich zu viel zutrauen und bald abbrechen.
Herr, erbarme dich unser,
wenn du uns einen neuen Anfang schenkst.

Zuspruch
»Ich will dich unterweisen und dir den Weg zeigen,
den du gehen sollst; ich will dich mit meinen Augen leiten.«
(Ps 32,8)

Kollektengebet
Unser Gott,
gib uns in dieser Wartezeit des Advent einen langen Atem:
daß wir warten können auf dein Kommen,
daß wir dir entgegengehen wie einem erwarteten Gast,
daß wir in deinem Wort dich erkennen lernen,
heute, hier, jetzt. Amen.

Lesung
Jesaja 11,1–10

Schlußgebet
Siehe, es kommt die Zeit, ist dein Spruch, unser Gott.
Gib uns Augen, daß wir sie sehen lernen – diese Zeit.
Gib uns Ohren, daß wir sie kommen hören – diese Zeit.
Gib uns Vernunft, daß wir sie kommen lassen – diese Zeit.
Laß uns verstehen, Gott, daß du es warst,
der uns bis hierher geleitet hat
durch Zeiten der Trennung, der Vertreibung, der Flucht,
durch Zeiten des Neuanfangs, der Zuversicht, des Friedens.
Nimm uns mit, Gott, auf dem Weg, der Zukunft hat,
Zukunft für immer noch im Kriege lebende Völker,
Zukunft für deine geschundene Schöpfung,
Zukunft für die Menschen, die schon aufgegeben haben. Amen.

Zur Predigt

1. Teil: Der Sprung mitten ins Thema!

»Es kommt die Zeit.« Es kommt die Zeit, da wirst du wieder gesund werden. Es kommt die Zeit, da wird sich dein Liebeskummer in neue Liebe verwandeln. Es kommt die Zeit, da wird dein Hunger nach Leben gestillt werden.

Im Advent bedenken und besingen wir die Zeit, in der etwas oder jemand im Kommen ist. Damit das glaubhaft wird, »spielen« wir jedes Jahr neu das Kommen des Kommenden, indem wir uns in die Zeit des Erwartens einleben: Wir spielen, als seien wir »in Hoffnung« wie Maria. Wir spielen, als seien wir unterwegs wie Hirten und Heiden, als seien wir auf dem Wege wie Könige und Kinder. Wir spielen es, bis es so weit ist, bis wir das Gefühl haben: Es kommt die Zeit – und ist schon da! Bis wir aus den alten Quempas-Heften singen: »Es ist für uns eine Zeit angekommen, die bringt uns eine große Freud«.

Weil zu allen Zeiten die Menschen Anlaß hatten, sich nach etwas zu sehnen – nach mehr Gerechtigkeit, nach mehr Frieden, nach Rückkehr in die alte Heimat –, deshalb brauchen wir Propheten, Visionäre, Träumer, die uns Hoffnung machen und uns hoffen lassen und die uns anstiften, in der Karawane derer mitzuziehen, die einer besseren Zukunft trauen und an ihr mitarbeiten wollen. Sonst wird man dich abhängen, und du wirst den Zug der Zeit verpassen. Du wirst dir sogar von Heiden und Atheisten ins Stammbuch schreiben lassen müssen: »Wer zu spät kommt, den bestraft das Leben!« (Gorbatschow 1989 zu Honecker kurz vor dessen Sturz). Damit du nicht zu spät kommst, damit du nicht denkst, es sei ja noch lange nicht Zeit, oder damit du nicht befürchtest, die Zeit sei vorbei, da sich noch irgend etwas ändern werde, schiebt sich das Jeremiawort nach vorn und mischt sich ein in den beginnenden Advent:

»Siehe, es kommt die Zeit, spricht der Herr, daß ich dem David einen gerechten Sproß erwecken will. Der soll ein König sein, der wohl regieren und Recht und Gerechtigkeit im Lande üben wird.« Ein Sproß. Ein Zeichen des Erwachens und des Wachsens. Ein Zeichen, das hoffen läßt. Uns Menschen des Jahres eintausend-neunhundert-zweiundneunzig reißt's nicht mehr vom Stuhle, wen Jeremia hier mit »«Sproß« im Auge gehabt hat: ob jenen Sohn des Josia, Matanja mit Namen, der, von Nebukadnezar auf den Thron gehievt, sich fortan Zedekia = der Gerechte nannte, aber zu schwach war, um Gerechtigkeit in seinem Lande durchzusetzen. Oder ob der Prophet einen späteren Monarchen meinte, der sich als Sproß der Gerechtigkeit erweisen werde.

Israel wartet bis heute auf die Zeit, in der seinem Volk und seinem Land der »Sproß der Gerechtigkeit« erwachsen wird. Und wir Christen sehen zwar in dem Kind von Bethlehem einen solchen »Sproß«, der wohl das gewesen sein mag, was Zedekia zu sein nicht möglich war. Aber das Reich der

Gerechtigkeit hat auch er nicht gebracht. Darauf warten wir Christen zusammen mit den Juden. Vielleicht kommt es uns allen näher, wenn gerade wir beide, Christen und Juden, dieses Warten nicht mehr gegeneinander, sondern miteinander praktizieren.
Jeder Text wird immer so gelesen, wie es die Gegenwart ihren Zeitgenossen zu lesen aufgibt. Jede Gegenwart trägt ihre Leiden, ihre Erfahrungen in die alten Texte mit ein: Sie schöpft Kraft aus der Vergangenheit und gewinnt Kraft für die Zukunft, für die Zeit, in der aus dem Sproß etwas erwachsen wird, das die Welt verändert und zu großen Hoffnungen Anlaß gibt. Jede Gegenwart saugt aus den Blüten der alten Texte den Nektar, der ihr zur tröstlichen und stärkenden Nahrung dienen kann. Deshalb haben die Weisen im 1. Jahrhundert nach der Kreuzigung, im Angesicht der Tempeltrümmer, ihr eigenes Exil wiedererkannt, das Jeremia 600 Jahre zuvor mit diesem Warnruf gegen die Könige seines Landes beschrieben hat.
Und im heutigen Staate Israel gibt es Stimmen, die sehen die Wiedergeburt Israels nach dem »Exilsschrecken des Holocaust« (Roland Gradwohl, Bibelauslegungen aus jüdischen Quellen, Bd. 1, Stuttgart 1986, S. 206) als »Beginn der Zeit, da unsere Erlösung wächst«.

2. Teil: Die politische Dimension
Und wir, die Nichtjuden, wir Deutschen – wir können dieses Jeremiawort wiederum mit unseren Augen lesen: Die Wende, die der Sproß bringen soll, nämlich die Zusammenführung des geteilten Volkes in Juda und Israel, diese Wende als Vereinigung eines schmerzlich geteilten Volkes löst in uns die Erinnerung an das Jahr 1989 aus. Der Sproß war nicht ein König, nicht ein Bundeskanzler und kein Präsident, sondern er war genau dies, was auch hier von diesem Sproß gesagt wird: daß er weise ist, also mit Einsicht und Verstand begabt. Es war die Vernunft und die Besonnenheit, es war der Geist des Friedens und der Gerechtigkeit, der sich in Gestalt von Kerzen stärker erwies als Gewehre. Wir können es nachempfinden, die wir durchs Fernsehen zusahen; und wieviel mehr erst wissen diejenigen Bescheid, die ihre Haut zu Markte trugen und allein auf dieses zarte Gewächs der Weisheit und der Besonnenheit und des Gottvertrauens setzten.
Ist das der Geist des Advent? Er *ist* es sicherlich noch nicht. Aber er könnte damit zu tun haben. Er kann es schon deshalb nicht sein, weil der Geist Gottes sich ja wohl unmöglich auf eine von zwei Seiten schlägt. Jeremia hat nicht gesagt und nicht sagen können: Die Vereinigung der beiden geteilten Königreiche Juda und Israel wird so erfolgen, daß der Sproß sich eines der beiden Reiche als das Reich der Zukunft wählt und das andere darin auf- und untergehen wird. So ist es schwerlich vorstellbar, daß auf lange Sicht die Vereinigung der beiden deutschen Staaten mit dem Triumph des Kapitalismus über den Sozialismus, mit dem Sieg des freien Marktes über die Kommandowirtschaft zu ihrem Ziele kommt. Das würde ja bedeuten: Gott oder Gottes Sproß ist der westliche Gott, der den Osten frißt oder ihn erlöst.

Jeremia sieht wohl in der Vereinigung etwas Drittes, das aus zwei Getrennten hervorgeht. Und können wir es in verantwortbarem Glauben anders sehen als so, daß die Vereinigung von zwei Teilen etwas Drittes ergibt? Denn die beiden Teile haben sich in 40 Jahren Freiheit hie und Gefängnis dort geistig so entfremdet, daß es kaum noch Nahtstellen gibt. Nur Einfühlung und Behutsamkeit, Geduld und klare Sprache werden den »Sproß der Gerechtigkeit« keimen und wachsen lassen.

3. Teil

(Hier folge ich den »Hermeneutischen Konsequenzen«, wie sie Willy Schottroff exegetisch in Band 4 gezogen hat, entgegen allen klassischen Versuchen, den Text messianisch auf Jesus umzubiegen.)

Nun werden viele fragen: Ist das Wort des Propheten Jeremia denn nur ein politisches Wort? Hat es nichts mit Gott zu tun? Und erst recht: Warum ist solch ein Text für uns Christen im Advent gewählt? Jeremia müßte sich noch heute im Grabe herumdrehen, wenn er seine Worte durch den christlichen Versuch entstellt sehen müßte, in diesem gerechten Sproß den »Messias Jesus« zu enthüllen. In der Tat, Jeremia hat zutiefst politisch geredet, indem er die Könige seiner Zeit als verführende »Hirten« auf die Hörner nahm: »Wehe euch Hirten, die ihr die Herde meiner Weide umkommen laßt und zerstreut! spricht der Herr« (Vers 1). Ihr Könige, ihr Volksverführer, habt das Exil mitzuverantworten. Selbst nach zweieinhalb Jahrtausenden hat sich Jeremias Zukunftshoffnung nicht erfüllt; auch der Staat Israel kann schwerlich als der Sproß bezeichnet werden, der die Ankunft des erwarteten Friedensreiches annonciert.

So bleibt für die Juden dieser »gerechte Sproß« eine Zukunftsvision, eine »Utopie« (Schottroff), die das Unmögliche zu glauben wagt, um das Mögliche auf dieser Erde keimen und wachsen zu lassen. Denn die Pflanze wächst nicht ohne unser menschliches Zutun. Wir sind verantwortlich für die Bodenbereitung. Und wenn der Sproß erst einmal sprießt, dann – so sagen die deutenden Rabbinen – dann werden sich seine Eigenschaften auf uns Menschen auswirken. »Leise, unmerklich wächst er empor, der Sproß im Dienste der Verwirklichung des Rechts auf Erden ... und nur allmählich ... gelingt die Anbahnung des Heils« (s. Gradwohl, a.a.O., S. 203).

So sollten auch wir Christen diesen Text nicht vergewaltigen, indem wir ihn auf Jesus oder auf einen sich anbahnenden Messias umdeuten (»er ist schon auf der Bahn«, EKG 7,6). Welche andere Chance aber haben wir Christen, mit prophetischen Texten z.B. im Advent sachgemäß umzugehn?

Wie wär's, wenn wir versuchten, diesen Text mit den Augen Jesu zu lesen? Hat er nicht so »utopisch« gelebt, daß, wenn wir alle so lebten wie er, der »gerechte Sproß« zum Keimen käme und uns so dem Friedensreich entgegenwachsen ließe?

Wenn die göttliche Erweckung des »gerechten Sprosses« unmittelbar zusammenhängt mit der Vereinigung der beiden getrennten Völker, dann

kann das doch dies beides bedeuten: Den gerechten Sproß wird der Herr erwecken, damit die beiden Hälften dieser Welt zu einer Welt werden: Ost und West und Nord und Süd im Großen; und im Persönlichen die dunkle und die helle Seite in uns, die ungerechte und die gerechte. Und umgekehrt: wir können dem gerechten Sproß den Boden bereiten, indem wir in der ersten und zweiten und dritten Welt *eine* Welt sehen; denn nur sie alle zusammen ergeben *eine* Welt. Und nur die Versöhnung unserer Lichtseiten mit unseren Schattenseiten ermöglicht die Vereinigung dessen, was in uns getrennt und gespalten lebt.
So können wir Gott nur bitten: »Erwecke bald den gerechten Sproß und laß ihn sprießen: trotz uns und durch uns, in uns und mit uns!« Dadurch wird das Friedensreich nicht über Nacht entstehen, aber es wird auch nicht auf den St. Nimmerleinstag vertagt; vielmehr rufen wir uns durch solch eine Bitte selber mit in die Verantwortung für die Welt und verweigern uns gegenüber denen, die uns allein fürs Jenseits zuständig erklären wollen.
»Es kommt die Zeit« – so können wir anstimmen – »Es kommt die Zeit, in der die Träume sich erfüllen, wenn Friede und Freude und Gerechtigkeit die Kreatur erlöst. Dann gehen Gott und die Menschen Hand in Hand ...« (B 74 in: Mein Liederbuch für heute und morgen. Notenausgabe tvd 8100 N, tvd Verlag, Parkstr. 20, 4000 Düsseldorf 30). Es kommt die Zeit, in der die Träume sich für Flüchtlinge erfüllen, heimzukehren in das Land, aus dem sie geflohen sind oder vertrieben wurden. Es kommt die Zeit, in der die Träume sich erfüllen, daß Gerechtigkeit wächst zwischen verfeindeten Volksgruppen und Kulturen, Rassen und Religionen. Es kommt die Zeit, »daß Güte und Treue einander begegnen, Gerechtigkeit und Friede sich küssen« (Ps 85,11).

Kontexte

Der Prediger kann sich auch stärker leiten lassen von einem Vergleich zwischen Jesaja 11 und Jeremia 23:

Jes 11	Jer 23
»es entwächst ein Reisig«,	»wahrhaftiger Sproß«
besitzt »Geist der Weisheit«,	»und ist weise«,
»richtet in Gerechtigkeit«	»übt Recht und Gerechtigkeit«
Einsammeln der »Vertriebenen Israels«, der »Zerstreuten Judas«	»Juda und Israel wird geholfen«

S. Abramsky erläutert dazu folgendes:
»Dieser ›Sproß‹ ist anders als das ›Reisig aus Isais Stamm‹, von dem einst Jesaja gesprochen hat. Er verübt keine Wundertaten, er besitzt keine übernatürlichen Kräfte, er bringt nicht allen Völkern den Frieden, und in seinen Tagen ›wohnt der Wolf nicht neben dem Schaf‹. Der oft enttäuschte Jeremia, der in der vom Untergang bedrohten Stadt Davids seine Reden hält, ist in seiner Hoffnung bescheidener und in seinem Sprechen zurückhaltender. Er hält dafür, daß der König ›Recht und Gerechtigkeit im Lande übt‹, damit in seinen Tagen Juda geholfen werde« (zit. nach Roland Gradwohl, a.a.O., S. 203).

2. Sonntag im Advent

Predigttext: Matthäus 24,1–14

Susanne Kahl-Passoth

Theologisch-homiletische Skizze

So ein düsterer Text – und das auch noch für den 2. Advent! Ein Katastrophenbild reiht sich an das andere: Es wird nicht ein Stein auf dem anderen bleiben – ihr werdet hören von Kriegen und Kriegsgeschrei – es wird sich ein Volk gegen das andere erheben – es werden Hungersnöte sein und Erdbeben – dann werden sie euch der Bedrängnis preisgeben und euch töten – dann werden viele abfallen und sich untereinander verraten und hassen – es werden sich viele falsche Propheten erheben und viele verführen. Da fällt es mir schwer, wahrzunehmen, daß da auch noch anderes steht: »Wer aber beharrt bis ans Ende, der wird selig werden« – und »es wird gepredigt werden dies Evangelium in der ganzen Welt«.

Im Advent, in der Vorweihnachtszeit fühlen wir uns unseren Träumen, den Hoffnungen auf ein heiles Leben besonders nahe. Viele unter uns versuchen ihrer Verwirklichung durch eigenes Tun ein wenig näher zu kommen: mit besonderen Weihnachtsgeschenken für die ganze Familie, einem Überraschungsprogramm für die Festtage, Verwandtenbesuchen im Altenheim, Überweisung von Spenden an karitative Organisationen, Versand von Paketen an Bedürftige in anderen Ländern usw. Völlig gestreßt und ausgelaugt wird Weihnachten dann erreicht. Und wir müssen zu oft erfahren, daß wir mit all unserem Tun unseren Träumen nicht näher gekommen sind, uns eher noch weiter von ihnen entfernt haben. Die Enttäuschung findet nicht selten ihren – auch gewalttätigen – Niederschlag in Auseinandersetzungen in der Familie. Kriseneinrichtungen haben Hochkonjunktur in der Weihnachtszeit.

Dennoch – die Advents- und Weihnachtszeit läßt uns auf besondere Weise spüren, daß in den Familien, in der Gesellschaft, in der Welt etwas nicht in Ordnung ist: »Und weil die Ungerechtigkeit überhand nehmen wird, wird die Liebe in vielen erkalten«. (Vers 12) Die Lichter auf dem Adventskranz wärmen uns, erinnern vielleicht auch an die alten Geschichten aus den Weihnachtsbüchern, an die biblischen Verheißungen von Frieden und Gerechtigkeit. Sie wecken die Sehnsucht nach einem Licht, das nicht ausgeht, nach Annahme und Geborgenheit. Es gibt viele Menschen – und davon werden auch welche am 2. Advent im Gottesdienst sein, Trauernde, deren Angehörige(r) in der vergangenen Woche beigesetzt worden ist –, die sehen das Licht nicht mehr, empfinden keine Sehnsucht mehr, weil ihr Unglück (Tod eines geliebten Menschen, schwere Krankheit, Erfahrung von Gewalt, Arbeitslosigkeit usw.) sie so gefangen hält, daß nichts anderes mehr Platz hat.

Daß es noch etwas anderes gibt, daß der Schrecken, die Angst, die Verzweiflung nicht das letzte Wort behalten müssen, auch wenn sie zu benennen und ernstzunehmen sind, das zu predigen, darum geht es am 2. Adventssonntag. »In der Welt habt ihr Angst, aber seid getrost, ich habe die Welt überwunden!« (Joh 16,33) und »Himmel und Erde werden vergehen; aber meine Worte werden nicht vergehen« (Mt 24,35): diese Sätze beschreiben das Geheimnis auch unseres Textes. Da ist ein Halt, ein Ziel, etwas, das durch alle die Katastrophen, Untergangsprognosen, Endzeitphantasien hindurchscheint, das hindurchträgt, uns trotz allem am Leben erhält.

Es gibt viele Möglichkeiten, mit allgemein gesellschaftlichen oder persönlich bedingten Katastrophen umzugehen. Am schwierigsten scheint es zu sein, mit dem Wissen um all das Schreckliche zu leben, mit dem Wissen um die eigenen Grenzen und Möglichkeiten und mit dem Wissen: Es ruht nicht alles auf den eigenen Schultern – da ist noch einer zum Mittragen, der vollendet.
Dietrich Bonhoeffer beschreibt das so: »Optimismus ist in seinem Wesen keine Ansicht über die gegenwärtige Situation, sondern er ist eine Lebenskraft, eine Kraft der Hoffnung, wo andere resignierten, eine Kraft, den Kopf hoch zu halten, wenn alles fehlzuschlagen scheint, eine Kraft, Rückschläge zu ertragen, eine Kraft, die die Zukunft niemals dem Gegner läßt, sondern sie für sich in Anspruch nimmt ... Es gibt Menschen, die es für unernst, Christen, die es für unfromm halten, auf eine bessere irdische Zukunft zu hoffen und sich auf sie vorzubereiten. Sie glauben an das Chaos, die Unordnung, die Katastrophe als den Sinn des gegenwärtigen Geschehens und entziehen sich in Resignation oder frommer Weltflucht der Verantwortung für das Weiterleben ... Mag sein, daß der Jüngste Tag morgen anbricht, dann wollen wir gerne die Arbeit für eine bessere Zukunft aus der Hand legen, vorher aber nicht.« (Widerstand und Ergebung, München 1958, S. 30f.). – Um dieses bis zum Jüngsten Tag Ausharren, das Hoffen wider alle Hoffnungslosigkeit, darum soll es in Gottesdienst und Predigt gehen.

Vorschläge zur Liturgie

Lieder

EKG 6; 9,1.2.4; 10,1,2,4,6,7; 14.
»Weil Gott in tiefster Nacht erschienen ...« (B 26); »Ich lobe meinen Gott, der aus der Tiefe mich holt ...« (B 102); »Freunde, daß der Mandelzweig ...« (B 127) – alles in »Mein Liederbuch für heute und morgen«, tvd-Verlag, Düsseldorf.
»Manchmal – ein Auferstehungslied« (S. 76); »Du verwandelst meine Trauer ...«, Kanon (S. 78), in: Du Gott, Freundin der Menschen. Heidi Rosenstock, Hanne Köhler, Kreuz-Verlag, Stuttgart 1981.

Eingangsvoten

Mache dich auf, werde Licht; denn dein Licht kommt, und die Herrlichkeit Gottes geht auf über dir! – Denn siehe, Finsternis bedecket das Erdreich und Dunkel die Völker; aber über dir geht auf Gott, und seine Herrlichkeit erscheint über dir (Jes 60,1f.). Im Namen dieses Gottes feiern wir Gottesdienst! Amen.

Machet die Tore weit und die Türen der Welt hoch, daß der König der Ehren einziehe. Wer ist der König der Ehre? Es ist der Gott der Gerechtigkeit und Liebe. Im Namen dieses Gottes feiern wir Gottesdienst. Amen. (n. Ps 24,7)

Eingangspsalm
Psalm 27 (S. 28), Psalm 118,18–29 (S. 34), Ps. 121 (S. 35), wie bearbeitet in »Du Gott, Freundin der Menschen«, s.o., im Wechsel zwischen Gemeinde und ParrerIn/LektorIn.

Kyrie-Gebet
I.
Gott, was trauen wir dir noch zu?
Müde sind wir, ausgelaugt und erschöpft
von unseren Bemühungen
um Frieden und Gerechtigkeit
in dieser unserer Welt.
Wir strampeln uns ab.
Und was ändern wir dadurch schon?
Hat es überhaupt noch einen Sinn?

II.
Blind sind wir geworden.
Weder sehen wir sie, noch freuen wir uns
über die kleinen gelungenen Schritte.
Als ob alles allein von uns abhängt.
Gott, wir haben nicht treu genug geglaubt,
nicht intensiv genug gehofft.
Erbarme dich unser!

Zusage
»Die auf Gott hoffen, bekommen neue Kraft,
daß sie auffahren mit Flügeln wie Adler,
daß sie laufen und nicht matt werden,
daß sie wandeln und nicht müde werden. (Jes 40,31)

Gott spricht:
»Fürchte dich nicht, ich bin mit dir;
weiche nicht, denn ich bin dein Gott.
Ich stärke dich, ich helfe dir auch,
ich halte dich durch die rechte Hand
meiner Gerechtigkeit.« (Jes 41,10)

Kollektengebet
Gott, wir sind hier zusammengekommen,
um Gottesdienst zu feiern,
müde, verzweifelt, zweifelnd, dankbar,
voller Sehnsucht nach Wärme und Geborgenheit.
Laß uns zur Ruhe kommen,

hilf uns, zu uns selbst zu finden,
und schenke uns in diesem Gottesdienst etwas,
was wir mitnehmen können in unseren Alltag,
durch Jesus Christus.

Fürbittengebet
Gott, du hast uns deine Verheißungen in unsere Herzen gegeben,
damit von ihnen ein Licht ausgehe in die Finsternis dieser Welt –
ein verstehendes, wärmendes, heilendes Licht.
Zeige du uns, wen wir damit erreichen können:
die Erschöpften und Abgestumpften, daß wir ihnen Mut machen
und ihre Augen wieder leuchten;
die Trauernden, Einsamen und Verzweifelten, daß wir sie nicht
allein lassen, weil du ihnen Leben und Gemeinschaft anbietest;
die Ratlosen, und die am Ende sind, damit sie sich wieder neue Anfänge zutrauen;
die Kranken, die Hungrigen und die Gefangenen, daß wir unsere Herzen nicht vor ihnen verschließen,
sondern Lebensordnungen entwickeln, die die Kranken gesund, die Hungernden satt und die Gefangenen frei machen.
Gott sei uns nahe, wenn wir uns auf den Weg machen,
den du uns in Jesus Christus vorangegangen bist. Amen.

Vorschläge zur Predigt

Möglicher Predigtanfang
Liebe Gemeinde, mit welchen Erwartungen, Hoffnungen und Wünschen sind Sie heute morgen in den Gottesdienst am 2. Advent gekommen?
(Dort, wo eine Gemeinde gewohnt ist, im Gottesdienst miteinander über den Predigttext zu sprechen, könnte dies die Einstiegsfrage für eine erste kleine Gesprächsrunde sein.)
Haben Sie sich darauf gefreut, einige der alten Adventslieder zu singen? Hofften Sie, jedenfalls für kurze Zeit Ruhe zu finden in all der Hektik der Vorweihnachtszeit, die Probleme des Alltags und der Welt zu vergessen, sich wärmen, trösten zu lassen von dem Licht der zwei Kerzen auf dem Adventskranz?
Die Advents- und Weihnachtszeit ist für viele eine merkwürdige Zeit. Darüber zu reden fällt daher den meisten Menschen schwer, ja mancher und manche mag es sich selbst nicht mal eingestehen. Sie erinnert uns an Kinderträume und Wünsche von einer heilen Welt. Kitschig würden wir als Erwachsene die dazugehörigen Bilder nennen, nicht angemessen unserem Erwachsenenstatus? Sehnsucht haben wir nach vorbehaltloser Annahme, nach Liebe, Trost, Zugewandheit. Um diese Sehnsucht geht es auch in

unserem Predigttext. Sie werden Mühe haben, das sofort herauszuhören, denn die Bilder, die in ihm benutzt werden, erinnern uns an eigene Zukunftsängste, Alpträume, Bilder vom Weltuntergang.
Lesung des Textes.

Zum weiteren Verlauf
(Mögliche 2. Gesprächsrunde über die ersten Eindrücke vom Text und seinen Bildern.)
a) Mit der Adventszeit beginnt ein neues Kirchenjahr. Wir warten, bereiten uns auf das Fest der Geburt Christi, das Kommen der Erlösung vor.
Die Adventszeit ist auch Fastenzeit, was viele unter uns vergessen haben. Nach den Fastenregeln des Mittelalters waren in dieser Zeit Nahrungsmittel wie Fleisch, Eier, Milchprodukte vom Speisezettel zu streichen. Alle, die Erfahrungen mit dem Fasten gemacht haben, wissen, daß es dem Körper gut tut, ihn reinigt. Gleichzeitig werden die Sinne, die eigene Wahrnehmungsfähigkeit geschärft. Der Mensch sieht und fühlt genauer hin, was um ihn herum geschieht, mit ihm selber. Solches paßt nicht zu vorweihnachtlichem Streß und Zeitmangel, auch nicht zu den Träumen, die uns aus unserer alltäglichen Wirklichkeit hinwegheben sollen.
Aber vielleicht paßt die Nüchternheit des Fastenden zu unserem Text, vielleicht jagen ihm die Bilder weniger Angst ein bzw. gelingt es ihm, ihnen mit mehr Gelassenheit und Gottvertrauen zu begegnen.
Es geht in unserem Text um das Ende der Welt. Die Antwort, die Jesus seinen Jüngerinnen und Jüngern auf ihre Frage nach dem Zeichen für das Ende und sein Kommen gibt, läßt an Deutlichkeit und Eindeutigkeit nichts zu wünschen übrig. Diese letzte Zeit vor dem Ende der Welt und dem Kommen Christi wird bestimmt sein von Gewalt und Chaos. Es werden Menschen auftreten, die sich für Jesus ausgeben. Es wird Kriege geben, ein Volk wird sich gegen das andere erheben. Katastrophen wie Hungersnöte und Erdbeben werden die Lage verschärfen. Die Mitglieder der Gemeinde werden Verfolgung und Bedrängnis ausgesetzt sein. Austritte aus der Gemeinde, Verrat und Haß werden für Unfrieden in der Gemeinde sorgen; falsche Propheten werden ihr übriges dazu tun. Aber das Schlimmste für die Gemeinde wird wohl sein: Weil die Ungerechtigkeit überhandnehmen wird, wird die Liebe in vielen erkalten. Und wer da nicht aufgibt, wer beharrt bis ans Ende, der wird selig werden. Von Wehen spricht Jesus hier, von Wehen, die sein Wiederkommen, die Geburt einer neuen Welt einleiten, in der Gerechtigkeit und Liebe, die Sehnsucht der Menschen nach vorbehaltloser Annahme ihre Erfüllung finden werden. Die neue Welt wird unter Schmerzen geboren werden, eine Welt, in der Gott seine Hütte bei den Menschen aufbauen, bei ihnen wohnen wird. Und wer diese Wehen aushält, der wird Anteil haben an dieser neuen Welt, Nachbarin, Nachbar Gottes zu sein.
(Möglichkeiten einer 3. Gespächsrunde: Einsprüche, Fragen ...)

b) So schlimm wie im Text beschrieben ist es wohl noch nicht, aber es reicht uns auch so: Krieg, Ungerechtigkeit, Naturkatastrophen gibt es reichlich. Dieser Text, der so konträr zu unserer Bedürftigkeit, unserer Sehnsucht nach einer heilen Welt steht, macht Angst. Wozu soll dann all unser Engagement gut sein, unser Hoffen auf eine andere Zukunft vor dem Ende? Ist unser Hoffen und Tun vergeblich, sinnlos?
Es ist schwer, sich in dieses Ende hineinzudenken. Es sperrt sich etwas in uns dagegen. Am ehesten können es vielleicht noch die verstehen, die auf Grund eigener Lebensgeschichte eine Ahnung haben, was uns hier abverlangt wird.
Es gibt allerdings Menschen unter uns, die in besonders schweren Zeiten auf ein Ende zugehen mußten, ohne zu wissen, ob nicht die Angst, der Schmerz am Ende den Sieg davontragen würden. Für sie war ihr Leben zu Ende. Das Tor, durch das »der Herr der Herrlichkeit«, »der Heiland aller Welt«, »der Heil und Leben mit sich bringt«, einziehen wollte, war nicht nur verschlossen, sondern regelrecht verrammelt, zugebaut mit Angst, Panik, Einsamkeit, Mißtrauen, einem Gefühl von Aussichtslosigkeit. Wenn solche Menschen es mit Hilfe anderer schaffen, die zugebaute Tür zu öffnen, nicht in ihrer persönlichen Katastrophe verhaftet zu bleiben, dann können sie wohl ahnen, worüber Jesus in seiner Rede an die Jüngerinnen und Jünger spricht, »durch den Untergang der Welt hindurch, das Kommen der Welt Gottes, die in Jesus ist, zu sehen«. (Iwand) Die Suche nach Ruhepunkten, nach Licht in der Finsternis, das Bemühen, dennoch am Leben festzuhalten, nicht böse, nicht bitter zu werden, das Hin und Her zwischen Selbstzweifeln und zugesprochener Hoffnung hat etwas von einem Durchgang zu einem Neuen, bei dem etwas Altes auf der Strecke bleibt. Trauernde Menschen zum Beispiel, die den Tod des ihnen liebsten und wichtigsten Menschen als Katastrophe erleben, der Körper und Seele völlig durcheinanderschüttelt, können manchmal dieses Danach für sich selbst erfahren.

Möglicher Schluß
Der Eindruck, daß das Ende da ist, nichts mehr kommen kann nach all den Katastrophen – Krieg, Hungersnot, Erdbeben, dem selbstzerstörerischen Verhalten der Menschen untereinander durch Haß, Verrat, Lieblosigkeit – ist schwer aufzuheben. Wie das Kommende aussehen wird, wissen wir nicht genau – nur, es wird anders sein, Leben ermöglichen, Gottes Nähe sichtbar machen. Zum genauen Hinsehen, Hinfühlen will Jesu Predigt ermutigen. Wir sollen uns nicht länger etwas vormachen, uns nicht länger arrangieren mit unserem Frust, unserer Wut, unserem Zorn über Ungerechtigkeit, über die Arroganz der Mächtigen oder auch der Nichtleidenden. Aufdecken sollen wir das Unrecht, die Täterinnen und Täter benennen, nicht in Angst und Schrecken verhaftet bleiben. Und wir können das, weil wir die Zusage haben, daß da noch etwas anderes ist, die Liebe und Gerechtigkeit

der neuen Welt, die schon begonnen hat im Kommen Jesu. Es gibt Menschen, die können davon erzählen, deren Geschichten können wir nachlesen, nicht nur in der Bibel.
Menschen durften und dürfen erfahren, daß verrammelte, unsichtbar gewordene Tore wieder zu sehen sind, sich öffnen und Leben heil wird. Die eigene Wirklichkeit, Befindlichkeit wird dadurch nicht verdrängt oder verschleiert, aber sie verliert ihre Macht, sie hört auf, uns die Kraft, die Phantasie und den Mut zum Leben zu nehmen.
Und darum geht es in der Adventszeit: hinzusehen, wie unsere Wirklichkeit ist, keine Entschuldigungen, keine halbwegs vernünftigen Erklärungen heranziehen, um die Lage doch noch zu verschleiern. Der klare Blick schmerzt, zeigt, wie weit der Weg noch ist, aber in der Ferne ist das Licht, das um den Engel herum die Hirten weckt und in Gang setzt, das allen Wegweisungen gibt und eine Ahnung vermittelt von der Liebe und der Geborgenheit, die Gott für uns Menschen bereithält.
Wir können hinsehen und brauchen nicht zu erschrecken. Aber wir brauchen Zeit dafür, Ruhe, Gelassenheit, sollten vielleicht die Adventszeit neu als Fastenzeit für uns entdecken. Dann können wir auch Weihnachten, die Freude über das Geschenk Gottes neu, anders erleben.

Kontexte

»Zukunft.
Endlich sagt euch los vom Grauen. / Zwar in Asche sinkt die Welt.
Doch Geschlechter werden bauen, / was vor unserm Blick zerfällt.

Ehe noch des Urteils Ende / und ein neuer Stern erschien, /
muß im Herzen sich die Wende, / muß ein Wille sich vollziehn.

Nur Geglaubtes läßt sich finden. / Nur Gewißheit wird den Stern /
heilger Kräfte neu entbinden.

Stund' um Stunde sind verkettet: / Ehe uns die Zukunft rettet, /
müssen wir die Zukunft sein.«
Marie Luise Kaschnitz, Gedichte, © 1947 by Claassen Verlag, Hamburg.

»Angst vor der Angst.
Angst was kommt / Denken vor Angst was kommt / Angst vor dem Denken was kommt / Angst vor dem Denken.
Wenn es kommt / kommt es wegen der Angst / wegen der Angst vor dem Denken / die mir Angst macht.«
Erich Fried, Warngedichte, © 1964 Carl Hanser Verlag, München und Wien.

»Es genügt nicht, seine Ängste in der Bibel wiederzufinden. Es muß gefragt werden, was man damit ausdrücken will. Manche sagen: Das ganze Schreckensarsenal unserer Angst ist schon geweissagt, es steht in der Bibel, es ist Gottes Wille, es ist nichts mehr zu machen, das Unheil nimmt seinen Lauf. Die Bibel wird dabei noch zur Legitimation der Resignation benutzt. Ich finde diesen Umgang mit der biblischen Tradi-

tion falsch. Man kann diese Texte auch anders lesen, man muß das sogar, wenn man sie nicht mißbrauchen will. Sie sind nicht Ausdruck der Resignation, sondern der Hoffnung. Es wird die Hoffnung ausgedrückt, daß das Elend vorübergeht und Gottes Liebe die ganze Schöpfung erneuern wird. Die Schreckensvisionen sind ganz ernst gemeint. Die Menschen, die diese Visionen hatten, sind unsere Schwestern und Brüder vor Jahrhunderten: Kleine Leute, viele Frauen und einige Männer, die zweierlei taten: Sie formulierten ihre berechtigte Angst, und sie kämpften für die Befreiung der Menschen und der Schöpfung. Beides gehört zusammen. Ich habe diese Erfahrung auch: Erst wenn ich zulasse, daß ich die Wahrheit sehe, erst wenn ich mich der Wirklichkeit mit ihren Schrecken stelle, wächst auch die Kraft.«
Luise Schottroff, Frauenängste, in: Wege aus der Angst. Hrsg. Herbert A. Gornik, Freiburg 1987, S. 54f.

3. Sonntag im Advent

Predigttext: Lukas 3,1–14(15–18)

Christel Schibilsky

Theologisch-homiletische Skizze

In der Exegese zu dieser Perikope (Bd. IV) wird besonders die sozialethische Dimension der Bußpredigt des Johannes herausgearbeitet und für das Predigtgeschehen reflektiert. Für meine Predigt möchte ich die Verse 15–18 mit einbeziehen, weil das Anliegen des Lukas-Evangeliums in der Reich-Gottes-Predigt Jesu besonders deutlich in den Blick kommt. (Feuertaufe bei Jesus im Unterschied zu Wassertaufe des Johannes) Das hat Auswirkungen auf das Selbstverständnis christlicher Ethik. Wie bei Johannes ist auch die jesuanische Ethik radikale Gesinnungsethik, um es in der Begrifflichkeit von Max Weber zu formulieren. Die Konkretionen sind die gleichen – zumindest hier. Unterschiedlich dagegen ist die theoretische und lebensgeschichtliche Entstehung dieser Ethik: Der »Wegbereiter« Johannes weist darauf hin, daß die »christliche Ethik« aus der Erfahrung und dem Erleben des Reiches Gottes entsteht – aus der Gegenwart Christi.
Handelnder Glaube – das wird zum zentralen Thema dieser Predigt am 3. Advent. Der Glaubende handelt nicht aufgrund eines Gebotes, sondern aus der Erfahrung des Angenommenseins (vgl. Luthers Rechtfertigungslehre, s.u. Zitat von H. Zahrnt). Praktisch-theologisch hat das Konsequenzen für Predigt und Praxis der Gemeinde: Das Eingangsbeispiel ist mir deshalb wichtig, weil hier christliche Ethik nicht in steilen gesellschaftspolitischen Forderungen mündet (und endet!), sondern in kleinen, geradezu kindlichen Schritten eingeübt wird, ohne Distanz, in ›multikultureller‹ Gemeinsamkeit. Natürlich sind andere Beispiele denkbar, vielleicht sogar anschaulicher, wenn und soweit sie näher an der gemeindlichen Wirklichkeit angesiedelt sind. Auch Konkretionen aus dem Bereich der Pädagogik bieten sich an dieser Stelle an, wenn es um Akzeptanz des anderen, des Fremden neben uns geht. Feministische Ethik argumentiert ganz ähnlich. Sie geht aus von der Solidarität in einer Unterdrückungssituation und hat ihren Ansatz vor allem in der Auseinandersetzung mit konkreten ethischen Problemfeldern. Sie ist behutsam und vorsichtig, neue »alternative« Normen zu setzen. Sondern sie vertraut darauf, daß Gegenseitigkeit möglich und Herrschaft überwindbar ist. Christliche Ethik kann nur diakonisch-seelsorgerliche Ethik sein.

Vorschläge zur Liturgie

Anbetung

Feuer du und Tröster-Geist. / Leben des Lebens aller Geschöpfe! // Alles durchdringst du – / die Höhen, / die Tiefen / und jeglichen Abgrund. // Heilig bist du, du belebst die Geschöpfe. / Heilig bist du, du salbst die Verletzten. / Heilig bist du, du reinigst die Wunden. // Hauch aller Heiligkeit. /

Atem des Lebens. / Feuer der Liebe. // Zärtlich verkündest du Botschaft den Elenden, / erfüllst mit Sehnsucht unsere Herzen. // Du rufst uns zusammen zu deiner Gemeinde, / du kennst uns von Ansehen, / du weißt unsere Namen. // Du führst unseren Geist ins Weite / und befreist zum Leben. // Alles durchdringst du – / die Höhen, / die Tiefen / und jeglichen Abgrund. // Feuer du und Tröster-Geist. / Leben des Lebens aller Geschöpfe. / Lob sei dir! – Amen.
(Hildegard von Bingen)

Sündenbekenntnis
Jesus, wir stehen; aber nicht auf eigenen Füßen. Wir gehen. Aber immer die gleiche Schleife. Wir sehen. Aber nur, was man sehen darf. Wir leben. Aber das Leben ist in den Dingen, die wir herstellen und wegwerfen. Sei uns Lehrer, löse die gelenkten Gelenke, öffne die verknoteten Sinne. Versteh uns, wir müssen alles üben. Einen Schritt tun. Ein Wort sagen. Einen Engel festhalten. (Ernst Eggimann)

Lesung
Jesaja 40,1–8(9–11)

Lieder
EKG 6; 9; 14; 108,1; 428; 514.

Schlußgebet
Nicht alles, Gott sei Dank, ist uns möglich, / nicht alles nötig, nicht alles wichtig für uns. / Wir können wählen. / Wir müssen lernen, immer von neuem. / Wir bitten: Herr, erbarme dich. // Nicht alles haben: Dem andern gönnen, was er hat, / nicht immer vergleichen, / mit dem jetzt Möglichen zufrieden sein, / nicht immer mehr verlangen, / loslassen, schenken, verzichten / fragen, was die anderen brauchen, / für gerechte Verhältnisse sorgen – das ist schwer. / Wir bitten: Herr, erbarme dich. // Nicht alles leisten: Die eigenen Grenzen sehen, / die Arbeit mit anderen teilen, / nicht meinen, unersetzlich zu sein, / Zeit zur Erholung freihalten, / Fehler machen, getrost versagen, / nicht allen Erwartungen nachgehen, / nein sagen – / Wem fällt das leicht? / Wir bitten: Herr, erbarme dich. // Nicht alles wissen: Wichtiges von Unwichtigem unterscheiden, das jetzt Notwendige herausfinden, / überlegen, was sich zu lesen lohnt, den Fernsehapparat abschalten, / Gerüchte auf sich beruhen lassen, / nicht den Fachmann für alles spielen, / den Rat des Erfahrenen achten – wir wissen, wie notwendig das ist. / Wir bitten: Herr, erbarme dich. Nicht alles sagen: / Zuhören, lange Zeit zuhören, die Lage des anderen bedenken, / ihm sagen helfen, was er meint, / schweigen, wenn Worte nicht helfen können, / Verlegenheiten ertragen, nicht nur zur eigenen Entlastung reden, dem Wort etwas zutrauen – wer das könnte! / Wir bitten: Herr, erbarme dich. // Nicht alles haben, / nicht alles leisten, /

nicht alles wissen, / nicht alles sagen – / Du wirst uns helfen, Herr, unser Gott, durch deinen Geist, den Geist der Besonnenheit. Wir bitten dich darum im Vertrauen auf Jesus Christus. Amen. (Christian Zippert, in: Gottesdienst 76, S. 46f.).

Vorschläge zur Predigt

Liebe Gemeinde! Der Martinszug liegt nun schon einige Wochen hinter uns, aber auch bei der Martins-Legende geht es – wie bei unserem Predigttext – ums Teilen. Der Heilige Martin teilt seinen Mantel, eine rührende, fast kitschige Geschichte, zur Nachahmung empfohlen. Zur Nachahmung empfehlen möchte ich, was im vorigen Jahr christliche Gemeinden im Ruhrgebiet zum Martinszug veranstaltet haben: »›St. Martin‹ sangen auch die Kinder der Asylbewerber – Zug durch die Innenstadt«, so konnte man es in den Tageszeitungen lesen. Und weiter: »Kommt in unsere Mitte«. Dieses Motto haben die Organisatoren dem internationalen Martinszug gegeben. Der »Dritte-Welt-Laden« in Mülheim/Ruhr, Politiker aller Parteien aus dem Stadtrat, Vertreter der Kirchen, die jüdische Gemeinde; 56 Organisatoren und Verbände insgesamt. Sie wollen ein Zeichen setzen, wollen sich schützend vor jene 400 Asylbewerber stellen, die draußen, in den Vororten, in Containern leben. Und so ziehen mehr als 1000 Menschen, darunter viele deutsche und ausländische Kinder, mit ihren Eltern ... bis zum Rathaus. »Für jeden ist genug da«, ruft eine Organisatorin und meint damit nicht nur die vielen Bonbons, die Nüsse und Apfelsinen, die von den Markthändlern und Kaufleuten für die Kinder gespendet worden sind. »Kommt in unsere Mitte« – diese alte christliche Forderung zum Teilen wurde öffentlich aufgenommen und spielerisch eingeübt. Teilen – nicht nur in der Familie, in der Gemeinde – auch und gerade mit den Fremden, die unter uns manchmal in Angst und Schrecken leben müssen.
Damals begann es – mit einer Publikumsbeschimpfung: »Schlangenbrut!« Johannes, der Asket in der Wüste, redet deutliche Worte: Zorn Gottes und Weltgericht, Ethik als radikale Forderung an den einzelnen und die Gemeinschaft. Alle überkommenen Sicherheiten und religiösen Geborgenheiten gelten nicht mehr. Diese Zeitansage kommt an bei den Menschen – trotz Publikumsbeschimpfung. Menschen wie Johannes werden gebraucht, die radikaler als andere formulieren, schonungslos, manchmal selbstquälerisch mit sich sind, die aber auch rigoros und schonungslos mit den Gefühlen anderer umgehen!
Radikale Zeitansage, die aufrüttelt! Unbequem, weil die Situationsanalyse evident, einfach überzeugend, richtig ist.
Und wir können uns nicht damit trösten, daß Johannes ja »nur« ein Vorläufer ist, mit Jesus von Nazareth dann eine neue Ethik beginnt: Wir können davon ausgehen, daß Lukas hier urchristliche radikale ethische Forderungen

aufnimmt – die an anderer Stelle dann konkret und noch viel umfassender und radikaler formuliert werden. »Aber was sollen wir denn tun?« »Aber was können wir denn tun?« So wird Johannes gefragt.
Die Zeitansage, die schonungslose Diagnose über unsere Welt – sie wird auch heute durchaus gehört und wahrgenommen und wird formuliert: von Naturwissenschaftlern und Philosophen, Kirchen und Synoden, von prophetischen Einzelgestalten.
Schon vor über 15 Jahren hat beispielsweise Erich Fromm zugespitzt formuliert: »Richtig leben heißt nicht länger nur ein ethisches oder religiöses Gebot erfüllen. Zum ersten Mal in der Geschichte hängt das physische Überleben der Menschheit von einer radikalen Veränderung des Herzens ab. Diese ist jedoch nur in dem Maße möglich, in dem drastische ökonomische und soziale Veränderungen eintreten, die dem einzelnen die Chance geben, sich zu wandeln, und den Mut und die Vorstellungskraft, die er braucht, um diese Veränderung zu erreichen.« (Haben und Sein 1976, S. 19).
Was sollen wir denn tun? Was können wir denn tun? Auch die Antworten liegen heute vor – die Einsichten sind längst da – aber viel zu wenig ist geschehen und geschieht!
Wie schwer ist es schon in meinem ganz privaten Leben, wirklich etwas zu ändern: Viele gute Ansätze und Vorsätze gehen wieder verloren, ganz viel verdränge ich – und ich kämpfe auch – und scheitere oft – und es reicht eben nie! –
Auch Johannes antwortet auf die Frage: Was können wir tun, was sollen wir tun? Er antwortet den Fragern in ihre Situation hinein, angesprochen ist das Volk, das zu ihm strömt, die einfachen, armen Leute. Aufgefordert werden sie zu Solidarität untereinander, zum Teilen.
Was sollen wir tun? Martinszüge gibt es nicht alle Tage. Und Bonbons und Stutenkerle zum Teilen reichen allein gewiß nicht aus. Wie geht es weiter? Bei Johannes läßt das Volk sich taufen. Und Johannes weist über sich und seine Taufe hinaus. Er tauft mit Wasser, mit reinigendem Wasser, tauft auch Jesus. Und verkündet: Ein anderer wird kommen, anders wird er taufen, taufen mit dem Heiligen Geist und mit Feuer.
Jesus tauft mit dem Heiligen Geist und mit Feuer. Wie Wasser ist Feuer reinigend und heilig, es ist lebensgefährlich und lebensspendend zugleich. Wir kennen das Feuer als Zeichen des Heiligen Geistes von Pfingsten her. Das Feuer wärmt und spendet Licht, der Geist begleitet und stärkt.
Wasser und Feuer gehören zusammen, die Vereinigung von Wasser und Feuer ist in vielen Religionen ein Symbol der göttlichen Vollendung. Für uns Christen und Christinnen ist der Blick auf den wichtig, auf den Johannes hinweist, auf Jesus von Nazareth, der das Reich Gottes verkündet. Das Reich Gottes ist »mitten unter euch« (Lk 17):
Hier wird erfahrbar: Buße, Umkehr ist bei Jesus nicht die verzweifelte, selbstquälerische Gewissensanstrengung, sondern ist ein soziales Gesche-

hen: Das Reich Gottes ist eine Gemeinschaft, die Jesus nicht müde wird in immer neuen Bildern zu beschreiben, zum Beispiel im Gleichnis vom Großen Gastmahl. Da geht es durchaus nicht asketisch zu: Es ist genug für alle da. Alle gehören dazu, die freiwillig kommen, denn man braucht beim Eintritt in das Gottesreich kein theologisches Examen und auch keinen moralischen Eignungstest. Solidarisches Handeln, das von christlicher Ethik angestrebt wird, lernen wir, wenn wir uns auf Gemeinschaft und Gegenseitigkeit einlassen. Nicht nur in der Familie und in unserer kleinen Gemeinde, sondern überall, wo Fremde zu Nächsten werden. »Kommt in unsere Mitte!«

Kontexte

»Fortan wurde für Luther das Wort ›Gerechtigkeit Gottes‹ zum ›allersüßesten Wort‹. Unter dieser abstrakten exegetisch-theologischen Entdeckung verbirgt sich wiederum ein vitaler religiöser Vorgang. ... er flieht von dem zornigen zu dem gnädigen Gott ... Wiederum stößt Luther damit durch alle menschlichen Vermittlungen, durch den intellektuellen Denkapparat der Theologie ebenso wie durch den sakramentalen Gnadenapparat der Kirche hindurch bis auf den Grund der Religion. Ist er zunächst vor dem Feuer des göttlichen Zorns erschrocken, so läßt er sich jetzt noch mächtiger von dem Feuer der Liebe Gottes anziehen. Diese neue numinose Grunderfahrung hat Luther wiederum nicht nur religiös-emotional durchlebt, sondern zugleich theologisch-rational durchdacht. Das Ergebnis dieses theologischen Denkprozesses bildet Luthers ›Rechtfertigungslehre‹.« (Heinz Zahrnt, Martin Luther, München 1986, S. 70f.)

»Bußrufe sind Verlockungen zu einem Leben, das noch aussteht und noch nicht versucht wurde. Was Lernen, Veränderung und Bekehrung möglich macht, das ist nicht allein die Aufdeckung des bisherigen Elends, sondern die Erwartung eines bisher noch nicht eingelösten Versprechens von Glück. Bekehrung kommt nur zustande, wo große Träume von menschlichem Glück eingeübt werden.« (Fulbert Steffensky, Feier des Lebens, Stuttgart 1984, S. 113)

»... ist christliches Leben weder eine Sache des Radikalismus noch des Kompromisses. ... Christliches Leben ist Leben mit dem menschgewordenen, gekreuzigten und auferstandenen Jesus Christus, dessen Wort als ganzes uns in der Botschaft von der Rechtfertigung des Sünders aus Gnade begegnet.« (Dietrich Bonhoeffer, Ethik, München 1949, S. 81, 84)

»So Johannes der Täufer. So seine Hoffnung. So seine drohende Verheißung. Rückblickend muß man sagen: Er hatte Recht, und er hatte Unrecht. ... unterscheidet Jesus sich wesentlich von der Predigt des Johannes. Völlig sinnlos ist es, Menschen, die in wörtlichem Sinne ›Verlorene‹ sind, mit moralischen Appellen nach der Art des Johannes zu kommen – sie sind außerstande, irgend etwas davon zu erfüllen. Nicht neue Forderungen, sondern nur ein tieferes Verstehen, nicht eindringliche Befehle, sondern allenfalls ein einfühlendes ›Nachgehen‹, nicht eine weitere Verstärkung der Angst, sondern allenfalls ein ganz allmählich reifendes Vertrauen ermöglichen, ein solches Gefühl der ›Verlorenheit‹ aufzubrechen. ... Nicht *wie* man leben soll, sondern woraus man leben kann, die religiöse, nicht die ethische Problematik berührt die Botschaft Jesu. Daß alle Menschen ausnahmslos vor Gott der Vergebung bedürfen, war die zentrale Einsicht eines seiner eindringlichsten Gleichnisse. ... Jesus vertraut darauf, daß Menschen zur Güte fähig sind aus einem Überfluß des Herzens, daß sie förmlich ein Bedürfnis haben, das Glück ihrer Rettung anderen mitzuteilen, und daß die Sanftmut und die Milde mehr an Energie freizusetzen vermögen als die Macht der Angst, der Drohung und aller möglichen asketischen Tugendverkrampfungen. ... Wesenhaft also bedürfen Johannes und Jesus einander ... Zwischen der Begegnung beider aber ereignet sich, wovon wir Menschen leben: die Versöhnung und Einheit von Freiheit und Pflicht, von Gesetz und Gnade, von Wahrheit und Bewährung.« (Eugen Drewermann, Dein Name ist wie der Geschmack des Lebens, Tiefenpsychologische Deutung der Kindheitsgeschichte nach dem Lukasevangelium, 3. Aufl., Verlag Herder, Freiburg/Br. 1990. S. 73f., 75, 81)

»Selbstverständlich ist es auch in der günstigsten Zeit und unter den günstigsten Umständen ein Risiko, so zu tun, als sei das Reich des lebendigen Gottes gegenwärtig – das heißt, auf der Basis radikaler Gegenseitigkeit und Umkehrbarkeit zu leben. Die Mächtigen glauben, eine solche Liebe sei ›unrealistisch‹, da die Menschen, die von der Macht solcher Liebe berührt sind, oft Widerstand dagegen entwickeln, irgend etwas zu akzeptieren, was weniger ist als Gegenseitigkeit und Selbstachtung, weniger als Menschenwürde und authentische Beziehung. Dies ist der Grund, weshalb solche Menschen zu einer großen Bedrohung für die bestehenden Verhältnisse werden. Wie Frauen wissen, wie auch Männer wie Martin Luther King und Erzbischof Oscar Romero begriffen haben, wie alle wissen müssen, die es wagen, aus der Kraft der Liebe heraus zu handeln, ist radikale Liebe eine gefährliche und ernsthafte Sache. Ohne Beharrlichkeit, ohne die Bereitschaft zum Risiko sogar bis in den Tod würde die Macht radikaler Liebe in unserer Welt nicht weiterleben.« (Beverly W. Harrison, Die Kraft des Zorns in der Arbeit der Liebe, in: dies., Die neue Ethik der Frauen, Kreuz Verlag, Stuttgart 1991, S. 27).

»Jesus hat die Welt für veränderbar gehalten, und er hat Menschen die Fähigkeit zur Umkehr zugetraut. An das Evangelium glauben heißt an Umkehr glauben und Buße nicht als Fremdbestimmung verstehen, wie es in den mittelalterlichen Kirchenstrafen geschah, aber auch nicht als bloße Dauerreflexion, die keinerlei praktische Konsequenz hat, weil sie gerade die Gestaltungsfähigkeit, den Selbstausdruck, die progressive Phantasie zerstört. Zwischen Jurisdiktion und jenem in sich kreisenden Sündenbewußtsein, das zum Nährboden für Neurosen wird, bleibt die Selbstbestimmung des Menschen allzuleicht auf der Strecke, er verliert mit dem Mut auch die Kraft und die Fähigkeit zur Umkehr, die sich in überschaubaren Schritten des privaten und gesellschaftlichen Lebens versuchen könnte.« (Dorothee Sölle, Das Recht, ein anderer zu werden, Neuwied 1971, S. 18).

4. Sonntag im Advent

Predigttext: Lukas 1,26–33(34–37)38

Hans-Georg Nagel

Theologisch-homiletische Skizze

Mit dem 4. Adventssonntag »steht das Christkind vor der Tür«. Es ist nicht zu übersehen, daß die Adventszeit zur Vorbereitungszeit auf Weihnachten geworden ist, auch wenn sie für die christlichen Kirchen Hoffnung auf das Kommen des Zukünftigen und Buß- und Fastenzeit ist (vgl. auch H. Schroeter, Im Advent läuft Gott uns entgegen. ZGP 6/1990).

So führt der Sonntag mit der Ankündigung der Geburt an Maria ganz nahe an das Weihnachtsfest heran. H.-J. Iwand hält Lk 1,26–38 gar für »ein wesentliches, ja geradezu unentbehrliches Stück des Weihnachtsevangeliums« (H.-J. Iwand, Predigt-Meditationen, Göttingen 1963, S. 202). Damit kann Maria aus dem Schatten ihrer Nichtbeachtung in der protestantischen Theologie heraustreten. Ich folge der Exegese, wenngleich neben die historisch-kritischen Aspekte notwendigerweise noch meditative, psychologische und sozialgeschichtliche als hermeneutische Prinzipien treten müssen. Die evangelische Theologie ist auf dem besten Weg zu einem positiven Verhältnis zu Maria. Es ist den Frauen, die sich an der feministischen Theologie orientieren, zu verdanken, daß Maria wieder einen Platz in unserer Theologie findet.

Wer ist Maria? – Ist sie »Exempel für Glaubensexistenz«, ist sie der Inbegriff von Demut mit dienender Funktion, hingebend passiv, oder eher emanzipierte Frau mit einer aktiven Rolle?

Die lukanische Überlieferung sieht Maria in Bewegung: Sie ist aktive Hörerin, sie fragt, sie entscheidet sich, sie macht sich auf zu Elisabeth, sie prüft, sie singt und lobt Gott. Maria ist aktive Frau, ist Hauptperson. Die Nebenrolle fällt Josef zu, der gerade einmal erwähnt wird.

Als Predigttext wird Lk 1,26–33.38 gelesen. Die Relevanz der Verse 34–37, die zu klassischen Aussagen der Mariologie geworden sind, können in der Predigt nicht diskutiert werden.

Meine Gemeinde ist Diakonie-Gemeinde, das heißt BewohnerInnen einer diakonischen Einrichtung für körperlich und geistig behinderte Menschen sind neben MitarbeiterInnen, Diakonissen, DiakonenInnen und SchülerInnen die Hörer.

Als Predigteinstieg wähle ich eine Situation, die im Text selbst angesprochen ist und die allen HörernInnen vertraut ist: den Gruß, die Anrede Gabriels an Maria.

Ziel der Predigt: Marias Entscheidung bringt Hoffnung für unser Leben.

Vorschläge zur Liturgie

Begrüßung

»Sei gegrüßt, du Begnadete! Der Herr ist mit dir!« So begrüßt der Engel Gabriel die Maria in dem Ort Nazareth. Mit diesem Gruß will auch ich Sie heute morgen begrüßen. Wir wollen etwas hören von der ungeheuren Botschaft, die Gabriel der Maria bringt, und davon, wie diese Botschaft ihr und unser Leben verändert.

Sündenbekenntnis

Gott, du kommst uns entgegen. Du bringst Licht in unser Leben. Das haben wir nötig. Denn ohne dich ist es dunkel unter uns. Ohne dich gibt es keine Hoffnung für uns. Das wissen wir. Und doch versuchen wir immer wieder von neuem, ohne dich auszukommen. Wir erwarten vieles. Aber nicht, daß du uns wirklich entgegenkommst, daß du Menschen begegnest. Deshalb bitten wir: Herr, erbarme dich.

Gnadenzuspruch

Trotz allem können wir uns darauf verlassen: Gott läßt uns nicht los. Seine Wege mit uns sind lauter Güte und Treue. Kommt, laßt uns ihn anbeten (nach Ps 25,10).

Kollektengebet

Gott, die Adventszeit zeigt uns mit dem Licht der Kerzen, wie du in unsere Welt und in unser Leben kommen willst. Du willst es um uns hell machen und willst uns Hoffnung geben. Du willst, daß wir selbst leuchten und für andere ihr Leben heller machen. Damit wir das können, laß uns jetzt auf dein Wort hören. Öffne du unsere Herzen und Ohren. Amen.

Schlußgebet

Gott, am Ende dieser Woche feiern wir Weihnachten, das Fest deiner Geburt in unsere Welt. Wir wollen uns auf dieses Fest einlassen. Wir lassen uns auf dich ein.
Gott, laß uns so offen sein, wie Maria offen war. Sie hat dein Wort gehört und hat ihm Raum in ihrem Leben gegeben. Dein Wort verändert das Leben.
Gott, laß uns so lebendig sein, wie Maria lebendig war. Sie hat sich ihr eigenes Urteil gebildet, sie hat sich für dich entschieden. Dein Wort schenkt Freiheit.
Gott, laß uns so beweglich sein, wie Maria beweglich war. Dein Wort vom Leben hat sie umgetrieben und nicht mehr losgelassen. Dein Wort gibt Hoffnung.
Vater unser ...

Lesung

Als Lesung schlage ich das Magnificat (Lk 1,46–55) vor.

Lieder

Neben den de-tempore-Liedern ist vorstellbar das »Magnificat« nach der Taizé-Melodie (Mein Kanonbuch, tvd, Nr. 298). Auch: »Nun sei uns willkommen, Herre Christ ...« (Mein Kanonbuch, tvd, Nr. 325). »Wir sagen euch an den lieben Advent« (z.B. in: H. Schneider, Halleluja, Christ ist da, Köln/Waldbröl 1984, 2. Aufl. Nr. 181; ein Buch mit 209 alten und neuen Advents- und Weihnachtsliedern).

Vorschläge zur Predigt

Möglicher Predigtanfang

Das habe ich auch schon einmal gedacht: »Welch ein Gruß ist das?« Ich war zum erstenmal zum Gottesdienst im Bodelschwingh-Zentrum. Mit gemischten Gefühlen fuhr ich dorthin. Ich kannte den Gottesdienstraum nicht. Ich kannte die Menschen nicht. Ich wußte nicht, was mich erwartete. Ich war ängstlich. An meinem Talar, der über meinem Arm hing, erkannten sie mich. Begrüßten mich herzlich. Nicht mit einem »Guten Morgen«, nicht mit einem Kopfnicken, auch nicht mit Händeschütteln. Nein, der Gruß war ganz anders: Die Menschen kamen auf mich zu, manche stürmisch, manche zaghaft, umarmten mich, drückten mich an sich, streichelten mir die Wangen, wollten mich nicht mehr loslassen, mir nicht von der Seite weichen.

Ich erschrak zunächst. Damit hatte ich nicht gerechnet. Darauf war ich nicht eingestellt. Diese Nähe, diese Zuneigung. Ich dachte bei mir: »Welch ein Gruß ist das?« Sie blieben an meiner Seite. Sie begleiteten mich in den Gottesdienstraum. Sie setzten sich zu mir in die erste Reihe, ganz nahe. Sie gaben mir Sicherheit und ein gutes Gefühl.

Diese Begrüßung veränderte mich.

In einer Geschichte erzählt die Literaturprofessorin Yaffa Eliach von dem Danziger Rabbiner, der bei seinem täglichen Spaziergang den deutschen Arbeiter Herrn Müller trifft und ihn mit »Guten Morgen, Herr Müller« grüßt. Jahre später ist der Rabbiner nach Auschwitz deportiert und steht auf der Selektionsrampe. Er hört die Stimme: »Rechts, links, rechts, links ...«. Vorne angekommen schaut er dem Mann mit den weißen Handschuhen ins Gesicht. Er hört sich sagen: »Guten Morgen, Herr Müller«. Und er hört den anderen antworten: »Guten Morgen, Herr Rabbiner, was machen Sie denn hier?« Und die weißen Handschuhe zeigten nach rechts – zum Leben. Der jetzt über 80jährige sagte als Kommentar zu dieser Erinnerung: »Das war die Macht des Guten-Morgen-Grußes«.

Lukas erzählt uns auch von so einem Gruß. Von einem Gruß, der verändert und der Leben bringt. Der Engel Gabriel kommt zu Maria und grüßt sie mit den Worten: »Sei gegrüßt, du Begnadete! Der Herr ist mit dir!« Das kann auch heißen: Ich freue mich, daß du da bist. Ich freue mich, daß es dich gibt.

So einen Gruß, so eine herzliche Begrüßung hatte sie bisher noch nicht erfahren. Das ist neu für Maria. Sie erschrickt und denkt bei sich: »Welch ein Gruß ist das?«

Was ist das für eine Frau, die hier nicht lauthals protestiert, die kein großes Prozedere macht, die einfach nur nachdenkt über diese ungewöhnliche Begrüßung?
Sie ist die Maria, die Begegnung mit dem Engel zuläßt.
Sie ist eine junge Frau in den besten Jahren. Sie ist einem Mann versprochen. Dem Zimmermann Josef. Sie ist vielleicht schon verlobt mit ihm. Beide haben eine Perspektive für ihr Zusammenleben. Die Zukunft ist geplant.
Ich kann mir gut vorstellen, daß das so war.
Und dann das: »Siehe, du wirst schwanger werden und einen Sohn gebären, und du sollst ihm den Namen Jesus geben. Der wird groß sein und Sohn des Höchsten genannt werden; und Gott der Herr wird ihm den Thron seines Vaters David geben, und er wird König sein über das Haus Jakob in Ewigkeit, und sein Reich wird kein Ende haben.«
Ob Gabriel wußte, was er Maria da zumutete? – Eine Zumutung war das. Und er wußte es genau. Hätte er sonst vorausgeschickt: »Fürchte dich nicht, Maria, du hast Gnade bei Gott gefunden«? Maria nimmt die Zumutung an. Sie wehrt nicht ab. Sie läßt die Botschaft zu, diese ungeheure Botschaft.
Was sie so ungeheuer macht? – Ein Kind soll sie haben, die Maria. Einen Sohn soll sie gebären. Und Jesus soll er heißen .
»Retter« heißt das übersetzt in unsere Sprache. Die Menschen werden ihn »Sohn des Höchsten« nennen. Er soll die Regierung weiterführen, die vor vielen hundert Jahren der König David begonnen hat. Eine Regierung, die gerecht ist. Eine Regierung, unter der es keine Benachteiligten mehr geben wird. Eine Regierung, die es gut mit den Menschen meint, die Hoffnung und Leben gibt.
Marias Planung mit Josef sah anders aus. So hatten sie sich die gemeinsame Zukunft nicht vorgestellt. Gewiß, sie wollten Kinder. Aber einen Sohn, der »Sohn des Höchsten«, also Sohn Gottes genannt wird? – Maria konnte es sich nicht vorstellen.
Doch die Vorstellung, daß ihr Sohn, Jesus, die gute Regierung des Königs David weiterführen sollte, ließ sie nicht mehr los. Das war mehr, als sie mit Josef planen konnte. Das war Hoffnung in einer hoffnungslosen Zeit. Das war Aussicht auf gelingendes Leben.
Sollte sie sich für die Hoffnung, für gelingendes Leben entscheiden? – Konnte sie der Begegnung mit Gabriel noch weiteren Raum geben?
Viele Gedanken gingen ihr durch den Kopf. Was könnte alles anders werden, wenn ich mich auf die Worte Gabriels einlasse? – Sie entschloß sich sehr schnell: »Siehe, ich bin des Herrn Magd; mir geschehe, wie du gesagt hast.«
Was war so faszinierend für Maria?

Zum weiteren Verlauf
Hier können Gedanken aufgegriffen werden, die in der jeweiligen Gemeindesituation konkret sind.
Für unsere Situation kann ich mir folgenden Fortgang denken:
Vielleicht, daß Jesus das religiöse Leben wieder etwas ankurbeln würde? – Daß er die unterschiedlichen religiösen Gruppen zusammenbringen würde? – Daß er Ruhe und Ordnung bringen würde? Ich glaube nicht, daß Maria daran gedacht hat. Das kann ich mir nicht so recht vorstellen. Meine Erfahrung ist, daß Frauen meist viel konkreter denken. Sie sind oft näher bei den Menschen, als die Männer das sind. Also wird sie gehofft haben, daß mit Jesus mehr Liebe in die Welt kommt?
Ich weiß, gerade kurz vor dem Weihnachtsfest scheint dies ziemlich abgegriffen. Und doch ist es nötig, immer wieder darauf hinzuweisen. Wir haben Liebe nötig.
Ich meine nicht die Liebe, die Maria aus dem Zusammensein mit Josef kannte. Die gewiß auch. Sie gehört dazu.
Auch nicht die Liebe, die hier und da einmal hilft. Die, wenn nötig, unter die Arme greift. Die gehört auch dazu. Diese Liebe ist ja fast selbstverständlich.
Nein, ich vermute, daß Maria eher an die Liebe dachte, die sich Menschen zuwendet. Die in der Lage ist, einem jeden Menschen immer wieder neu zu begegnen. Eine Liebe, die Menschen nicht übergeht. Eine Liebe, die nicht nachtragend ist. Eine Liebe, die verläßlich ist.
Eine Liebe, die einfach da ist, weil Gott die Menschen mag.
So eine Liebe haben wir nötig. Ich vermisse sie oft schmerzlich im täglichen Miteinander. Wir haben Bilder voneinander, die uns nicht mehr offen sein lassen. Wir haben Schubladen, die uns so einengen, daß eine neue Begegnung kaum möglich ist. Wir schaffen es oft nicht, auf andere Menschen zuzugehen.
Hindernisse, Ängste, Barrieren ...

Möglicher Schluß
Die Menschen, von denen ich zu Beginn erzählte, die mich so herzlich begrüßten, mich, den Neuen, sie hatten keine Ängste, keine Hemmungen. Sie kamen offen auf mich zu. Sie suchten Begegnung und Nähe. Das hat mir gutgetan.
Ich glaube fest daran, daß Gott auch unsere Nähe sucht, daß er uns begegnen will.
Der Gruß des Engels an Maria »Sei gegrüßt, du Begnadete!« schafft solch eine Nähe. Und es ist schön zu sehen, wie Maria mit dieser Nähe umgeht. Gewiß, sie erschrickt. Aber sie wendet sich nicht ab. Sie geht nicht einfach weg. Sie kann sich darauf einlassen. Sie läßt sich auf Gott ein. Gott darf ein Mensch werden.

Und wenn wir bald Weihnachten feiern, dann ist das nicht bloß eine Erinnerung an damals. Nicht ein Gedenktag. Nein, es ist der Gruß Gottes an uns: »Seid gegrüßt, Begnadete. Ich bin mit euch.« Diese Nähe Gottes mag uns erschrecken. Und doch wünsche ich uns, daß wir Gottes Nähe zu uns aushalten, daß wir die Begegnung mit ihm zulassen. Amen.

Kontexte

»So eine Gefängniszelle ist übrigens ein ganz guter Vergleich für die Adventssituation: Man wartet, hofft, tut dies und jenes – letzten Endes Nebensächliches –, die Tür ist verschlossen und kann nur von außen geöffnet werden.«
(D. Bonhoeffer, nach: H. Arens u.a., Kreativität und Predigtarbeit. München 1977, 3. Auflage, S. 52f.)

Holt den Sohn vom Bahnhof ab.
Er kommt.
Man weiß nicht genau, mit welchem Zug,
aber die Ankunft
ist gemeldet.
Es wäre gut, wenn jemand
dort auf und ab ginge.
Sonst verpassen wir ihn.
Denn er kommt
nur einmal.
Rudolf Otto Wiemer (aus: Ernstfall, 3. Aufl., J.F. Steinkopf Verlag, Stuttgart 1989)

»Man rühmt es als ein großes Wunder, daß Maria dem Engel sagte: Mir geschehe nach deinem Wort. Damit habe die Erlösung angefangen. Mir will manchmal scheinen, das noch größere Wunder wird zuwenig entdeckt: daß es Männer gäbe, die hätten ähnliche Träume, und auch ihnen könnten Engel erscheinen, das Heilige zu schonen und zu schützen. Denn wie soll das Menschliche leben auf Erden, ohne daß die Logik der Könige, der Herrscher, der Mächtigen der Erde sich wandelt? Auch ihnen gelten alte Verheißungen, aber ob wir es wagen, sie zu leben, bleibt die Frage seit dem Weihnachtsmorgen.«
(Eugen Drewermann, Der offene Himmel, 4. Aufl., Patmos Verlag, Düsseldorf 1991, S. 98)

»Die Antwort Marias auf die Ankündigung der Geburt Jesu aus ›Heiligem Geist‹ ist Ausdruck glaubenden Vertrauens und nicht willenloser Unterwerfung, was in dem Begriff ›Magd des Herrn‹ mitschwingen könnte.«
(M.S. Heister, Maria aus Nazareth. Göttingen 1987, S. 29)

»Wer die Hoffnung vor seinen Wagen spannt, fährt doppelt so schnell.«
Polnisches Sprichwort

»Jesus ist mitten unter uns, damit wir wüßten, daß eine Hoffnung für den Menschen besteht, eine große, wunderbare, unbegreifliche Hoffnung, da, mitten da, wo eigentlich nichts mehr zu hoffen ist.«
(H.-J. Iwand, Nachgelassene Werke Bd. 3, München 1967, 2. Aufl., S. 188)

»Ich meine, hier müssen wir vor allem ihren (Vf.: Marias) Gehorsam bewundern. Genauso sollen auch wir bereit sein, zu gehorchen. Denn diese Art Gehorsam ist wirklich revolutionär, weil er uns befiehlt, allem anderen gegenüber ungehorsam zu sein.«
(E. Cardenal, Das Evangelium des Bauern von Solentiname. Wuppertal 1980, S. 24)

»Das Leben geht nur, wenn ich hoffe und handle, als ob es ginge; gäbe ich auf, dann wäre ich mit dem Tod einverstanden.«
(H.-E. Bahr, Hoffen. Stuttgart 1988, S. 21)

Paralipomena

In vielen Gemeinden wird der 4. Adventssonntag als »Adventsfeier des Kindergottesdienstes« gestaltet. Es ist denkbar, solch einen Familiengottesdienst unter das Grußmotto zu stellen.
Verschiedene Begrüßungsriten könnten bildlich dargestellt werden, u.a. auch die Situation Maria–Gabriel. Man könnte dem nachspüren, wieviel Nähe–Distanz Begrüßungsriten ausdrücken.
Ziel: »So nahe will Gott uns sein.«

Eine weitere Adventspredigt

Schiff in Sicht!

Karl-Heinz Ronecker

Das Lied, das wir gerade miteinander gesungen haben, war ursprünglich ein Marienlied. Es stammt von dem mittelalterlichen Mystiker Johannes Tauler. Man erzählt, die Verse seien ihm in den Sinn gekommen, als er sah, wie ein Schiff den Rhein herab in Straßburg einlief.

Genau wissen wir das jedoch nicht.

Jenseitige Ufer, Gestade am anderen Ende des Meeres galten ja schon oft und für viele als Ort, an dem sich das befindet, was wir ersehnen, aber nicht in unserer Hand haben: Glück, Erfüllung, ein neues, besseres Leben.

Wenn ein Schiff im Hafen anlegt, hat es darum einen Hauch von jenem Fremden, anderen um sich.

All dies schwingt auch in unserem Lied mit.

Es kommt jedoch noch etwas hinzu.

Aufgrund einiger Stellen des Alten Testamentes hatte man bereits im Mittelalter das Bild vom Schiff auf Maria gedeutet. »Es bringt uns rîche gabe, die here kunigin«, heißt es darum auch in der Urfassung unseres Liedes.

Erst Daniel Sudermann hat 100 Jahre nach der Reformation den Text bearbeitet und in ein Lied auf Christus umgeschrieben. Jetzt zielt alles auf die Verse hin: »Das Wort tut Fleisch uns werden, der Sohn ist uns gesandt.«

Im Hintergrund steht dabei der Satz aus dem Johannes-Evangelium: »Das Wort ward Fleisch und wohnte unter uns«, vor allem aber der Abschnitt aus dem Galater-Brief, den wir vorhin gehört haben: »Da aber die Zeit erfüllt war, sandte Gott seinen Sohn ...«

Hier gewinnt es nun einen tiefen Sinn, daß in der ursprünglichen Fassung des Liedes von Maria die Rede war.

Wenn nämlich im Zusammenhang der Weihnachtsbotschaft von ihr gesprochen wird, geschieht es als Zeichen dafür, daß der, der von außerhalb, von jenseits unserer Möglichkeiten erschien, dieser Erde keine kurze Stippvisite abgestattet hat. Er ist nicht wie ein heller Glanz durch unsere Reihen gegangen, um uns anschließend in umso größerer Dunkelheit sitzen zu lassen. Er ist einer von uns geworden. Er hat alle Bedingungen des menschlichen Lebens geteilt.

Darum gehört Maria auch ins evangelische Glaubensbekenntnis. Darum hat sie in den Evangelien ihren Platz. Sie macht deutlich, daß Gott sich uns in dem Menschen Jesus mitgeteilt hat. An ihm wurde sichtbar, wie Gott zu uns steht, vor allem, daß er uns wirklich nahe ist.

»Der Anker haft' auf Erden, da ist das Schiff an Land«, heißt es in unserem Lied.
Dieser Satz unterstreicht noch einmal alles, wovon bisher die Rede war. Zugleich aber besagt er: Wer Gott ohne den Menschen, wer den Himmel ohne die Erde, ja, wer ihn am Ende gar als Schutzschild gegen eine zudringlich gewordene Wirklichkeit zu finden hofft, der verfehlt ihn.
Denn, wie gesagt, darum gehört Maria auch ins evangelische Credo, weil Gott sich wirklich auf die Seite des Menschen gestellt und dessen Sache zu seiner eigenen gemacht hat. Ehe wir darüber allerdings weiter miteinander nachdenken, sollten wir noch einmal zum Anfang unseres Liedes zurückkehren.
»Es kommt ein Schiff geladen bis an sein' höchsten Bord ...«
Der Laderaum ist randvoll. Wenn Gott zu uns kommt, so wird damit gesagt, geht es nicht dürftig zu. Seine Liebe wird nicht spärlich ausgeteilt. »Welcher auch seines eigenen Sohnes nicht hat verschont, sondern hat ihn für uns alle dahingegeben«, hat Paulus geschrieben, »wie sollte er uns mit ihm nicht alles schenken!«
Wie oft haben wir dagegen aus Jesus und seinem Werk eine kümmerliche Angelegenheit gemacht. Als ob Gott ein Kleinbürger wäre. Als ob dort, wo von ihm die Rede ist, nicht zugleich von Überschwang gesprochen werden müßte, von Reichtum und vom verschwenderischen Luxus der Liebe.
Es ist schlimm, daß die Christenheit immer wieder dafür gesorgt hat, daß Kirche und schwarze Bänke, Jesus und weiß gekalkte Wände, Gott und schlechter Stil miteinander verknüpft wurden.
Wenn der ganze Weihnachtsflitter, wenn alle Sterne, alle Kerzen und alle Lichterketten dafür sorgen würden, daß wir auf Schritt und Tritt daran erinnert werden, wie groß Gottes Güte ist, dann hätten sie tatsächlich ein Lebensrecht. Sie könnten dann nämlich dazu führen, daß wir auch untereinander aufhören, Freundlichkeit und Hilfe auf Sparflamme zu setzen.
Freilich, so gewiß das Schöne und der festliche Jubel auf den Reichtum Gottes hinweisen können, ebenso gewiß gibt es immmer wieder Augenblicke, in denen alle Ästhetik, auch die fromme, zerbrochen wird. Dann nämlich, wenn es um unsere Schuld geht und um das Elend dieser Erde.
Mag die Weihnachtsgeschichte tatsächlich etwas von Sternenglanz und Engelsjubel enthalten, die Kreuzigung Jesu, sein Tod auf Golgatha zerstören die flachen Harmonien.
Darauf aber läuft von Anfang an sein ganzes Leben zu.
Deshalb heißt es in unserem Lied: *»Zu Bethlehem geboren im Stall ein Kindelein, gibt sich für uns verloren ...«* Es ist wichtig, daß wir dies auch in den kommenden Festtagen nicht vergessen.
Denn neben dem Lied unseres Gesangbuches steht noch ein anderes. Auch dieses erzählt von einem Schiff, das kommen wird, um Rettung zu bringen. Und es hat ebenso wie unser Lied mit einer Frau zu tun, mit dem armen Abwaschmädchen Jenny.

Die Seeräuber-Jenny

1
Meine Herren, heute sehen Sie mich Gläser abwaschen
Und ich mache das Bett für jeden.
Und Sie geben mir einen Penny und ich bedanke mich schnell
Und Sie sehen meine Lumpen und dies lumpige Hotel
Und Sie wissen nicht, mit wem Sie reden.
Aber eines Abends wird ein Geschrei sein am Hafen
Und man fragt: Was ist das für ein Geschrei?
Und man wird mich lächeln sehn bei meinen Gläsern
Und man sagt: Was lächelt die dabei?
   Und ein Schiff mit acht Segeln
   Und mit fünfzig Kanonen
   Wird liegen am Kai.

2
Man sagt: Geh, wisch deine Gläser, mein Kind
Und man reicht mit den Penny hin.
Und der Penny wird genommen, und das Bett wird gemacht!
(Es wird keiner mehr drin schlafen in dieser Nacht.)
Und Sie wissen immer noch nicht, wer ich bin.
Aber eines Abends wird ein Getös sein am Hafen
Und man fragt: Was ist das für ein Getös?
Und man wird mich stehen sehen hinterm Fenster
Und man sagt: Was lächelt die so bös?
   Und das Schiff mit acht Segeln
   Und mit fünfzig Kanonen
   Wird beschießen die Stadt.

3
Meine Herren, da wird wohl Ihr Lachen aufhörn
Denn die Mauern werden fallen hin
Und die Stadt wird gemacht dem Erdboden gleich
Nur ein lumpiges Hotel wird verschont von jedem Streich
Und man fragt: Wer wohnt Besonderer darin?
Und in dieser Nacht wird ein Geschrei um das Hotel sein
Und man fragt: Warum wird das Hotel verschont?
Und man wird mich sehen treten aus der Tür gen Morgen
Und man sagt: Die hat darin gewohnt?
   Und das Schiff mit acht Segeln
   Und mit fünfzig Kanonen
   Wird beflaggen den Mast.

4

Und es werden kommen hundert gen Mittag an Land
Und werden in den Schatten treten
Und fangen einen jeglichen aus jeglicher Tür
Und legen ihn in Ketten und bringen vor mir
Und fragen: Welchen sollen wir töten?
Und an diesem Mittag wird es still sein am Hafen
Wenn man fragt, wer wohl sterben muß.
Und dann werden Sie mich sagen hören: Alle!
Und wenn dann der Kopf fällt, sag ich: Hoppla!
  Und das Schiff mit acht Segeln
  Und mit fünfzig Kanonen
  Wird entschwinden mit mir.

(Bertolt Brecht, Dreigroschenoper, Ges. Gedichte Bd. 4, S. 1097, Frankfurt 1976)

»Auch die Seeräuberjenny singt Kantaten«, hat der Tübinger Philosoph Ernst Bloch einmal geschrieben, »soweit sich von einer so ungebildeten und geschundenen Person überhaupt etwas erwarten läßt. Ihr Pietismus ist etwas drohend, aber ihr Liedchen gehört in die Woche vor Weihnachten.« Der Song der Seeräuberjenny ein vorweihnachtliches Lied? Das mag uns überraschen.

Doch worum geht es eigentlich in den Wunsch- und Racheträumen, die sich das Mädchen vor ihrem Spülstein ausmalt?

Darum, daß sie zu ihrem Recht kommt. Darum, daß endlich sichtbar wird, wer sie, der Mensch in Lumpen, eigentlich ist.

Wie oft sagt sie es doch: »Und sie wissen nicht, mit wem sie reden.« Oder: »Und sie wissen immer noch nicht, wer ich bin.«

Bis dann jenes Schiff im Hafen liegt und vor aller Augen offenbar wird, um wen es sich hier eigentlich handelt. Das wird ja spätestens in dem Augenblick und für jeden unmißverständlich deutlich, in welchem die Entscheidung über Leben und Tod von ihr abhängt.

Sagen Sie nun nicht zu rasch, das seien kindliche Träume. Geht es uns, wenn wir uns verkannt fühlen, nicht immer wieder ganz ähnlich?

Dann bauen auch wir eine schöne Zukunft. Eine Zukunft, in der wir oben sein werden und die, die den Kopf hoch tragen, sich beugen müssen. Eine Zukunft vor allem, in der jeder seine Strafe erhält, der uns mißachtet hat.

Das Jüngste Gericht, das wir uns dabei erträumen, ist oft nicht weniger böse als das der Seeräuberjenny.

Auch die Ankunft Jesu, sagt das Neue Testament, macht richtend deutlich, wer wir und wer die anderen sind, die wir verachtet, verkannt oder an denen wir ganz einfach vorbeigesehen haben.

So betrachtet, hat der Brechtsche Song tatsächlich etwas mit Advent zu tun.

Ein wichtiger Unterschied zwischen dem Lied der Jenny und dem, welches wir vorhin gesungen haben, besteht nun allerdings darin: daß sich Jesus an die Seite des Menschen stellt, um dessen Sache zu führen, wird nicht irgendwann einmal sichtbar werden oder vielleicht nie. Es ist bereits deutlich geworden: Damals, als Jesus im Stall geboren wurde, ein Gefährte der verachteten Hirten. Und später, als er zu den Elenden und Ausgestoßenen ging, als er sich mit denen an einen Tisch setzte, die für ihre Umwelt erledigt waren, als Pilatus ihn ansah und bekannte: Seht den Menschen!
Wer jetzt noch wissen will, wer er selbst und wer seine Mitmenschen eigentlich sind, der soll es erfahren: Gottes Geliebte. Von Christus mit einem solchen Wert bedacht, daß er einer von uns wurde, ja, daß er, als es darauf ankam, sogar sein Leben für uns eingesetzt hat.
Wenn dies aber stimmt, dann ist uns im Umgang miteinander ein neuer Weg gewiesen. Nicht mehr der Weg der Träume und der Rache, sondern der der Liebe.
Wer sich nämlich nicht mehr um seine eigene Würde zu kümmern braucht, wird frei und unabhängig sein. So frei, daß er sich nun auch für andere einsetzen und für ihr Recht eintreten kann.
Sein Leben wird dann gewiß nicht ohne Schwierigkeiten sein und schon gar nicht ohne Kampf. Kampf für die Menschen im Dunkeln, Einsatz für die, die niemand achtet.
Es kann jedoch, wo immer Christus mit am Werk ist, ein Leben ohne Haß sein.
Dort aber, wo die Liebe einen Menschen nicht nur von seinen Lumpen befreit, sondern auch von der Bitterkeit und dem Verlangen nach Rache – dort wird sich die eigentliche Ankunft des Menschen vollziehen.

So wünsche ich uns für diese Adventszeit, daß wir immer klarer erkennen, was sein Kommen für uns bedeutet.
Ich wünsche uns, daß wir darüber immer fröhlicher werden und daß wir fröhlich die Konsequenzen ziehen, die dies für unseren Umgang miteinander hat.

Heiligabend

Predigttext: Johannes 3,16–21

Günter Ruddat

Theologisch-homiletische Skizze

»Also ...« hebt einer an, der sich endlich Gehör verschaffen will, der etwas ganz Wichtiges auf dem Herzen hat und sich nun endlich durchsetzt und den Mund auftut. »Also ...«, das legt das Johannes-Evangelium dem nächtlichen Gesprächspartner des Pharisäers Nikodemus, dem Rabbi aus Galiläa, in den Mund, sozusagen eine nächtliche Verarbeitung der Krise von Kana (das greifbar nahe Ende eines Familienfestes) und des Konfliktes von Jerusalem (der handgreifliche »Hausputz« zur Festvorbereitung). Überraschend einstimmende Prolegomena zum Christus-Fest. »Also ...«, dieses »Wort aller Worte« (Friedrich Niebergall), dieses »Evangelium im Evangelium« legt der Gemeinde die Frage vor, ob wir uns auf diese Wahrheit einlassen, ... sie also nicht nur als Konfirmandenmerkspruch auswendig memorieren können, sondern »by heart« (inwendig) in der Lage sind, in der Sprache unserer Lebenswelt diese Wahrheit aufzugreifen und uns einzuverleiben. »Also ...«, das heißt demnach nichts anderes als »*ganz* so« – ohne Abstriche, ohne Bedingungen, ohne Einschränkungen, ohne Grenzen, *so* wird Gottes Liebe Gestalt.
»Gott ist Liebe« (1. Johannes 4,16), die praktische Definition Gottes (so J. Moltmann in Anlehnung J. Gerhard), wird zur Voraussetzung in diesem offenen Prozeß der Menschwerdung Gottes. Wer die »Kurzformel des Glaubens« (Vers 16) zu seinem Weihnachtsprogramm machen will (und dabei nicht vergißt: Die Perikope ist durch das Kirchenjahr gewandert: von Pfingstmontag auf Heiligabend), der wird sich in besonderer Weise um Elementarisierung mühen müssen:

1. Nachbar Nikodemus
Mit Johannes sehen lernen – die Menschen, die da dichtgedrängt die Gottesdienste am Heiligabend bevölkern, das sind dem Nikodemus vergleichbare Gesprächspartner für nächtliche Dialoge über den Glauben, die mit ihren Annäherungsversuchen und heiligen Resten hereingeholt sein wollen ... Menschen aus der Nachbarschaft, die oft verhalten und vorsichtig zu fragen beginnen ... und verständliche Antworten erhoffen – in einer liebe-vollen Sprache und nicht in einer lieb-losen Geheimsprache. Vgl. Reinhild Traitlers narrative Vergegenwärtigung: »Nikodemus erzählt« (in: Predigtstudien III/1. Stuttgart 1986, S. 46–49).

2. Weihnachtskrise auf dem Wunschzettel
Doppel-deutlich führt diese johanneische »Liebesgeschichte« in die Krise (Verse 17–19). Wem das weihnachts-märchenhafte »Sesam öffne dich« des »Namens des eingeborenen Sohnes Gottes« (an)vertraut ist (vgl. Mt 1,21: Jesus = Gott *rettet*), der ist ausgerichtet darauf, die Welt mit den Augen Gottes zu sehen, in seinem Licht, der ist »verurteilt« zur Menschwerdung. Vgl. das einfühlsam Gott und Mensch verbündende Weihnachtslied »Aus der Liebe unsres Gottes« (s.u.), das geradezu zu einer gesungenen Vergewisserung unseres Textes gestaltet werden kann.

3. Eine wahre Weihnachtsapokalypse

Solche Weihnachtskrise führt unversehens in eine überraschende »Apocalypse now«, da wird mitten in der Nacht, deren scheinbar barmherzige Dunkelheit wir so sehr schätzen, unser Alltag klar mit all seinen lichtvollen Momenten und dunklen Entwicklungen. Da ist dann das Ende *des* Bösen angesagt, aber gerade nicht das Ende *der* Bösen. Wo die Kehrseite dieser uns selbst ins Licht rückenden »Aufdeckung« oder »Enthüllung« klar wird, da verkehrt sich angesichts Gottes allzumenschlicher Epiphanie die alltägliche Erfahrung: »Die im Dunkeln sieht man nicht«. Die im Dunkeln sieht man *jetzt*, die im Dunkeln sieht das Licht. Da wird Versöhnung im tiefsten Sinne erst möglich. Eine neue Zeit beginnt. Vgl. die entsprechend enthüllende Weihnachtsgeschichte Bert Brechts »Das Paket des lieben Gottes« (Gesammelte Werke 11, Frankfurt/M. 1967, S. 189–192).

4. ... alle Jahre wieder

Angesichts des häufig jährlichen Rhythmus im Kirchgang läßt sich von Heiligabend 1991 her in Erinnerung rufen:

Was wird bis Heiligabend 1992 aus dem Stasi-Gesetz für Opfer und Täter geworden sein? Wieviel Eingeständnis von Schuld ist menschenmöglich ... und wieviel Gerechtigkeit ... und wieviel Vergebung?

Was wird bis Heiligabend 1992 aus Fremdenfeindlichkeit und menschenverachtendem Nationalismus bei uns und anderswo entstanden sein?

Was wird bis Heiligabend 1992 aus den Handgranaten an den Weihnachtsbäumen im zerbombten Kroatien gewachsen sein?

Was wird bis Heiligabend 1992 aus der Politik der Versöhnung in Nahost, in Kambodscha oder Korea geworden sein?

Was wird bis Heiligabend 1992 aus der neuen Gemeinschaft unabhängiger Staaten (GUS) und für ihre Menschen sich entwickelt haben?

Rückfragen, die nur unzureichend andeuten, was es heißt, Gottes »Kosmos« nicht nur zu Weihnachten im Herzen zu bewegen.

Vorschläge zur Liturgie

Lieder

Aus dem EKG-Stammteil:

4 – 14 – 15,1-4.7 – 21 – 27,1-3.6 – 29,1-4 – 34,1.3.6.9 – 35

Aus dem landeskirchlichen Teil (Rheinland-Westfalen):

409 (O du fröhliche) evtl. mit der zusätzlichen Strophe: » ... König der Ehren, dich wolln wir hören«.

410 (Stille Nacht) evtl. nur die alten Strophen 3–5 (abgedruckt: Gottesdienstpraxis III/1,1986, S. 42f.)

417 (Du Morgenstern, du Licht vom Licht)

418, 1.2.5 (Licht, das in die Welt gekommen)

Aus dem rheinischen Beiheft:

604 (Freu dich, Erd und Sternenzelt)

613 (Weil Gott in tiefster Nacht erschienen, bes. Vers 3)

Neues geistliches Liedgut:
Herr, wir warten auf dein Kommen (G. Watkinson, 9x11 neue Kinderlieder zur Bibel, Lahr 1973, Nr. 56)
Kanon zu Joh 3,16: Gott liebt so die Welt (Mein Kanonbuch, Düsseldorf 1986, Nr. 144)

Du bist Glut und du bist Feuer,
gehst voran uns wie ein Stern,
du bist nahe und doch fern,
lockst die Welt auf neue Wege.

Du bist uns als Wort gegeben
und als Nacht, die Hoffnung weckt,
als Arznei, die bitter schmeckt,
als ein Neubeginn des Lebens.

Dt. Übertragung: Diethard Zils.
Aus: In dieser Nacht. Lieder zum Thema Weihnachten. Gustav Bosse Verlag, Regensburg 1972

Eingangsspruch
Gott, du kommst in unsere Welt,
darum feiern wir in diesem Gottesdienst deine Liebe,
Gott, du wirst Mensch mitten unter uns,
darum loben wir an diesem Heiligen Abend deinen Namen: JESUS,
Gott, du bist Licht in unserer Dunkelheit,
darum bitten wir zu diesem Fest um Deinen Heiligen Geist,
der uns verwandelt zu neuen Menschen.

Lesung
Johannes 1,1–5.9–11 (oder: Jesaja 9,2–7 oder 60,1–5)

Schuldbekenntnis (nach Johannes 1,11b):
Gott, da hat uns nun Weihnachten eingeholt,
und wir werden jetzt nachdrücklich erinnert:
Wir haben dich *nicht* erwartet,
wir haben nicht mit dir gerechnet.
All die Festvorbereitungen haben uns ganz in Anspruch genommen,
das Weihnachtsgeld will schließlich gut angelegt sein.
Von allen Seiten tönt es »Stille Nacht, heilige Nacht«,
worauf sollen wir denn da überhaupt noch hören,
uns dröhnen noch die Ohren …
da ist kein Raum zum Inne-halten,
kein Gedanke, daß du da bist – für uns.
Wir haben *dich* verdrängt,
wir haben dich fast schon vergessen:
All die Kindheitserinnerungen steigen in uns auf,
Sehnsucht nach der guten alten Zeit,
die Gegenwart wird ausgeklammert.
Weihnachten heute … da bleibt nicht mehr viel,
wir haben uns schon vorher verausgabt.
Was bleibt … sind das am Ende nicht nur zwanghafte Tauschgeschäfte …
oder macht sich nicht allzuoft schlechtes Gewissen breit
angesichts unerfüllter Träume vom gemeinsamen Leben,
angesichts unendlicher Not in der Welt.
Da ist keine Zeit zum Atem-holen,
kein Gefühl, daß du da bist – für uns.
Gott, laß deine Liebe aufleben in uns und um uns
und laß dein Licht aufleuchten mitten in der Nacht.

Gnadenspruch (im Anschluß an Johannes 1,12–14):
Gott, du kommst auf uns zu …
du suchst uns in unserem Alltag –
keiner soll verloren sein!
Gott, du kommst auf uns zu …
du kehrst ein in unsere Nacht –
keiner soll verloren sein!
Gott, du kommst auf uns zu …
du siehst unsere Welt mit deinen Augen – ganz neu –
keiner soll verloren sein!
Wir loben deine Liebe ohne Ende,
wir loben dein Licht in der Nacht,
wir loben dich mit unserem ganzen Leben.

Kollektengebet
Komm jetzt zu uns, Gott, und hilf uns heraus
aus unseren gut verpackten Erinnerungen und verdrehten Erwartungen;
komm jetzt zu uns, Gott, und bereite uns vor
auf ehrliche Auseinandersetzung und Begegnung
mit Dir und Deinen Menschen;
komm jetzt zu uns, Gott, und führe uns vor Augen,
wo unser Beten und Arbeiten gefragt sind.
Gott, werde Mensch unter uns, ganz Liebe,
damit wir endlich lernen, was Mensch-Sein bedeutet.
Gott, werde Mensch unter uns, ganz Jesus,
damit wir endlich anfangen, Menschen zu sein.
Gott, werde Mensch unter uns, ganz Heiliger Geist,
damit wir endlich Menschen mit Deinen Augen sehen.

Schlußgebet (nach »O Herr, mach mich zum Werkzeug deines Friedens«):
O Herr, mach mich zum Werkzeug deiner Liebe,
daß meine Ohren hören / auf dein Wort,
da bleibt der Schrei alles Lebendigen nicht ohne Antwort,
da bringst du uns auf den Weg der Befreiung –
aller menschlichen Macht zum Trotz.
O Herr, mach mich zum Werkzeug deiner Liebe,
daß meine Augen sehen / auf deine Welt,
da bleibt Raum für alles Lebendige,
da bereitest du uns Oasen der Stille –
allem menschlichen Getöse zum Trotz.
O Herr, mach mich zum Werkzeug deiner Liebe,
daß meine Lippen erzählen / deine Wahrheit,
da wird gefragt nach Gerechtigkeit für alles Lebendige,
da brichst du immer wieder ein in unsere Ordnungen und Gesetze –
aller menschlicher Rechthaberei zum Trotz.
O Herr, mach mich zum Werkzeug deiner Liebe,
daß mein Herz schlägt / in deinem Rhythmus,
da ist Zeit genug für alles Lebendige,
da schlägt deine Stunde für uns in Ewigkeit –
aller menschlicher Hetze zum Trotz.
O Herr, mach mich zum Werkzeug deiner Liebe,
daß mein Leben Fülle hat / in dir,
da bin ich aufgehoben mit allem Lebendigen,
da sind wir eins – heute und jeden Tag –
dir, Gott, zum Lob und uns Menschen zum Heil.

Zur Predigt

Möglicher Einstieg

Ich könnte mir denken, mit einem Umblick in die »Weihnachts«landschaft zu beginnen. Ich greife zwei Zeitungsbeiträge aus dem Jahr 1991 auf: »Der Weihnachts-Countdown läuft.«

Mit dieser Schlagzeile stimmte BILD am 24.12.1991 »die letzten 24 Stunden« ein, um der Hausfrau fünf Stunden Streß sparen zu helfen:

1. »Am wichtigsten: Machen Sie nicht alles allein. Alle Familienmitglieder können eingespannt werden. Jeder muß zum Fest bestimmte Aufgaben übertragen bekommen ... So sparen Sie selbst bestimmt eine Stunde.«
2. »Kein Fest wird so aufwendig gefeiert wie Weihnachten. Für 48 Prozent der Deutschen ist das große Essen neben dem festlich geschmückten Baum das Wichtigste ... Lassen Sie das Mittagessen ausfallen ... Eine Stunde haben Sie so mindestens wieder gespart.«
3. »Lassen Sie den unnötigen Hausputz. Er ist nach dem Fest viel sinnvoller ... spart eine Stunde.«
4. »Am Nachmittag schicken Sie die Kinder am besten mit Ihrem Mann noch einmal auf den Weihnachtsmarkt. Oder lassen Sie sie vor dem Fernseher »Aufs Christkind warten«. In den zwei Stunden, die Sie so gewinnen, können Sie in Ruhe die letzten Verschönerungen an der Baumdekoration vornehmen ...
5. ... und eine ruhige halbe Stunde für sich selbst herausschlagen. Legen Sie die Beine hoch und denken Sie daran: Weihnachten ist ein Fest des Friedens. Nicht nur für die anderen.«

BILD schenkt also Zeit. Auch ohne Gottesdienst im Weihnachtsprogramm kann schließlich und endich ein Gedanke verschwendet werden: »denken Sie daran ...«.

In der Westdeutschen Allgemeinen Zeitung (WAZ) fand sich am 24.12.1991 ein Artikel »Zum Tage« mit der Überschrift »Besinnlich«, der folgende Ratschläge gab: Früh aufstehen. Schnell einkaufen, solange noch Brot und Milch da sind. Tanne einstielen. Duschen. Kinder beruhigen. Schnell noch Mitbringsel besorgen. Gans auftauen. Festessen vorbereiten. Spülen. Baum schmücken. Mutter abholen. Weihnachtsplatten raussuchen. Plätze in der Kirche sichern. Geschenke auspacken. Freuen. Zuviel essen. Nicht streiten. Und immer daran denken: Weihnachten ist ein besinnliches Fest.

Zum weiteren Verlauf

a) Mitten in diese Alpträume vom Weihnachtsalltag, wo wir krampfhaft Zeit sparen und Plätze sichern, trifft die Weihnachts»sendung« des Johannes (Lesung des Textes Joh 3,16–21). Da bleibt die Zeit stehen, Gott geht aus sich heraus, damit wir inne-halten können, damit wir uns einlassen können ... auf Leben, das Liebe ist.

Und doch bleibt uns nichts anderes übrig, als uns auf *unser* Leben zu besinnen ... da macht sich Sinn-losigkeit breit.
Schauen wir uns in unserer Welt um, so entdecken wir gewalttätige Weihnacht. Nicht nur 1992 läßt sich aufs neue einstimmen in ein Gedicht, das der Verfasser überschrieben hat: »Weihnachtslied in großer Zeit«:

Flötenmusik an Krippen,
Kerzen- und Tannenduft,
blaugefrorene Lippen,
Alarm und dicke Luft.

Glocken, Orgel, Kantaten,
Wunder der heiligen Nacht;
wir loben dich mit Granaten
und der Pistole 08.

(Gerhard Valentin in: Thema Weihnachten. Gedichte der Gegenwart. Hg. Wolfgang Fietkau, Wuppertal, 4. Aufl. 1973, S. 39)

Johannes spricht mitten in diese Welt die Erfahrung von Leben in dieser Zeit und für alle Zeit aus: Lebensrettung unter allen Umständen. Gott tritt an gegen Sirenengeheul und Granatenhagel – wie oft entpuppt sich Weihnachten da als Golgatha. Aber die Zeit bleibt nicht stehen, Gott hält durch ... die Ostersonne leuchtet hinter dem Weihnachtsstern.

b) Da ist dann die Zeit gekommen ... zum Weinen und zum Lachen, wie sie der tschechische Schriftsteller Frantisek Halas in seinem Gedicht »Europa 1992«(!) uns ans Herz legt:
»Die ihr noch weinen könnt / euch allen komme ein Lächeln / über fallendem Laub blutsigniert von der Zeit / und tauscht den Luxus eurer Zweifel ein in Hoffnung.«
(WAZ 31.12.91)
Und diese Hoffnung hat nicht nur zu Weihnachten einen Namen: Jesus – Retter – Heiland ...
Und das können wir vor Ort buchstabieren und beim Namen nennen: Da muß ich zu Weihnachten kein gewalt(tät)iges Programm durchsetzen: Familie um jeden Preis, da versuche ich aufs neue loszulassen und Zeit zu gewinnen für mich selbst und andere ...
Zeit, mich überraschen zu lassen ...
Zeit für einen Anruf oder einen Brief an einen Menschen, den ich schon längst abgeschrieben hatte ...
Zeit vielleicht, mit anderen gemeinsam ein anderes Weihnachten zu entdecken ... beim offenen Heiligabend in der Kirche, mit vergessenen Alten oder verdrängten Stadtstreichern ... bei weihnachtlichen Besuchen im Krankenhaus ... oder bei Nachtwachen vor dem Flüchtlingswohnheim ... (aber Vorsicht! ... das nicht nur zur Weihnachtszeit!).

c) Wenn bei uns (natürlich: alle, die an ihn glauben) keine Überraschungen mehr vorgesehen sind, wenn wir unser Weihnachtsprogramm sicher im Griff haben, dann wird es höchste Zeit, daß Gott in unsere vertrauten Vor-

stellungen einbricht, uns Frommen sozusagen in den Rücken fällt ... und das will erst einmal verkraftet sein.
Diesen notwendig immer wieder neuen »Advent« hat Friedrich Schwanecke eindrücklich in Erinnerung gerufen (Thema Weihnachten, a.a.O., S. 11):

Sie schauen nach oben
und warten auf den,
der da kommt.
Doch von oben
kommt er nicht.
Vergebens schauen sie, indessen
hinter ihrem Rücken
der da kommen soll
kommt.

Hinter unserem Rücken tritt Gott aus dem Schatten heraus, das ist neuer Horizont für alle, die im Schatten leben, die im Dunkeln zu entdecken sind. Ehre sei Gott auf der Erde.

d) Nicht nur auf dem Feld zu Bethlehem suchen Menschen Wärme und Geborgenheit, »Der Hirte« von Christa Reinig (aus: dies.: Sämtliche Gedichte, © Verlag Eremiten-Presse, Düsseldorf 1984) hält uns den Weihnachtsspiegel vors Gesicht:

Leute, kommt zu mir ans Feuer
wer die Nacht liebt, ist ein Feind
Fremde seid ihr, wenn nicht euer
Angesicht im Licht erscheint.

Wollte Gott, daß Friede werde
oder uns der Gnadenstoß
der Soldat jagt unsre Herde
und der Hirt ist waffenlos.

Wer hat noch die Hände offen
und wer lügt nicht, wenn er spricht
und wir schweigen und erhoffen
einen Gott – o glaubt es nicht

daß er kommt uns zu erlösen
und er hat es wohlbedacht
denn wir knien vor dem Bösen
und beneiden seine Macht.

Und da entdecken wir nicht nur alle menschen-möglichen Spielarten von Liebe oder verzweifelte Fantasien vom Frieden, sondern ertappen uns selbst dabei – unsere Körpersprache hält nicht mehr, was sie verspricht ... und am Ende immer dasselbe Lied: »wir knien vor dem Bösen« ... nur unsere Hoffnung steht dagegen:
Gott lädt ein an sein »Hirtenfeuer«, das nicht nur in dieser Nacht nicht erlöscht, sondern – gegen alle Macht der Mächtigen – erlöst. Wen wundert es da, Gott geht selbst in die Knie, damit wir auf die Beine kommen. Und vielleicht sehen wir dann klar: hinter unseren Gesichtern im Weihnachtsspiegel das Angesicht Gottes, Jesus.

Zum Schluß

Wo kommen wir denn hin, wenn Gottes Liebe Wirklichkeit wird ... das ist keine offene Frage mehr: alle Welt ist geliebt, Ehrfurcht vor dem Leben bis in den letzten Winkel, die Welt eine rettende Oase und kein Ort letzter Abrechnungen ... in Gottes Namen: das ist die neue Richtung ...

Weihnachten heißt nichts anderes, als sich damit vertraut zu machen ... im kleinen wie im großen.

Aber – immer wieder der Einwand – wie kommen wir denn dazu, das Licht zu lieben, die Finsternis ist doch viel barmherziger ... was für eine Zumutung ... für uns alle, da bleibt keiner verschont. In Gottes Namen protestieren wir gegen alle unterschwellige Aufspaltung der Menschen Gottes und gegen alle unerbittliche Abgrenzung: Gott liebt unglaublich ... und wir haben das auszuhalten und auszuleben.

Merkwürdig befreiend und beunruhigend ...
merkwürdig gott- und geheimisvoll ...
daran erinnert Marie Luise Kaschnitz in ihrer Einschätzung der Liebe Gottes »aus dem Tutzinger Gedichtkreis«, aus: Neue Gedichte, © 1957 by Claassen Verlag, Hamburg:

Fortgenommen hast Du uns unsere Schuld,
An die wir uns halten konnten, das Bleigewicht,
Und ausgelöscht das finstere Gegenbild,
Dem wir entrinnen konnten in Deinem Schoß.
Ausfahrende sind wir geworden, Springer wie auf dem Mondball.
Wechseljährige ohne Gleichgewicht,
Notenköpfe, die hineilen ohne Taktstrich,
Ohne Fermate.

Verlangen wirst Du, daß wir, die Lieblosen dieser Erde,
Deine Liebe sind.
Die Häßlichen Deine Schönheit,
Die Rastlosen Deine Ruhe,
Die Wortlosen deine Rede,
Die Schweren dein Flug.

Jeder wird wissen, daß dieses von ihm erwartet wird,
Etwas wogegen Atombomben ein Kinderspiel sind.
Und aufbegehren wird er und sagen, wie kommen wir dazu.
Und sagen, wie häßlich ist es, erwachsen zu werden.
Und aufzubleiben in der Nacht, allein.

Aber jeder wird wissen; dies ist Dein letztes Geheimnis,
Dein Fernsein Deine Nähe,
Dein Zuendesein Dein Anfang,
Deine Kälte Dein Feuer,
Deine Gleichgültigkeit Dein Zorn.

Weihnachten – Gottes letztes Geheimnis – liegt immer vor uns und holt uns täglich ein. Gott wird Mensch, damit wir Menschen werden – heute und jeden Tag.

1. Weihnachtstag

Predigttext: Micha 5,1–4a

Hannes-Dietrich Kastner

Theologisch-homiletische Skizze

Unter der Überschrift »Warum ich keine Weihnachtserzählungen mehr schreibe« notierte Kurt Marti einmal: »1. Weil mir zu Weihnachten nichts einfällt. Weshalb fällt mir nichts mehr ein?« ... »8. Weil das Weihnachtsfest, konsumistisch aufgeblasen, theologisch entleert, total verbürgerlicht ist und erzählerisch bloß noch affirmative Bürgerlichkeit reproduziert (CDU-Literatur, gewissermaßen). 9. Weil – summa summarum – Weihnachten in unseren nördlichen Breiten längst zer-zählt ist.« (in: Walter Jens, Es begibt sich aber zu der Zeit, Stuttgart 1988, S. 304).

Gilt das auch für die Weihnachtspredigt?

Nach Christvesper und Mette ist die Predigt am Weihnachtsmorgen der dritte Versuch innerhalb von 24 Stunden, diesem Eindruck zu widersprechen. Aber der Erfolgsdruck ist an diesem Morgen deutlich geringer als am Vorabend oder zur Nachtzeit, denn wer jetzt seine Wohnung verläßt, bringt Geduld mit.

Eine Homilie zu Micha 5 liegt mir dieses Mal fern. Ich kann und will nicht den Eindruck erwecken, als habe uns Micha 5 schon immer als auf Christi Geburt hinweisender Text zur Verfügung gestanden. Ich kann und will nicht so tun, als gehörte Micha 5 nicht ursprünglich in die hebräische Bibel und damit zugleich in den geistig-religiösen Haushalt Israels. Messianisches Denken ist keine christliche Spezialität. Messianische Erwartung gibt es lange vor Christus, und messianisches Hoffen gilt innerhalb des Judentums auch heute.

Das bedeutet für mich: »Christliche Predigt an Weihnachten über einen alttestamentlichen Text muß die Nähe wie den Abstand betonen. Deswegen ist sie ›ein charismatisch-eklektischer Vorgang‹ (v. Rad) in der Freiheit dessen, der die Erwartungshorizonte selbst durchstoßen hat« (Ernst Bezzel, in: Predigen in Israels Gegenwart 1, 1986, S. 28 zur Stelle).

Freilich: wer ist der charismatische Eklektiker? Wann und wo ereignet sich diese charismatische Akzentsetzung, die Verknüpfung, die schöpferisch-freie christologische Interpretation?

Es verlockt mich, mir einmal vorzustellen, dieser charismatisch-eklektische Prozeß sei noch ganz am Anfang und uns stünden noch nicht all die vertrauten Bilder, Chiffren und Titulaturen für den ›Gottessohn‹ zur Verfügung.

Meine Absicht also: der Versuch, mich und die gottesdienstliche Gemeinde im anfänglichen Sehen und Hören zu üben, um auf diesem Umweg wieder neuen Respekt gegenüber den Deutewagnissen der Evangelisten und späterer Ausleger zu gewinnen.

Micha 5 als ein Text in einer Fülle von Kontexten legt es nahe, dem Topos »Bethlehem« nachzugehen und korrespondierende Lesungen und Lieder zu wählen.

Vorschläge zur Liturgie

Introitus
Psalm 96

Lesungen
1. Samuel 16,1–13 – Matthäus 1,18–2,12 (diesen Abschnitt aus dem Matthäusevangelium wähle ich, um die Verknüpfung mit dem Predigttext deutlich zu machen).

Lieder
EKG 186 / 17,1-3+5-6 / 24 / 28,1-4+9 / O Bethlehem, du kleine Stadt (Englische Volksweise, Deutscher Text nach Bishop Phillips Brooks von Tobias Ihle)

Abendmahlsliturgie
Beim Gebet über dem Brot und dem Kelch möchte ich eine Zeile finden, die einen Bezug zwischen Bethlehem (Haus des Brotes) und den Elementen herstellt.

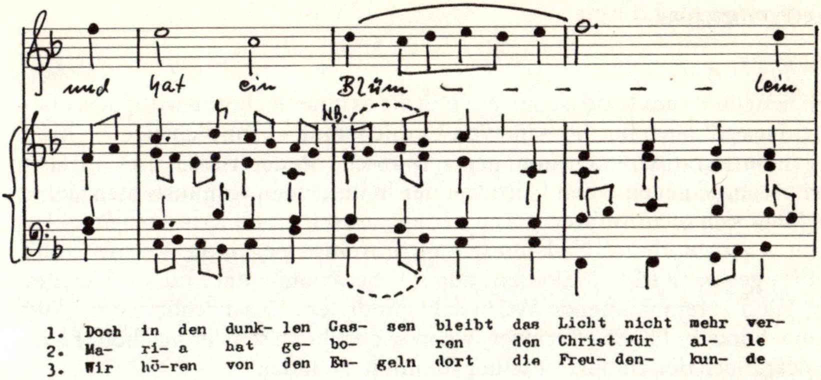

NB. Die gestrichelten Bindungen gelten für die Textunterlegung der 2. Strophe.

Text: Tobias Ihle, dt. Nachdichtung (nach dem Englischen von Philipps Brooks, 1835–1893)

Anmerkungen zum Liedsatz:
Der vierstimmige Satz kann sowohl als Orgelbegleitsatz zum Gemeindegesang wie auch als Chorsatz Verwendung finden; auch die Kombinationen Chor + Orgel und/oder weitere Instrumente sind möglich.
Angelsächsischer Musizierpraxis nachempfunden, habe ich meinem Liedsatz eine Oberstimme hinzugefügt, die nach Belieben verwendet oder auch weggelassen werden kann. Sie mag instrumental (Violine, Flöte, Oboe usw.) oder vokal (Solostimme, kleiner Chor: hohe Soprane oder auch Kinderstimmen) ausgeführt werden. Für die vokale Ausführung ist der Text des deutschen Weihnachtsliedes »Es ist ein Ros' entsprungen« vorgesehen, dessen erste Melodiezeile zu Beginn der Oberstimme und bei den entsprechenden Wiederholungen zitiert wird. Solche »Mehrtextigkeit«, bei welcher der eine Text den anderen vertieft oder kommentiert, hat eine alte kirchenmusikalische Praxis – schon seit dem Mittelalter (bekanntestes neueres Beipsiel: der Eingangs-Chor der Bachschen Matthäus-Passion). Im vorliegenden Fall entsprechen die Strophen 1 bis 3 von EKG 23 den jeweiligen Strophen des Bethlehem-Liedes. T.I.

Predigtvorschlag

Möglicher Anfang
Ein neugeborenes Kind ist der Welt, in die es hineingeboren wird, ausgeliefert. Das gilt auch für das Kind von Bethlehem. Es kann sich nicht wehren gegen bürokratischen Unsinn, gegen römische Steuererlasse. Es kann sich nicht wehren gegen einen Herodes, der in ihm einen Konkurrenten sieht. Es kann sich nicht wehren gegen unangemessen große Erwartungen oder auch gegen zu kleine. Es kann sich nicht wehren gegen die Vermarktung heute, gegen zu süße Melodien, dümmliche Kommentare oder schlechte, das Kind vereinnahmende Weihnachtspredigten. Es ist schon wahr: Alle Neugeborenen haben es schwer, wenn wir es ihnen schwer machen. Es ist schwer, nach der Geburt zu seiner Identität zu finden.
Freilich: das Kind von Bethlehem bleibt nicht lebenslang ein Kleinkind. Es wächst heran, pubertiert und reift zur Persönlichkeit, die es uns heute jedenfalls nicht mehr gestattet, daß wir uns an dem wehrlosen Kleinkind weiden und das Weihnachtsfest Jahr für Jahr als Kindergeburtstag begehen. Der erwachsene Jesus von Nazareth mischt sich in unser Feiern heute ein und stellt uns seine Fragen.
So fragt er uns etwa, wie er einmal die Anhänger des Täufers befragte: »Was seid ihr in die Wüste hinausgegangen zu sehen?« Das ist eine merkwürdige Fragestellung. Jesus fragt nicht: »Was habt ihr in der Wüste bei Johannes wahrgenommen?«, sondern: »Was habt ihr bei ihm sehen wollen?« Gemeint ist: »Welche Erwartungen und welche Wunschvorstellungen haben euch bei eurem Sehen bestimmt und eure Wahrnehmungskraft möglicherweise getrübt?« Entsprechend höre ich Jesus heute auch uns fragen. Nicht: »Was seht und hört ihr heute zu Weihnachten?«, sondern: »Was willst du eigentlich heute hören und sehen? Bist du unvoreingenommen an einem anfänglichen Sehen und Hören interessiert oder genügt es dir, wenn die Verwalter der Religion heute wieder einmal das Archivgut aufschnüren und vortragen, was man in der Christenheit seit eh und je über die Christgeburt gedacht hat? Willst du die zurechtgeschliffene, theologisch abgewogene Formel hören oder magst du dir die Neugier leisten, alles gleichsam nochmals offen zu sehen, also noch nicht ganz zu Ende gedacht?«
Sage ich »Ja«, sage ich »Ja, dieses anfängliche Sehen reizt mich!«, dann gerate ich unversehens in unbekanntes Gelände. Dann muß ich alle vertrauten Kennzeichnungen des Sohnes der Miriam vergessen. Jesus ist dann wirklich nur das Kind armer Leute und nicht gleich der Retter, der neue David, das Reis, der Messias, der Sohn Gottes, der Jungfrauensohn, der Himmelsbräutigam oder das Morgenlicht. Anfängliches Sehen und Hören zu Weihnachten führt mich dann auch sehr bald in die Bildwelt der jüdischen Hoffnung hinein. Dabei begegne ich messianischem Denken und messianischen Erwartungen in ganz unterschiedlicher Gestalt und Intensität – beginnend in alter Zeit und in unsere Gegenwart hineinreichend.

Zum weiteren Verlauf

Im folgenden möchte ich der Gemeinde einige messianische Zeugnisse vortragen. Dabei wähle ich Beispiele aus talmudischer, chassidischer und jüngster Zeit. Etwa:

> »Rabbi Pinchas sprach: Auch für die Bösen unter den Völkern der Welt sollen wir beten, auch sie sollen wir lieben. Solange wir nicht so beten, solange wir nicht so lieben, wird der Messias nicht kommen.«

Ein großer Ernst spricht aus dieser Äußerung Rabbi Pinchas', ein hoher moralischer Anspruch an die Gemeinde der Gläubigen.

> Das Fenster
>
> Zur Zeit, da Rabbi Menachem im Lande Israel wohnte, ereignete es sich, daß ein törichter Mann, ohne bemerkt zu werden, den Ölberg bestieg und vom Gipfel aus in die Schofarposaune stieß. Im aufgeschreckten Volk sprang die Kunde um, dies sei das Schofarblasen, das die Erlösung verkündigt. Als das Gerücht zu den Ohren Rabbi Menachems kam, öffnete er das Fenster, sah in die Welt hinaus und sprach: »Da ist keine Erneuerung.«

Auch Rabbi Menachem hat ein bestimmtes Bild vom Messias, das ihm die Maßstäbe für sein Sehen und Urteilen liefert: Erneuerung.

Rabbi Hillel vor 2000 Jahren sagte einmal abweisend:

> Es gibt für Israel keinen Messias mehr, denn sie haben ihn schon in den Tagen Hiskias geschmeckt. (Hiskia, 8. Jh. v. Chr.)

Joseph sagte dagegen:

> Der Herr verzeihe Rabbi Hillel! Wann lebte denn Hiskia? Doch während des ersten Tempels. Nun hat doch Sacharja während des zweiten Tempels prophezeit und gesagt: »Juble sehr, Tochter Zion, jauchze, Tochter Jerusalem! Siehe, dein König kommt zu dir, bewährt und hilfreich ist er, demütig und reitend auf einem Esel ...«

Etwas später – im ersten Drittel des zweiten nachchristlichen Jahrhunderts – ein Schock:

> Kosiwas Sohn (gemeint ist Bar Kochba) regierte zweieinhalb Jahre.
> Er sagte zu den Gelehrten: Ich bin der Messias.
> Sie sagten zu ihm: Von dem Messias steht geschrieben, daß er riecht, wo das Recht ist. Wir wollen sehen, ob er riecht, wo das Recht ist.
> Als sie aber an ihm sahen, daß er nicht riechen konnte, wo das Recht ist, töteten sie ihn.

Bar Kochba scheiterte in einem jüdischen Aufstand gegen Kaiser Hadrian, 135 n. Chr. Rabbi Akiba, der ganz auf Bar Kochba gesetzt hatte, nannte ihn Messias und »Sternensohn«.

Das gibt es also auch: enttäuschte messianische Hoffnung. Depression.

Aber selbst in dunkelster Zeit kann sich messianische Erwartung wie ein Fieber ausbreiten, wie ein verwegenes Träumen. 1940 im Ghetto von Warschau wurde gesungen:

Ich glaube, ich glaube, ich glaube;
ich glaube ehrlich, unerschütterlich und fromm,
daß der Messias wiederkomm;
an den Messias glaub ich,
und wenn er auf sich warten läßt,
glaub ich darum nicht weniger fest.
Ich glaube, ich glaube, ich glaube ...

Bin ich wirklich bereit zu anfänglichem Sehen, Hören und Mitempfinden, so finde ich mich unversehens in diesem bis in die Gegenwart reichenden Traditionsstrom vor, in den auch unser Predigtabschnitt hineingehört, diese späten Eintragungen in das Buch des Propheten Micha, notiert 587 vor Christus, unter dem Eindruck der Eroberung Jerusalems durch den Babylonier Nebukadnezar. Ein messianisches Trostwort in dunkler Zeit.

Lesung: Micha 5,1–4a

Versetzen wir uns zurück in die erste Christnacht, in die Nacht, in der Miriam ihren ersten Sohn bekommt! Was ist in dieser Nacht messianisch? Wer würdigt das Kleinkind zur Nachtzeit? Wer von den gelehrten Theologen assistiert und deutet? Wer verknüpft jetzt messianisches Denken mit dieser erbärmlichen Szene?

Es ist niemand da. Die Nacht ist stumm, und alle klugen Kommentatoren schlafen fest und tief. »In dieser Nacht«, so höre ich Jesus sagen, »in dieser Nacht ist nichts, aber auch gar nichts zu sehen, was unmittelbar und zwingend auf den Messias hinweist, es sei denn, ihr übernehmt ein ganz persönliches Urteil und Zeugnis späterer Denker, Deuter, Beter und Erzähler. Nicht, daß ich euch das verwehren wollte«, höre ich Jesus sagen, »aber bitte, liebe Leute, nehmt die Urteile, das Vertrauen und die Erzählungen der Späteren als ihr Glaubenswagnis und nicht als Selbstverständlichkeit wahr!«

Es ist schon eine ganz originelle Leistung, wie Lukas und Matthäus den Anfang Jesu mit *Bethlehem* verknüpfen. »Bethlehem« – das ist ja nicht bloß irgend ein Ort zwanzig Kilometer östlich von Jerusalem. Bethlehem ist für sie zum Symbol geworden, in dem sich ganz unterschiedliche Erinnerungen, Motive und Deutungen sammeln. Wörtlich übersetzt heißt »Bethlehem«: Haus des Brotes. Haben wir den ganzen Weg Jesu im Sinn, so wie das bei den Evangelisten vorauszusetzen ist, dann leuchtet bereits im Namen dieses Ortes etwas vom Reichtum des ganzen Evangeliums auf. Jesus sagt: »Ich bin das Brot des Lebens. Ich speise euch nicht mit irgend etwas ab, sondern ich biete mich euch dar. Nehmt, eßt meine Lebenskraft. Ihr werdet an dem, was ihr von mir aufnehmt, nicht ersticken, sondern ihr werdet leben.«

Die Erzähler gehen das Wagnis ein und verknüpfen den Anfang Jesu mit dem Bethlehemnamen, nennen den Anfang also »Haus des Brotes«.

Ich kann dies einfach zur Kenntnis nehmen. Aber das wäre dann nicht einmal die Hälfte dessen, was die Erzähler meinen. Denn das Brot will gegessen werden. Mein Hunger ist gefragt, meine Freiheit, dem Deutewagnis der Erzähler zu folgen – oder auch nicht.

Bethlehem als Symbol: Matthäus nimmt ausdrücklich Bezug auf das Trostwort des Michabuches. Aus Bethlehem-Efrata soll der Gesandte Gottes kommen, aus dieser auffällig kleinen Stadt in Juda. Der Gesandte Gottes, der Hirte, er setzt kein eigenes Recht, sondern wird Gottes Recht neu zur Geltung bringen.

Bethlehem: abermals assoziieren die Späteren eine Fülle von Erinnerungen, Erzählungen und Hoffnungen. Bethlehem? Das ist der Ort, aus dem David stammt.

Was für eine merkwürdige Geschichte stellt sich da ein! Man muß sie ganz zu Ende lesen und hören. Wie der Prophet Samuel den geeigneten Nachfolger für den Königsthron Sauls ausfindig macht, wie er sich nach dem jüngsten Sohn des Isai durchfragt und darauf besteht, daß man ihm auch den, den man ihm vorenthalten will, vorstellt. »Schau nicht auf das Äußere!« raunt Gott dem Samuel zu, als ihm die sieben älteren Brüder des David vorgeführt werden. »Gott sieht nicht auf das, worauf der Mensch sieht; der Mensch sieht auf den äußeren Schein, der Herr aber sieht das Herz an.«

Blicke ich heute in die Krippe, ohne vorschnelle Übernahme von Ehrentiteln für das Neugeborene, dann geht mir auch hier wieder die Originalität der ersten schriftlichen Zeugen auf.

Sie sagen »Bethlehem«, »Stadt Davids«, sie sagen »geboren aus dem Stamm Davids nach dem Fleisch« (Paulus) und weisen dadurch auf die Freiheit Gottes hin, auf Gottes Vorliebe für das Geringe, das Unscheinbare, zugleich auch für das Mißverständlich-Ärgerliche.

Verwegen ist auch dies, daß Lukas z.B. keinen Propheten oder Gottesgelehrten auf die Viehweiden um Bethlehem plaziert. Da ist kein Spezialist, der einen Gottesspruch zur Geburt Jesu vernimmt, große theologische Zusammenhänge formuliert und diese dann dem gemeinen Volk übersetzt. Ganz anders: in Bethlehem gilt auch der kleine Mann etwas, der Kleinviehhirte. Darin unterscheidet sich Bethlehem grundsätzlich von allen Metropolen. Hier gelten selbst die etwas, die man Halunken nennt. Sie sind es, die als erste hören und verständig sind. Sie finden aus der gebändigten Furcht heraus Worte – und danach auch einen Weg hin zu den wenig begüterten Eltern des Kindes. Sie sind es, die Maria und Joseph darüber aufklären, was der Himmel mit diesem Säugling im Sinn hat. »Frieden« nennen sie das Kleinkind und verknüpfen die Worte der Himmelsboten mit Zeilen im Buche des Micha. Das Kind, so sagen sie, bedeute nicht nur für die Provinz etwas, sondern sei, ganz wie Micha schon weiß, weltweit bedeutsam.

Lukas, Matthäus und die anderen: natürlich wissen sie, daß wir nach vorwärts zu leben haben, in die Zukunft hinein, daß hier mein Vertrauen verlangt ist. Aber das andere gilt auch, daß ich es wage, die Vergangenheit nachzuzeichnen, daß ich rückwärts zu deuten und zu verstehen versuche.

Feiernd nehmen wir heute an diesem Wagnis der Alten teil. Feiernd wage auch ich mich daran, meinen Lebensentwurf mit diesem anderen Bemühen zu verbinden, das rückwärts zu verstehen versucht, ohne das Staunen zu vergessen.
Nein, es ist noch nicht alles zu Ende gedacht, weder in den ersten Stunden in Bethlehem noch später bei Matthäus, Lukas oder bei mir. Da ist noch vieles offen, so offen, daß selbst die Mutter Jesu weiß und doch nichts weiß und sich wundert, als die Hirten erzählen.
Bethlehem: nicht nur ein Ort – zwanzig Kilometer östlich von Jerusalem. *Bethlehem* ist ein Symbol.

Möglicher Schluß

Jahrhunderte später ist es Angelus Silesius, der eigentlich Johann Scheffler heißt, der die Symbolbedeutung Bethlehems erneut aufgreift. Er formuliert:

> Wär' Christus tausendmal in Bethlehem geboren,
> doch nicht in dir,
> so wärst du doch verloren.

Das ist kein bloßes Nachsprechen alter Auslegungen. Das ist keine bloße Wiederholung von bereits Vorgedachtem. Angelus Silesius leistet sich vielmehr beim Nachsinnen über den Anfang Jesu Christi ureigenste Betroffenheit. Er identifiziert sich mit dem Hirtenfeld, mit der Armut der Menschen, mit der Nacht, die von sich aus kein Licht hat. Ihm ist bewußt, daß ihn ein ferner historischer Vorgang allein nicht zu verwandeln vermag. Darum die Bitte, daß sich die Menschwerdung Gottes in der eigenen Person fortsetze.
Bethlehem als Symbol verstanden; nicht nur ein Ort im von Israel besetzten Gebiet. Anfängliches Sehen, Hören und Empfinden kann sich auch in unseren Tagen ereignen und sich so äußern, daß es sagt:

> Bethlehem ist unser Herz,
> oder es hätte nie ein Bethlehem für uns gegeben.

So hofft die Hoffnung (s. E. Drewermann, Der offene Himmel, Düsseldorf 1990, S. 118), daß sich Vergangenes in uns nicht nur wiederholt, sondern neu ereignet, nicht nur als anfängliches Wahrnehmen, sondern als Anfang voller Licht, Wärme und Menschlichkeit, als Anfang von Gottes Schalom.

Kontexte

Bei einem Streifzug durch die poetische Literatur unserer Zeit sind zahlreiche Texte zu entdecken, die sich mit dem Topos »Bethlehem« beschäftigen. Ich halte es für denkbar, einige dieser Texte in einer Weihnachtspredigt vorzustellen. Dabei würde ich meine Absicht, zu einem anfänglichen Sehen und Hören zu gelangen, beibehalten.

Haus des Brotes

Der Stern steht über dem Haus
aber das Dach ist zerfallen

zerfressen
von den Strahlen des Sternes

oder zerbrochen
als man den Stern hinaufschoß

oder spröde geworden
von der Kälte der Nacht

und zersprungen
mit dem Knacken von Knochen

Beth-lehem (hebr.): Haus des Brotes
Erich Fried, Warngedichte,

Franz Werfel

»Noch im schlammigsten Antlitz
Harret das Gott-Licht seiner Entfaltung.
Die gierigen Herzen greifen nach Kot –
Aber in jedem
Geborenen Menschen
ist mir die Heimkunft des Heilands verheißen.«

(aus: Franz Werfel, Was ein jeder sogleich nachsprechen soll, in: ders., Das Lyrische Werk, © S. Fischer Verlag, Frankfurt/M. 1967)

Anmerkung: Die innerhalb meines Predigtvorschlages zitierten jüdischen Texte stammen aus der Ausgabe »Der babylonische Talmud«, München, 1963, S. 624ff. und M. Buber, Die Erzählungen der Chassidim, Zürich, 1949.

2. Weihnachtstag

Predigttext: Johannes 8,12–16

Hermann Otto Geißler

Theologisch-homiletische Skizze

Bultmanns Warnung »Achtung, Gnosis!« sitzt mir im Nacken. Die Assoziationen zum Licht des ersten Schöpfungstages oder zum Licht des Wortes Gottes auf unserem Wege leiten in andere Richtung. Selbst das Hoffnungslicht, das vom »Volk im finsteren Lande« erblickt wird, ist nur unter Vorbehalt zur Verdeutlichung des johanneischen Gedankens verwendbar. Schade! Immerhin hat Bultmann selbst über Joh 8,12 in Verbindung mit Joh 9,39 und 12,35–36 gepredigt (Marburger Predigten, Tübingen 1956, S. 98ff.). Seine Botschaft der Entweltlichung war der ersten Kriegsweihnacht 1939 angemessen, erreicht aber meine Hörer 1992 nicht mehr.

Ed. Schweizer hat recht in seiner Exegese zu diesem Predigttext mit der Einbindung des »Ich-bin-Wortes« in den vorgefundenen Zusammenhang, mag die rabulistische Argumentation mit ihrer Nüchternheit in einem Weihnachtsgottesdienst zunächst noch so befremdlich klingen. Auch homiletische Überlegungen sprechen dafür. Einmal ist die Lichtmetapher sehr abgenutzt, gerade an Weihnachten, zumal sie auch im säkularen Bereich unnachsichtig bemüht wird. Zum anderen wird, wer in eine Lichtquelle starrt, geblendet, eine Erfahrung, die man in der Advents- und Weihnachtszeit hinreichend gemacht hat. Entscheidend ist, daß Licht die Umwelt erhellt, so daß wir wagen können, uns herauszubewegen aus unseren Höhlen und Geleisen, indem wir nichtirgend einem Licht, sondern Jesus Christus nachfolgen heraus aus der Finsternis ins Helle. Auch hier sei die Warnung beherzigt, daß Nachfolge im Sinn des Johannes nicht moralisch zu füllen ist, sondern so viel bedeutet wie »an ihn glauben«.

So möchte ich den Menschen, die am 2. Feiertag zum Gottesdienst kommen – es sind in meiner Großstadtgemeinde viele einsame, zahlreiche alte, aber auch einige wache jüngere Menschen –, das Evangelium sagen, das Freiheit und Lebensmut zuspricht und Menschen befähigt, Schicksale zu tragen und dennoch aus sich herauszugehen und nicht zu verbittern. Der johanneischen Gedankenbewegung entsprechend beschränke ich mich auf den individuell seelsorgerlichen Bereich und lasse mich nicht durch das Stichwort »Welt« in weitere Räume locken.

Bedacht sei auch die Tatsache, daß 1992 dem 2. Weihnachtstag sogleich der Sonntag nach Weihnachten als 3. Feiertag folgt. »Abschied von Weihnachten« ist also noch kein Thema. Die Frage nach der Bedeutung des Weihnachtsfestes ist an einem solchen Tag naheliegend, weil schon Distanz zur Weihnachtsstimmung gewonnen ist. Ich möchte deshalb auch über die Entstehung von Weihnachten informieren (s. RGG³ VI. Bd Sp. 1564f.), indem ich es als Bekenntnis zu Jesus Christus als dem Licht der Welt interpretiere. Aus dem »Ich-bin-Wort« wird dann ein »Du-bist-Wort«. Damit glaube ich der Unverwechselbarkeit der johanneischen Christusworte mit den Reden des synoptischen Jesus Rechnung zu tragen.

Zur Liturgie

Liedstrophen zur Lichtmetapher
EKG 1,4; 5,5; 15,4; 24,4; besonders 32,5; 21 ganz.

Lesungen
Gal 4,4–7; Joh 1,1–5 u. 14.

Introitus
Ps 66,1.2.5.3a.4 oder Ps 93,1.2.4.5

Zum Kyrie
Herr, was ist der Mensch, daß du seiner gedenkst, und des Menschen Kind, daß du dich seiner annimmst? Wer bin ich, Herr, daß du mir deine Liebe zuwendest – mir mit meinen Ängsten, mit meiner Schwachheit, mit meinem Unglauben, mit meiner Gleichgültigkeit gegenüber dem Schicksal anderer? Wer bin ich, daß du meiner gedenkst?

Gnadenwort
1. Joh 4,9

Kollektengebet
Ewiger Gott, in einem Kind bist du zu uns gekommen – so hilfebedürftig, so liebenswert, daß wir begreifen: Dir geht es wirklich um uns. Mit uns willst du dein Reich auf der Erde aufrichten, mit uns willst du Frieden bewirken für alle Menschen, mit uns willst du Hoffnung erwecken in dieser Welt. Noch zögern wir. Aber deine Liebe kann uns beflügeln, daß wir ja sagen zu dir und dem, was du mit uns tun willst, wenn wir dem Mann folgen, der als Kind in der Krippe zu uns kam, ihm, Jesus Christus, dem Licht der Welt.

Fürbittengebet
Herr Jesus Christus, du bist das Licht der Welt. So bekennen wir in diesen Tagen des Festes deiner Geburt mit der ganzen Christenheit. Zu dir bringen wir unsere Freude darüber und über alles Gute, das wir in diesen Tagen erlebt haben. Zu dir bringen wir aber auch unsere Traurigkeit. Dürfen wir denn so Weihnachten feiern: so satt und fröhlich, so ganz mit uns beschäftigt, mit unseren Hoffnungen und Sorgen, wo es doch um uns herum so viel zu beklagen und zu befürchten gibt?
Wir wollen das alles nicht vergessen, weil du ja zu den Armen, den Ohnmächtigen und Heimatlosen gekommen bist damals, ja selbst ein solcher wurdest mit schlimmem Schicksal. Darum können wir auch heute nicht ganz froh werden, wenn wir sie dir nicht nennen, die heute leiden: die Kranken und Einsamen, die Verzweifelten und die Heimatlosen, die Flücht-

linge und die Opfer von Krieg und Gewalt, die Gefangenen und die, denen man ihr Recht nimmt, die Arbeitslosen und die um ihre berufliche Zukunft bangen, die Hungernden und die um ihr Lebensglück trauern.
Laß uns dieses Weihnachtsfest erleben als eine Erneuerung unserer Lebenskraft und unserer Liebe. Schenke uns Verständnis für andere, Ideen, was wir bessern können, und Bereitschaft, Schritte zu tun, die nicht bloß uns selber weiterbringen, sondern dazu helfen, daß Friede und Recht wachsen in unserem Land und in allen Völkern. So gib auch den Frauen und Männern in der Politik Klugheit, Verständnisbereitschaft und Tatkraft, damit die Übel, die das Leben bedrohen, gewendet werden.
Denn du, Herr Jesus Christus, bist das Licht der Welt, das die Finsternis vertreibt. Dir sei Ehre und Lob.

Zur Predigt

Möglicher Anfang
Noch leuchten uns die Lichter der Weihnacht und schenken den dunklen Tagen dieser Jahreszeit ihren eigentümlichen Glanz. Die Lichterfülle lockt uns zum Anschauen und Verharren. Schön, daß Weihnachten dieses Jahr einen Tag mehr hat! Es sind ja auch bei den Kindern nicht nur die Geschenke, die sie das ganze Jahr über Weihnachten herbeiwünschen lassen. Viel eher noch ist es der Schmuck, der geputzte Baum, der Lichterglanz.
Das alles ist so schön – einige meinen: zu schön –, daß man darüber fast vergißt, wofür das alles steht. Die Lichter, die wir entzünden, künden von einem anderen Licht. In dem großen Wort aus dem Johannesevangelium ist es ausgesprochen: ›Ich bin das Licht der Welt‹.
Dieses Licht können unsere Augen nicht sehen. Nur der Glaube nimmt es wahr. Deshalb zünden wir die Lichter an, die man sehen kann. Sie sollen aufmerksam machen auf das Unsichtbare: Der Mann, dessen Geburt wir feiern, ist das Licht der Welt.
Seltsam, daß auch andere Leute die Lichter anzünden und den Christbaum putzen: Stadt- und Gemeindeverwaltungen, die ihrem Gemeinwesen Glanz verleihen wollen, Kaufleute, die Kunden locken, Ungläubige, die Tannenduft und Kerzenschein zur Stimmung brauchen, ja auch Angehörige anderer Religionen, die all dies einfach schön finden. Woher sollten sie auch wissen, daß das ganze Weihnachtsfest mit Tannenschmuck und Lichterglanz eigentlich nichts anderes ist als unser Bekenntnis: Ja, du Kind in der Krippe, du bist das Licht der Welt.

Mögliche Fortsetzung
Erzählen von der Entstehung des Weihnachtsfestes im 4. Jahrhundert, nachdem zuvor die Geburtstagsfeiern der Kaiser für die Christen eher ein abstoßendes Beispiel boten, einen Geburtstag zu begehen. Durch Kaiser

Konstantin wurde das anders. Die Festlegung des Geburtsfestes für Christus auf den römischen Festtag des Sol invictus macht den Bekenntnischarakter des Festes deutlich: »Jesus Christus, du bist das Licht der Welt.« Bekenntnis ablegen heißt immer sich exponieren vor anderen, bereit sein, sich befragen zu lassen: Was meinst du denn mit deinem Bekenntnis? Jesus wird über sein Selbstzeugnis befragt, wir werden auch nach dem Sinn unserer Festbräuche gefragt von unseren eigenen Kindern wie auch von Kritikern. Wir schulden die Erklärung für unser Weihnachtsbekenntnis: Du bist das Licht der Welt.

An der Szene mit den Pharisäern läßt sich Wichtiges beobachten. Die Pharisäer sind hier ja nicht eine bestimmte Sorte von Menschen. Sie vertreten die Menschen schlechthin, also auch uns.

a) Der Eindruck, den die Gegner Jesu machen, ist Beharrung, Erstarrung, Unbeweglichkeit. Jesus gebraucht Verben der Bewegung: nachfolgen und wandeln. Er lockt zum Gehen, zum Schritte-tun. Dafür brauchen wir Helligkeit. Im Dunkel ist es besser stehen zu bleiben. Beispiel: Im dunklen Treppenhaus sagt einer: Bleib stehen, ich weiß, wo der Lichtschalter ist. Gehen, sich bewegen kann nur, wer weiß, wo er hintritt. Wir glauben, daß Jesus das Licht der Welt ist. Deshalb lassen wir uns von ihm rufen, Schritte zu tun, heraus aus unseren Erstarrungen und Vorurteilen, heraus aus unseren Enttäuschungen und schlechten Erfahrungen, heraus aus unseren Schicksalen und Traurigkeiten, heraus auch aus unseren Sicherheiten und unserem ganz privaten Glück. Jesus ermutigt uns, Schritte zu tun auf andere Menschen zu, auf neue Situationen und Aufgaben hin, zu neuen Lebensphasen und Veränderungen unserer Zeit, die uns ängstigen. Gehen sollen wir, mutig und getrost, uns den Wandlungen unterwerfen, die uns das Leben zumutet, nur nicht stehen bleiben und erstarren.

b) Es ist eine Kluft zwischen Jesus und seinen Dialogpartnern. Jesus läßt sich dennoch darauf ein. Wie leicht lassen wir ein solches Gespräch versanden! Jesus traut dem Wort. Das macht ihn einsam, aber zeigt, was ihn bewegt – Liebe. Liebe kann ja nicht zwingen und drängen. Sie kann nur erklären, einladen und hören. Sonst bleibt ihr nur zu schweigen, zu leiden und zu beten. Können wir unsere Kinder nötigen, bewahren, lenken oder gar unsere Welt? Nur lieben können wir und hoffen und beten. Jesus ermutigt dazu durch sein Verhalten.

c) Die Quelle der Kraft Jesu ist sein Wissen über sein Woher und Wohin. Wieder ist von Bewegung die Rede: Kommen und Gehen ist die Bewegung des Lebens selber; das umschließt auch unser Geborenwerden und Sterben. Aber auch die großen Machtgebilde der Menschen sind diesem Gesetz unterworfen. Wo sind die Mächte, die einmal die Welt in Atem hielten? Immer kürzer scheinen die Intervalle zu werden. Hinweis auf die Dauer der Weltreiche von einst, Ägypter, Kaisertum im Mittelalter im Vergleich zu unserem Jahrhundert: 70 Jahre oder gar nur 12, obwohl doch von Ewigkeiten die Rede war.

Die Bewegung des Lebens ist ohne Woher und Wohin. Daher kommt unsere Unsicherheit und Angst. Erinnerung an die Geburt des Jesuskindes – so ungeborgen, so ohne Aufsehen, vor der Welt verborgen, ein Kind wie viele ohne Woher und Wohin. Wir aber singen: »Er kommt aus seines Vaters Schoß« und »Heut schleußt er wieder auf die Tür zum schönen Paradeis«. Aus der Liebe des Vaters kommt er, um uns zu zeigen, daß es dort auch einen Platz für uns gibt – Grund für Lebensmut und Hoffnung ebenso wie für Geduld und Beharrlichkeit im Kampf an der Seite Jesu gegen die Finsternis, die das Licht auszulöschen sucht.

Möglicher Schluß

Das meinen wir mit unserem Bekenntnis zu Jesus Christus als dem Licht der Welt. Das drückt unser Weihnachtsfest aus. Wir wissen uns von Jesus herausgelockt aus unseren Erstarrungen, ermutigt, Schritte zu tun nach vorn und aufeinander zu, angespornt zu Liebe und gestärkt in unserem Friedenswillen, auch wenn sie sich als ohnmächtig erweisen; so ist es ja auch ihm selber ergangen. Aber dennoch ist da ein Platz für uns in seinem Woher und Wohin, von des Vaters Schoß zum schönen Paradeis.

Dieses Bekenntnis stärkt zu einem dankbaren und wohlgemuten Leben in den Grenzen unseres Menschseins. Deshalb will ich die fröhlichen Verse von Matthias Claudius an den Schluß stellen, die er überschrieb: »Täglich zu singen«.

Ich danke Gott und freue mich / Wie's Kind zur Weihnachtsgabe, / Daß ich bin, bin! Und daß ich dich, / Schön menschlich Antlitz, habe.

Daß ich die Sonne und das Meer / Und Laub und Gras kann sehen / Und abends unterm Sternenheer / Und lieben Monde gehen;

Und daß mir dann zumute ist, / Als wenn wir Kinder kamen / Und sahen, was der heil'ge Christ / Bescheret hatte. Amen.

Kontexte

1. Am 2. Weihnachtstag bieten sich Bildmeditationen an, etwa:

- Was die Nacht hell macht – Eine Betrachtung für die Weihnachtszeit von Jörg Zink zu Bildern von Rembrandt, Verlag am Eschbach 1988
- J.M. William Turner, Die Heilige Familie (1803) und Anbruch des Christentums – Flucht nach Ägypten (1841), wiedergegeben in: Turner – Die Landschaften der Bibel, Gondrom Verlag Bayreuth 1985, S. 41 und 167 (dieses leider seitenverkehrt).
- Weihnachtsbild des Isenheimer Altars. Dazu als Anregung Martin Bubers faszinierende Meditation: »In der Mitte die Geburt. Da glüht auf kristallnem Gebirge der Morgen der Welt, unter ihm sitzt die Jungfrau mit dem Kinde, und zuhöchst darüber entstürzen der göttlichen Glorie die Engelscharen wie Sonnenstaub einer unendlichen Blüte. In der Glorie sind sie noch überfarben, geeint im sonnenhaften Licht, aber da sie niederwallen, im Zwischenreich des Werdens glänzt jeder als eine Farbe auf; und so knien und schweben sie musizierend links in dem Portal, jeder eine Farbe. ›Denn das ist die letzte Materia, so ein Ding allein in ihm selbst stehet und jubilieret in seiner Exaltation.‹ Das ist das Wunder der Farbwerdung,

der Vielheitswerdung aus der Einheit: das erste Mysterium. Dieses Mysterium ist nur offenbart, nicht uns zugeteilt. Die überfarbne Glorie ist der Geist des Himmels, sie ist nicht der Geist der Erde, der sie sich nicht erschließt. Die Engel entstürzen ihr, aber sie schauen sie nicht. Wir vermögen nicht hinter der Vielheit die lebendige Einheit zu finden. Wenn wir die Farben wegtun, sehen wir nicht das Licht, sondern die Finsternis, mag sie auch berauschend und voller Verzückung sein. Wer den weißen Mantel umlegt, ist dem Leben entsondert; und er erfährt seine Wahrheit nur, solang er die Augen schließt. ›Wir erkennen, daß Gott in seinem eigenen Wesen kein Wesen ist.‹ Unsere Welt, die farbige Welt ist die Welt.« (Martin Buber, Ereignisse und Begegnungen, Leipzig 1917, S. 16ff.)

2. Martin Gutl, Jesus von Nazaret:
»Einer kam / und zeigte wie ein Blitzlicht, / einen Bruchteil der Geschichte, / was ein Mensch sein könnte.
Er ist ein Mensch geworden wie wir, / eingeklemmt zwischen Geburt und Tod, / zermürbenden Mächten ausgesetzt, / im Kampf mit denen, welche die Lüge lieben, / umgeben von Menschen, die ihn kaum verstanden, / geschunden, gequält, gekreuzigt: / Jesus von Nazaret.
... Eine Verheißung / durchzieht unser Leben: / sein Geist macht uns bereit, / immer neu aufzubrechen / zu anderen Ufern. / Er gibt uns Vertrauen, selbst Unmögliches zu versuchen, / wachsam zu bleiben, / die Wahrheit zu sagen, / ein geknicktes Rohr nicht zu brechen, / einen glimmenden Docht nicht zu löschen, / Getretene aufzurichten, / Geschundene nicht allein zu lassen, / Stummen ein Mund, / Tauben ein Ohr, / allen alles zu werden.« (H.J. Coenen, aus: Josef Dirnbeck und Martin Gutl: Ich begann zu beten. Texte für Meditation und Gottesdienst, Neuausgabe 1992, Verlag Styria, Graz, Wien und Köln)

3. »Am 22. September ist Tag- und Nachtgleiche, von da ab sinkt die Sonne immer tiefer, bis sie auch zu Mittag unter dem Horizont verborgen bleibt und die Tage kurz und die Nächte endlos wurden. Wenn der Dezember naht, sagen die Leute in Tromsö: ›Wir fahren in den Tunnel‹ und verbinden mit diesem Vergleich die tröstliche Vorstellung, daß die Welt nach der bevorstehenden Reise durch die Dunkelheit schließlich doch wieder ins helle Licht des Tages treten werde.
Aber für junge Leute war dieses Versprechen eines allzu fernen Frühlings kein Trost. Sie sahen nur, wie das Licht erstarb und die Dunkelheit Herrschaft über die Seele gewann. ... Oft ertappte sich Britta während der Arbeit ..., wie sie leise die Kavatine (aus Bizets Oper ›Die Perlenfischer‹) pfiff, als wäre ihr Leben nur mehr Traum, als hätte sie sich ... in der Sinnlosigkeit des Daseins verirrt. Sie glaubte, die Welt nicht mehr ertragen zu können. Sie flüsterte: ›Ich will in die Sonne‹.« (J.A. Mitchener, Die Kinder von Torremolinos, rororo 1636, Hamburg 1973, S. 47)

Weitere Weihnachtspredigten

1. Weihnachten und das Finanzielle

Klaus von Mering

Vielleicht haben Sie's auch gelesen, es stand vor ein paar Tagen in unserer Zeitung – und wahrscheinlich nicht nur in der: »Keine ›Weihnachtspost‹ vom Finanzamt. Die staatliche Finanzverwaltung hat, einem alten Brauch folgend, auch für dieses Jahr den ›Weihnachtsfrieden‹ verkündet. Am 17. Dezember begann in der niedersächsischen Steuerverwaltung die ›Schonzeit‹, damit den Steuerzahlern die Festtage nicht verdorben werden. Bis nach Neujahr sollen keine unangenehmen Briefe vom Finanzamt kommen.« Und der Bund der Steuerzahler setzt noch eins drauf und hat die Städte, Gemeinden und Landkreise aufgefordert, »es der Finanzverwaltung gleichzutun und in der Zeit bis Neujahr keine belastenden Verwaltungsakte, Gebühren-, Steuer- und Beitragsbescheide mit Nachforderungen den Bürgern zuzustellen.« (Anzeiger 18.12.90)
Meine erste Reaktion war Empörung. Typisch! So gehen wir mit Weihnachten um. Die Wirklichkeit wird für ein paar Stunden oder Tage verdrängt. Und danach nehmen die Dinge ihren Lauf, als sei nichts gewesen. Was für die Kinder der Weihnachtsmann, ist für uns Große die zurückgehaltene Zahlungsaufforderung. Warte nur ein Weilchen, dann kommt heraus: Alles Schwindel! Der Mann mit der roten Kapuze hat keinen Bart und das Finanzamt nichts zu verschenken. Weihnachten, Friede auf Erden? Alles nur frommer Zauber – oder etwa nicht?
Allerdings – war mein zweiter Gedanke: Die Parallele ist schon auffällig. Was damals Maria und Josef auf den langen, mühevollen Weg nach Bethlehem brachte, war ja in der Tat nichts anderes als das Finanzamt. So hieß es damals nicht. Und es war auch alles andere als eine demokratisch kontrollierte Behörde, bei der der mündige Bürger notfalls sein Recht einklagen kann. Damals war es eher so etwas wie eine Drücker-Kolonne rauhbeiniger und rücksichtsloser Geldeintreiber, die für ihr Vorgehen niemandem Rechenschaft schuldeten, Hauptsache, sie schafften dem Cäsar in Rom die gewünschte Summe für seine Kriegskasse herbei. Aber es war eine Steuer, die da eingezogen, besser: eingetrieben wurde, und wenn Martin Luther in seiner Übersetzung die bekannten Worte wählte, »daß alle Welt geschätzt würde«, dann war das jedenfalls kein Akt von »Wert-Schätzung«, sondern dann bedeutete das eher ein ebenso brutales wie pauschales »Zur-Sache-Schätzchen«.
Möglicherweise schleppte Josef seine hochschwangere Braut ursprünglich gar nicht deshalb nach Bethlehem, weil er ein so braver und gehorsamer

Staatsbürger war, sondern weil er hoffte, dort bei seiner Sippe und in der von Kindesbeinen vertrauten Umgebung mehr Schutz vor den römischen Geldeintreibern zu finden. In seinen Augen war der mühsame Weg durchs judäische Bergland für Maria noch das kleinere Übel. Und die Futterkrippe als Wiegenersatz wäre denn weniger das Ergebnis hartherziger Pensionsinhaber als gesuchte Anonymität im Hinterhof, um jedes Aufsehen zu vermeiden und mit dem Blöken der Schafe das Säuglingsgeschrei zuzudecken. Ja, es gibt die Vermutung, Josef sei nur deshalb so früh aus der Jesusgeschichte verschwunden, weil die Häscher ihn am Ende doch gekriegt und kurzen Prozeß mit ihm gemacht hätten, genauso wie später mit seinem Sohn – Militärdiktaturen sind da bis heute nicht zimperlich.
Aber wie dem auch im einzelnen gewesen sein mag, ich könnte schon Verständnis dafür aufbringen, daß ehrbare Finanzbehörden unserer Tage nicht mit jenen römischen Kollegen verwechselt werden möchten. Und irgendwie ist das ja auch eine berechtigte Sehnsucht von uns allen: ein paar ungetrübte Tage, an denen man frei ist von bösen Nachrichten und geborgen in der Ruhe sensationslosen Glücks. Beinahe hätte ich gesagt: »Man gönnt sich ja sonst nichts.« Aber ich möchte das gar nicht ins Ironische ziehen. Die ganze Hektik der Vorweihnachtszeit – was ist sie anderes als das oft genug krampfhafte, aber doch eigentlich ehrliche und leidenschaftliche Bemühen, die Dinge vorher soweit in den Griff und vom Tisch zu kriegen, daß man tatsächlich für ein paar Tage nichts planen, nichts entscheiden, nichts groß bewegen muß. Das soll alles erst frühestens wieder am 27. losgehen; und wenn es sich einrichten läßt, beziehen wir gern den Jahreswechsel in diese Ruhepause noch mit ein.
Der Traum vom Paradies! Doch, doch, das ist es, zumindest ein wichtiges Stück davon. Vielleicht wären Sie nicht drauf gekommen, es so zu nennen, und im einzelnen gehören für jeden von uns sicher auch ganz verschiedene Zutaten zu diesem Traum. Der eine legt sich lieber mit einem Krimi in die Badewanne, und der andere läßt sich lieber bei einem langen Strandspaziergang den kalten Wind um die Ohren wehen. Aber diese Unterschiede sind nicht von Belang. Gemeinsam ist uns allen die Sehnsucht nach einem Leben ohne Angst und Schmerzen, nach Nähe von Menschen, die wir gern haben, und nach Abstand von Dingen, die wir hassen, Sehnsucht nach Offenheit und Ehrlichkeit angesichts der nicht endenden Kette von Lüge und Heuchelei und nach Liebe und Zärtlichkeit angesichts kalter Berechnung und treulosem Verrat.
Diese Sehnsucht ist natürlich nicht nur zu Weihnachten lebendig, aber sie kommt von Weihnachten her; denn die Mitte von Weihnachten ist das Kind, das die Welt verändert, gerade weil es keine Gewalt ausübt, und das die Menschen zu ihrer ursprünglichen Bestimmung zurückruft, gerade weil es keine gelehrten Vorträge und frommen Predigten hält, das Kind, mit dessen Geburt Gott endgültig damit begonnen hat, uns aus den Gefängnissen unserer Icheinsamkeit zu befreien und uns heimzuholen aus der Fremde

unserer verirrten Ziele. Wie es der Liederdichter richtig sagt: »Heut schließt er wieder auf die Tür zum schönen Paradeis; der Cherub steht nicht mehr dafür, Gott sei Lob Ehr und Preis«.

(Zwischenmusik)

Übrigens, ich weiß nicht, ob Ihnen das eben aufgefallen ist: Geld und Reichtum spielen bei diesem Traum vom Paradies keine wesentliche Rolle. Ich meine das, wie ich's sage: Es spielt keine Rolle! Nicht nur: Es sollte keine Rolle spielen – hier geht es nicht um Moral! – es spielt wirklich keine Rolle! Ich bin fest davon überzeugt: Wir alle hier – und die andern draußen auch – wir geben nur deshalb soviel Geld aus zu Weihnachten, weil wir hoffen, mit all diesen Zutaten unsern Traum vom Paradies ein bißchen wahrscheinlicher zu machen, ein bißchen abzusichern. Reichliches Essen ist dafür gut, denn gutes Essen macht zufrieden und dämpft die vagabundierende Fantasie. Etwas Ordentliches zu trinken – damit redet sich's besser, und wir wollen uns doch mal richtig Zeit nehmen füreinander in diesen Tagen. Ein paar schöne Geschenke, das macht dankbar; und dankbare Menschen sind wesentlich angenehmere Hausgenossen als undankbare Quengler. Eine gemütliche Atmosphäre ist von Vorteil, denn Gemütlichkeit läßt auftauen und macht anpassungsfähiger und entgegenkommender. Und das erleichtert das Zusammenleben.

Das hat also alles seinen Sinn, das Geldausgeben und das ganze Drum und Dran zu Weihnachten, aber, nicht wahr, es ist nicht die Sache selbst, es soll nur dazu helfen. Und wir können darauf verzichten, wenn uns jemand einen besseren Vorschlag macht, so wie wir auf die Heizung verzichten können, wenn's draußen warm genug ist. Nein wirklich, das Geld ist Nebensache, nicht nur zu Weihnachten, aber da ganz besonders, ich bin ganz sicher, da sind wir uns einig, uns fällt nur manchmal nichts Besseres ein als Geld, wenn wir Glück meinen oder Sorglosigkeit oder ungetrübte Freude am Leben. Aber wir brauchen uns ja nur das Kind vor Augen zu halten. Da lacht unser Herz, auch ohne sechs Richtige im Lotto. Sogar die Werbefritzen, die doch dauernd nur ans Geld denken, wissen das inzwischen, achten Sie mal drauf! Wenn ein Baby ins Bild kommt, brauchen sie keinen Mercedes daneben und keinen Goldbarren. Oft genug nicht mal 'ne Hose. So knackig und nackig, so wirkt das Baby am besten. So rührt es unser Herz an, viel stärker und direkter als all der Plunder, den man kaufen kann.

Das hat Gott gewußt – was Wunder, er kennt uns schließlich besser als wir uns selbst. Und deshalb ist er als Kind in unsere Welt gekommen. Im Stall, wo es nicht viel gab, um dieses Kind gleich wieder unter einem Berg unnützen Zeugs zu begraben. Und verkündet wurde die Geschichte zuerst den Hirten auf dem Feld, die nicht erst durch tausend Tricks zum Zuhören gebracht werden mußten. Da mußte nicht erst ein Fernseher oder ein Walkman ausgestellt werden, damit das Gloria in excelsis ihr Ohr erreichte. Und da waren keine Scheinwerfer und Lichterketten, die erst ausgelöscht werden mußten, ehe sie vor dem Schein der himmlischen Heerscharen erschraken. Insofern haben wir's heute, glaube ich, wir »entwickelten« Europäer, tatsächlich etwas schwerer. Wir haben uns so verbissen auf den Weg gemacht, das Glück im Wohlstand zu suchen und nicht in der Krippe, daß wir in dem Augenblick, da wir den Holzweg erkennen, unheimlich ins Schleudern kommen und oft erst recht die Orientierung verlieren.

Das war einer der ganz starken Eindrücke, die wir jetzt in Burkina Faso gesammelt haben in den letzten Wochen, diesem Land am südlichen Rand der Sahara in Westafrika, das zu den ärmsten der Erde zählt. Wieviel kürzer ist bei diesen Menschen der Weg in die ausgelassenste Freude, und wie unermüdlich können sie ihre Freude feiern, ohne jeden Tropfen Alkohol, stundenlang in der glühenden Hitze von über 40°, mit nichts als einigen Schlucken brackigen Wassers, ein paar simplen Musikinstrumenten und ihrer ansteckenden und mitreißenden Lebensfreude. Freilich, das andere ist genauso wahr: Auch der Weg in die bitterste Not, ja in die unmittelbare Lebensgefahr ist ganz kurz, wahnsinnig kurz für unser Gefühl. Mehr als 40 % der Kinder sterben, bevor sie das 5. Lebensjahr vollendet haben. Das ist die andere Seite. Sicherheit ist in unserer Welt in hohem Maße eine Frage des Geldes und des Wohlstands, ohne Zweifel. Nur: Sicherheit ist nicht Glück, Sicherheit ist nicht das Paradies! In gesicherten Verhältnissen gibt es bezeichnenderweise ungleich mehr enttäuschte und lebensmüde Menschen als in der Unsicherheit und Armut von Hunger und Lebensgefahr.

Was heißt das? Nun, ich denke, die Schlußfolgerung ist einfach: Geben wir unserer Sehnsucht nach Frieden und Glück recht, aber suchen wir dieses Paradies nicht länger auf dem Weg der Sicherheit, mit den Mitteln der Aussperrung von Not und Mühe und Armut, durch Betäubung unserer natürlichen Empfindungen und durch die Flucht in die Gefängninsse unserer Vorurteile. Das wird alles nur Krampf und Quälerei, und am Ende steht die große Leere. Laßt uns vielmehr die in unsere Sehnsucht nach dem Paradies miteinschließen, die weniger gesichert leben als wir. Schützen wir sie, so gut wir das von hier aus können, gegen den Absturz in die Todesgefahr. Wieviel können wir abgeben, ohne daß unsere Sicherheit ernsthaft gemindert wird? In Bonn kommen sie jetzt langsam dahinter, daß es Milliarden sind. Klar, das sind andere Größenordnungen, aber im Prinzip geht es in unserem privaten Haushalt um das gleiche. Wievieles von dem, was wir besitzen, gefährdet uns mehr, als daß es uns sichert. Und wieviel größer können wir unseren Frieden und unser Glück machen, wenn wir denen, die so gefährlich nahe am Rande des Abgrunds leben, ein wenig helfen zu einem schützenden Geländer!

Ich will's mal ganz direkt und praktisch sagen: Wenn ich die Babies alle hätte mitbringen können, die wir dort in Burkina gesehen haben, in den Tüchern auf den Rücken ihrer schwer arbeitenden Mütter, im unbeschreiblichen Schmutz der Straße oder unter den Händen der Schwestern in den

Krankenstationen – wenn ich jedem von Ihnen jetzt eins dieser hübschen kleinen Kinder in den Arm legen könnte und sagte: 50,– DM von dir, und das Kleine hat das Schlimmste überstanden – ich bin ganz sicher, wir würden hier noch heute abend die 50,– DM pro Baby zusammenbekommen.
So verdorben hat uns unser Wohlstand nun doch noch nicht, daß wir nicht immer noch sehr genau wüßten, worauf es wirklich ankommt und was das Leben wirklich lohnend macht. Die Geschichte wird uns ja auch jedes Jahr wieder vorgelesen, diese Geschichte, die anfängt: »Es begab sich aber zu der Zeit, daß ein Gebot von dem Kaiser Augustus ausging, daß alle Welt geschätzt würde ...« Mancher kann sie vielleicht schon auswendig. Das hat sie auch verdient. Denn da steckt alles drin, was wir zum Leben brauchen: Ehre sei Gott in der Höhe und Friede auf Erden – einfach alles, was wir zum Leben brauchen. Probieren Sie's nur mal ernsthaft aus!

2. Der stille Josef

Friedrich Gölz

Gerne hätte ich ihn jetzt zu mir herübergeholt. Nur ihn. Nur diese eine Figur, um mich mit ihr, mit ihm ein wenig zu unterhalten.
Aber es geht nicht. In unserer schönen Krippe ist Josef zu fest, ganz untrennbar verbunden mit Maria und dem Kind. Aus einem Holz geschnitzt die ganze heilige Familie. Schön ist das anzusehen: wenn die drei so miteinander verwachsen sind.
Allerdings: in der biblischen Geschichte sind sie, Maria, Josef und das Kind, *so* eng nicht verbunden. Da steht, so scheint es mir, der Josef ein wenig abseits. Er ist eigentlich keine Hauptperson, eher ein Statist im Weihnachtsgeschehen. Einer, der keine eigene Rolle spielt, nur dazu dient, um die Hauptpersonen an den Ort des Geschehens zu bringen.
»Da machte sich auf auch Josef aus Galiläa ...« Das ist einfach alles, was wir Lukas 2 von diesem Mann hören. Wirklich nichts Besonderes. Oder doch?
Es gibt ja (außer der von Lukas) noch eine zweite biblische Weihnachtsgeschichte: bei Matthäus. Dort ist über den stillen Vater Josef mehr zu erfahren. *Über* ihn einiges. Aber *von* ihm auch dort kein Wort. In der ganzen Bibel wird kein einziges Wort von Josef überliefert.
Ist das nicht bemerkenswert? In diesem Weihnachtsgeschehen, wo Kaiser befehlen und Völker gehorchen, wo wortkarge Hirten auf einmal zu reden, gar zu predigen beginnen – wo die Weisen aus dem Morgenland mit ihren

Fragen nach dem neugeborenen Kind den König Herodes schier wahnsinnig werden lassen, wo die begnadete Maria fromme Worte redet – ja, und wo sogar Engel von der Geburt Jesu singen und sagen, da bleibt dieser eine Mensch ganz stumm. Und darüber würde ich den Vater Josef sehr gerne befragen: »Mann, warum bleibst du so still, wenn doch alle an Weihnachten reden und singen? Wenn du den Mund nicht auftust, brauchst du dich nicht zu wundern, wenn die Maler dich später vor lauter Maria und Kind und Hirten und Engeln auf ihren Bildern beinahe vergessen oder auf die Seite rücken. Als einen alten Mann werden sie dich darstellen, einen Opa, der nichts zu sagen hat, nur noch zum Feuermachen oder zum Suppekochen taugt.«

Wenn ich so mit Josef rede, dann antwortet er. Sehr leise zwar, aber hörbar, und ein bißchen unwillig klingt seine Stimme: »Laßt mich in Ruhe«, sagt er. »Laßt mich tun, was ich eben tun kann. Es zieht in diesem Stall. Das Kind muß es doch warm haben. Meine obdachlose Frau wird nicht satt vom Weihnachtsliedersingen. Und Ochs' und Esel – bitteschön, wer soll denn die beiden misten und füttern? Die Heiligen Drei Könige vielleicht?« »Du fühlst dich, scheint mir, nicht so wohl in all dem Weihnachtsglanz und -jubel?«, frage ich erstaunt. Und er: »Wie ich mich fühle, ist nicht so wichtig. Ich habe zu tun.«

Das trifft. Diese Antwort schlägt ein. Jedenfalls bei mir. »Wie ich mich fühle«, sagt er, »ist nicht so wichtig. Ich habe zu tun.«

Da ist einer, dem es an Weihnachten eigentlich gar nicht zum Singen und Anbeten zumute ist. Schon *vor* Weihnachten sei Josef miserabel gestimmt gewesen, erzählt Matthäus. Zum Davonlaufen war's ihm zumute. Was sich da anbahnte und ereignete, sei für den Verlobten der Maria einfach unbegreiflich gewesen. Und unerträglich. Bitte: wie sollte er das auch verstehn? Nicht sein Kind sei es – und doch er der Vater. Sohn der Jungfrau. Erlösung. »Das ewig Licht geht da herein. Gibt der Welt ein' neuen Schein.« Der Welt? Ach, die Welt, wie Josef sie sehen konnte, hatte sich ja nicht verändert, seit Maria schwanger war. Und durch Jesu Geburt schien sich die Welt auch nicht zu ändern. Die Welt, die Kaiser Augustus beherrschte, der ihr den Frieden geben wollte und doch nicht konnte – die Welt, in der Herodes sich an seine Macht klammerte. Er würde lieber Massaker veranstalten, Kinder ermorden, als seine Herrschaft in Frage stellen lassen. Das war die Welt, die Josef kannte: In dieser Welt gab es Obdachlose in Massen und Flüchtlinge. Viel zu viele. Kurzum: es war eine Welt, in der es zwar manches Schöne, aber auch viel Schlimmes gegeben hat. Eine durchaus noch verbesserungsbedürftige, eine ganz unerlöste Welt. Und als Weihnachten näherkam – als Weihnachten ihm und vor allem der Maria regelrecht auf den Leib rückte, da wollte Josef am liebsten ausreißen. Er traute dieser ganzen Geschichte von Erlösung und wunderbarer Geburt nicht. Er sei nur geblieben, heißt es bei Matthäus, weil er nachts im Schlaf eine Stimme gehört habe, die ihm sagte: »Josef, bitte, lauf nicht weg. Bleibe da, wenn es

Weihnachten wird. Auch wenn du das Ganze nicht fassen kannst. Lauf nicht weg, du wirst gebraucht.«
So bleibt er. Trotzig schweigend. Aber er bleibt dabei, ohne zu verstehen – ohne diesem geheimnisvollen Geschehen gewachsen zu sein. Eben weil er jene Stimme gehört hatte (kam sie von oben oder aus seinem tiefsten Herzen?). Die Stimme, die ihm sagte: Du wirst gebraucht. Und so erlebt Josef den Christtag. So anders als alle andern. Wohl ein bißchen aus der Distanz, vielleicht gar mit Kopfschütteln sieht er die Hirten herbeieilen, hört sie erzählen von großer Freude, von Engeln und Frieden auf Erden und Ehre sei Gott. Josef sagt dazu kein Wort. Aber *denken* wird er sich sein Teil: »Na, wartet, ihr Hirten: Hoffentlich wissen das die wilden Tiere auch und die Räuber, die hinter euren Schafen her sind, welche ihr allein gelassen habt: daß Frieden ist auf Erden. Hoffentlich merke ich etwas davon, morgen früh, wenn ich eine Wohnung suche für uns und das Kind.«
Und als dann nach Weihnachten die Weisen aus dem Morgenland ankommen, als sie vor Maria und dem Kind niederknien und wohl über den schlichten Josef ein wenig wegsehen – da verdrückt er sich in den hinteren, dunkleren Teil des Stalles und denkt sich sein Teil: »Es soll mich ja freuen für das Kind, wenn das mit ihm so weitergeht, wie es anfängt. Mit Gold und Weihrauch, mit Glanz und Gloria, mit Bewunderung und Verehrern aus aller Welt. Es soll mich ja freuen, wenn Könige heilig werden durch Jesus und Gelehrte ihr Knie beugen lernen. Wenn die Welt sich verändert wie durch eine ansteckende Gesundheit, wenn keine Kinder mehr leiden und sterben müßten. Soll mich ja freuen.«
»O Josef«, möchte ich jetzt zu ihm sagen: »Jetzt verstehe ich dich, verstehe deine Zurückhaltung, dein Schweigen viel besser. Und ich mag dich jetzt noch viel mehr, weil du nicht weggelaufen bist, weil du geblieben bist bei Maria und dem Kind – obwohl du es geahnt hast, daß sich die Welt nicht wie im Märchen verändert. Du hast am ersten Christtag besser gespürt als alle andern, daß es eine ganze Menge Mut braucht, Weihnachtslieder zu singen in dieser Welt, in welcher außer so viel Schönem doch auch so viel Mörderisches und Wahnsinniges geschieht.«
Dann ist es mir, als lächle Josef ein wenig und lege seine Hand auf meinen Arm. »Laß sie doch singen, Bruder«, sagt er. »Sie singen gegen ihre eigene Angst an. Und wenn du kannst, sing ruhig ein bißchen mit. Ich habe sie ja damals auch reden und singen und an der Krippe stehen lassen. Verdirb du den anderen ihre Weihnachtsstimmung nicht. Sie werden es nach dem Christtag schon merken, in was für eine Welt Jesus gekommen ist.«
Es heißt (bei Matthäus), daß der stille Josef bald nach Weihnachten wieder jene Stimme gehört hat. Sie sagte: »Auf, Josef, nimm das Kind und seine Mutter und flieh nach Ägypten ins Ausland. Denn es bleibt – trotz aller Festtagsfreude – eine mörderische Welt, in die Jesus gekommen ist. Darum bleibe du nicht, wo du bist, bleibe nicht im Stall von Bethlehem. Nimm das Kind mit.«

Für mich, liebe Gemeinde, ist dies die Botschaft des Christtages. Diese vier kleinen Worte: Nimm das Kind mit! Hör auf die Stimme, die sagt, du wirst gebraucht. Das Kind braucht dich nämlich. Du sollst nicht an der Krippe stehen bleiben. Steh auf – und nimm das Kind mit.
Und du sagst jetzt vielleicht: Wie soll ich denn das Kind mitnehmen in mein Leben? Wie soll ich merken auf meinem Weg, ob das Kind bei mir ist?
Nun bitte, schau doch, wie die Weihnachtsgeschichte aufhört: Die Hirten gehen zurück aufs Feld. Was nehmen sie mit? Eine schöne Erinnerung. Auch nicht zu verachten. Aber das Kind lassen sie im Stall. Vielleicht für ein andermal. – Die Weisen aus dem Morgenland ziehen sich zurück in ihr fernes Land. Sie haben dort einiges zu erzählen. Sie reden, finde ich, überhaupt ein bißchen viel. Um ein Haar wären sie noch zu Kollaborateuren des Herodes geworden, hätten ihm verraten, wie er Jesus aus der Welt schaffen kann. Auch die Engel hören irgendwann einmal auf zu singen und ziehen sich wieder zurück. Nur das Kind bleibt. Nimm du das Kind mit! Das gilt dem Josef. Er geht nicht dorthin zurück, von wo er herkommt. Seine Richtung ändert sich. Und das ist ein Signal dafür, ob du das Kind mitnimmst: Dein Weg, die Richtung ändert sich. Und es wird dort, wo du das Kind mitnimmst, kein bequemer und angenehmer Weg. Aber ein guter.
Wir werden jetzt gleich singen. Ein Lied, das für den nüchternen Josef eigentlich zu innig ist und zu stimmungsvoll. Aber wir werden heute während des Singens wieder etwas tun können. Wir dürfen, während wir singen, unseren Herzen und Händen und Fingern einen kleinen Stoß geben und in die Körbe, die herumwandern, ein wirkliches Opfer einlegen. Ein kleines oder ein großes für die Menschen, die heute bedroht sind von Hunger, von Verfolgung und von Tod. Hat Jesus nicht deutlich gesagt, dort wolle er sein – und bei denen, die mit ihm Hungrige speisen, Heimatlosen helfen?
Frage: Wo ist seine, wo ist Jesu Heimat?
Antwort: Bei denen, die ihn mitnehmen zu anderen.

3. Kindergeburtstag bei Maria

Klaus Wende

»Maria aber behielt alle diese Worte und bewegte sie in ihrem Herzen.« So hat es der Evangelist Lukas verewigt. Ich stelle mir vor, was das im Alltag der Maria bedeutet hat.
Nehmen wir an, Jesus sei inzwischen ein Kind von vier Jahren. Vielleicht will es der Zufall, daß ausgerechnet an diesem Tag sein Geburtstag ist, sein vierter oder fünfter, auf ein Jahr hin oder her kommt es nicht an. Maria hat anläßlich des Tages einen Rosinenkuchen gebacken, obwohl sie mit den

Mehlvorräten sparsam wirtschaften muß. Fünf Kinder wollen ernährt sein! In regelmäßigen Abständen war eins gekommen. Nach Jesus zuerst Jakob, dann Joses, dann ein Mädchen, und jetzt vor wenigen Wochen der kleine Juda. Der Kindersegen machte Maria glücklich. Gott hielt Wort. Sein Segen war nicht ausgeblieben. Für uns Heutige ein undenkbarer Gedanke: Viele Kinder – ein Segen Gottes! Viele Kinder – ein Problem! Ein großes Problem in den unterentwickelten Staaten: Hungersnöte, weil es zu viele Esser gibt. »Die sollen doch nicht so viele Kinder in die Welt setzen« – ein oft gehörter Satz, wenn die Aktion »Brot für die Welt« um Gehör bittet und die Weihnachtsfreude über den eigenen Gabentisch in Frage stellt.

In unserer Zeit wäre Jesus wahrscheinlich gar nicht so alt geworden, um am Kreuz zu enden. Er wäre schon vorher Hungers gestorben. Maria ist glücklich über ihre Kinder. Aber sie ist nicht froh gestimmt. Sie ist mit ihren Kindern allein. Josef ist zwar in der Nähe. Aber er muß sich immer wieder tagelang im Gebirge versteckt halten, immer, wenn römische Soldaten durch Nazareth patrouillieren. Josef gehört zu den Männern aus Galiläa, die sich weigern, dem Kaiser die Kopfsteuer zu zahlen. Sein Glaube verbietet ihm, neben Gott noch einem anderen Herrscher zu huldigen. Josef lebt nach pharisäischen Grundsätzen: Man muß Gott mehr gehorchen als den Menschen! Im Notfall will er lieber von Varus, dem römischen Statthalter in Syrien, am Kreuz hingerichtet werden, als einen Silberdenar mit dem Kaiserbild anzufassen, geschweige denn den Zolleintreibern in die Hand zu drücken.

Maria darf gar nicht daran denken, wenn man Josef ergreifen würde. Aber Josef nahm das, was die Hirten von Jesus gesagt und verbreitet hatten, sehr ernst: »Euch ist heute der Heiland geboren; das ist der Christus!« Auf diesen Christus aus der Familie des großen Königs David wartete das israelitische Volk seit über 700 Jahren. Nun war die Zeit von Gottes befreiendem Eingreifen spürbar nahegerückt. Deshalb hatte Josef seinen Söhnen lauter biblische Namen gegeben, Namen von biblischen Helden: ›Aus Jakob wird ein Stern aufgehen.‹ Von Juda stammte David ab. Von Joses heißt es: »Er war der Herrscher im Lande«. Und Jesus hatte als Nachfolger des Mose das Land Kanaan erobert. Josef wollte mit Maria und den Kindern nur eines: den himmlischen Vater ehren! Dafür nahm er in Kauf, im eigenen Land als Flüchtling zu leben, immer unterwegs, den römischen Häschern zu entgehen. Die himmlische Botschaft, die die Hirten weitersagten, hatte irdische Folgen.

Um Gottes willen verzichteten Josef und Maria auf ein ungetrübtes Familienleben. Zuerst hatte Maria geglaubt, der Friede auf Erden dürfe doch nicht einen so hohen Preis haben. Das stille Glück im Stall von Bethlehem müsse doch ewig dauern. Aber die Wirklichkeit hatte sie schnell eingeholt. Da war ein römischer Kaiser, der die ganze Welt erobern wollte, ein Mensch, der sich zum Gott aufspielte wie später ein Napoleon, ein Hitler, ein Stalin, die alle großes Herzeleid über die Menschheit brachten. Da konnten sich damals die meisten nur wundern, daß die Hirten das Friedensangebot Gottes in diesem Krippenkind verwirklicht sahen. Und nun war Jesus inzwischen ein kleines Kerlchen, in einem Alter, wo Kinder ihren Eltern ein Loch in den Bauch fragen. Erst gestern hatte er Maria genervt: »Hast du die Engel auch gesehen und gehört, daß sie gesagt haben: Fürchtet euch nicht? Wie sehen Engel denn aus? Zeig mir doch mal einen.« Und Maria hatte wahrheitsgemäß geantwortet: »Engel kann man nicht mit bloßem Auge sehen. Da muß Gott einem den Blick dafür öffnen. In Bethlehem habe ich weder Engel gesehen noch gehört. Aber die Hirten kamen mir wie Boten des Himmels vor. Sie glaubten, du würdest der Messias sein, der unserem Volk seit alters versprochen ist. Gott kann seine Liebe in jedem Menschen zur Welt bringen. Enttäusche den himmlischen Vater nicht! Er traut dir zu, sein Friedenswerk zu verwirklichen. Jeder kann dazu beitragen, daß die Furcht voreinander abgebaut wird. Es lohnt sich, dafür zu leben: Gott zu lieben und seine Liebe anderen zu zeigen.« Und dann drückte Maria Jesus fest an ihr Herz, damit ihre Worte auch spürbar wurden. Ihr sehnlichster Wunsch war, daß sich bewahrheitete, was damals in Bethlehem alle zum Kopfschütteln verleitet hatte. Außer den Hirten war anscheinend niemandem ein Licht aufgegangen. Bei nur wenigen mag es gedämmert haben. Die Engel hatten nur einen Blitzbesuch gemacht und keinerlei Spuren hinterlassen. Es sei denn, man wollte sie in den erwartungsvollen Gesichtern der Hirten finden oder aus ihren Worten heraushören.

Maria waren Engelsbotschaften nicht unbekannt. Bei ihr rannten die Hirten offene Türen ein. Ihr brauchte man es nicht zweimal zu sagen. Bei ihr fanden die Hirten ein offenes Ohr, ein offenes Herz. Da mochte die Nacht noch so dunkel sein. Da mochte die politische Lage noch so hoffnungslos erscheinen. Maria war auch nach der Geburt von Jesus guter Hoffnung. Sie hatte die Hirten gut verstanden. Wer immer sich die frohmachende Botschaft der himmlischen Boten zu Herzen genommen hatte, wurde selbst zum Botschafter des Himmels. Wem das Herz voll war, dem ging der Mund über. Wen das himmlische Licht erleuchtet hatte, der machte auch das Leben anderer Menschen hell. Wer den Friedensgesang im Ohr hatte, machte für den Frieden den Mund auf, er mußte loben und preisen! Die Hirten waren von der Botschaft verwandelt worden. Ihr Leben hatte einen neuen Stellenwert erhalten. Sie glaubten an den guten Hirten, den David bereits gelobt hatte: »Der Herr ist mein Hirte. Mir wird nichts mangeln.« Den Anfang dieses Gebetes wußte der kleine Jesus schon auswendig. Nur die Zeile vom finsteren Tal wollte sich ihm noch nicht so recht reimen. Aber wie sollte ein Kind die Tragik des Todes erfassen, wenn auch Erwachsene bei diesem Gedanken ins Stolpern gerieten? Im Moment des Sterbens konnte man Gott nur beim Wort nehmen: »Du bist bei mir …«

Wo nur Josef blieb? Er wollte doch den Geburtstag ihres Erstgeborenen mitfeiern. Josef mußte doch den Festtagssegen sprechen. Das war das Vor-

recht des Hausvaters. Die Luft war rein. Weit und breit waren an diesem Tag keine Soldaten zu sehen, als ob sich die Friedensbotschaft am Geburtstag Jesu von Jahr zu Jahr fortpflanzte.
Bei diesem Gedanken wurde es Maria ganz warm ums Herz. Da knarrte die Tür. Josef trat ein. Die Familienfeier konnte beginnen. Das altbekannte Tischgebet durfte nicht fehlen: »Du bereitest vor mir einen Tisch im Angesicht meiner Feinde. Du salbest mein Haupt mit Öl und schenkest mir voll ein. Gutes und Barmherzigkeit werden mir folgen mein Leben lang, und ich werde bleiben im Hause des Herrn immerdar.«

1. Sonntag nach Weihnachten

Predigttext: Matthäus 2,13–18(19–23)

Heinz-Dieter Knigge

Theologisch-homiletische Skizze

1. Der Sonntag nach Weihnachten: in diesem Jahr ein »dritter Feiertag«, also noch ganz zu Weihnachten gehörend, vielleicht aber auch bereits dem Alltag zugewandt; ein bißchen schon durch die Stimmung bestimmt, die von dem Gedicht von Gerhard Valentin ausgeht: »Die Weisen sind gegangen ... der Alltag hat in jedem Ding nun wieder angefangen, nun wieder angefangen« (s.u. Kontexte). Der Sonntag nach Weihnachten – ein Tag des Übergangs also vom Fest zum Alltag.

2. Es ist für manche Hörer vielleicht noch Weihnachten – aber dann so, daß das Fest durch unseren Predigttext den Kriterien des Alltags ausgesetzt wird: Herodes kommt böse ins Spiel, kleine Kinder werden umgebracht, die heilige Familie muß fliehen ... Die oft ausgeblendete Rückseite von Weihnachten erscheint, die uns nur Matthäus zeigt.

3. Wie sage ich denen, die nach so vielen Gottesdiensten immer noch (oder: schon wieder) zur Kirche kommen, dieses »Weihnachten von hinten«? Ich habe in den hermeneutischen Schlußbemerkungen der Exegese des Textes (Bd. 4) bereits verschiedene Möglichkeiten angedeutet. Ergänzend möchte ich noch hinweisen auf die tiefenpsychologisch orientierte Deutung unseres Textes durch Eugen Drewermann in: Tiefenpsychologie und Exegese, Bd. I, Freiburg 1991, S. 483ff. Ich habe den Eindruck, daß diese Deutung zu viel vom Textgehalt verwischt und verflüchtigt. Andererseits ruft sie auch vieles Vergessene wieder hervor: Obwohl ich mich Drewermanns Deutung nicht anschließen kann, kann ich mich ihr auch nicht verschließen (vgl. besonders mein Fürbittengebet).

4. Ich möchte unseren Predigttext als Teil der matthäischen Weihnachtsgeschichte predigen. Ich werde erzählen, was er unmittelbar voraussetzt: Magier, Stern, Herodes. Ich lege den Schwerpunkt auf die beiden ersten Textabschnitte, berücksichtige aber bei der Textlesung und in der Predigt auch die eingeklammerten Verse 19–23; so bleibt die schlimme Geschichte vom Kindermord wenigstens umrahmt von der Geschichte der (vorläufigen) Bewahrung Jesu.

5. Das also ist mein homiletischer Rahmen. Aber wie fülle ich ihn aus? Wird es meine Zuhörer interessieren zu erfahren, daß Matthäus durch die Schilderung von Flucht und Rückkehr einen Ausgleich zwischen dem dogmatischen und dem historischen Geburtsort Jesu schafft? Muß ich ausführen, wie stark Matthäus in Anlehnung an das Alte Testament erzählt: Mosestypologie und Erfüllungszitate?
Ich möchte versuchen, unseren Text nicht als Spiegel für die Vergangenheit zu benutzen, sondern als Spiegel für die Gegenwart. (Da liegen Risiken und Chancen dicht beieinander.) Die Weisen sind gegangen, nun sind Flüchten und Standhalten gefragt, Weisheit, Engel und Träume, damit Weihnachten bewahrt werden kann, das Kind vor Herodes, die eine Nacht vor dem Frust der vielen Tage (vgl. das Gedicht von G. Valentin, s.u.), die Ankunft Gottes in unserer todesbesessenen Welt, in der Rahel klagt, vielleicht auch mit unserer Stimme, über das Martyrium der sinnlos gemordeten Kinder.

So könnte ich illusionslos, aber nicht ohne Hoffnung – vielleicht den Überschritt wagen von Weihnachten zu Silvester und zum Neuen Jahr.

Zur Liturgie

Begrüßung
Sie könnte unter Verwendung der theologisch-homiletischen Skizze und des Gedichtes: Nachweihnacht von G. Valentin (s.u. Kontexte) formuliert werden.

Kollektengebet
Wir haben Weihnachten gefeiert. Das Fest hat uns Licht gebracht. Es hat aber auch Schatten gezeigt.
Vor uns liegt bald ein neues Jahr. Bei dir, Gott, laß uns Zuflucht finden, in Schatten und auch im Licht.

Fürbittengebet

Wir wollen beten
für den Herodes in uns und anderswo,
der Neues nicht zulassen kann,
weil er Angst hat um seine Macht;
der sich selbst und anderen
immer wieder beweisen muß,
wie mächtig er ist und wie stark.

Wir wollen beten
für den Herodes in uns und anderswo,
daß er befreiende Liebe erlebt;
Liebe, die die Angst fortnimmt,
die uns Geborgenheit schenkt
und die Vertrauen ermöglicht.

Wir wollen beten
für die Menschen auf der Flucht,
die vor Herodes fliehen müssen:
in Jugoslavien, im Libanon
und an anderen Orten des Schreckens
in unserer unruhigen Welt.

Wir wollen beten
für die Menschen auf der Flucht,
die bei uns ihr Ägypten suchen;
für die Fremden in unserem Land,
die bedroht werden
wie einst das Jesuskind durch Herodes.

Wir wollen beten
für die Menschen auf der Flucht:
für die, die vor Weihnachten fliehen,
weil ihnen die plötzliche Enge
in ihrer Familie keinen Raum läßt,
oder weil sie sich allein und einsam fühlen,
oder weil sie die Ferne nicht ertragen,
in die Gott ihnen entrückt worden ist.

Wir wollen beten
für Josef – für alle,
die noch zu träumen wagen
in unserer festgelegten Welt:
daß sie Träume des Lebens träumen,
Träume der Rettung, der Erinnerung, der Bewahrung,
Träume, die uns aufregen,
Träume, die uns wachhalten,
Träume, die uns ermutigen,
gegen den Strom zu schwimmen,
um an die Quelle zu kommen,
zum neuen Anfang, zum Kind, zu Gott.

Ach, Gott, bitte:
bewahre die Anfänge,
die guten Aufbrüche des Lebens,
die unter uns geschehen –
unerwartet, unvorstellbar noch gestern,
in unserem Land,
in der ehemaligen Sowjetunion.
Gib, daß sie nicht in die Hand
der Herodesse geraten.
Schütze das Neue, das wachsen will –
auch in alten Menschen noch.

Schenke uns, wir bitten Dich, Gott,
die Kraft zu bewahren, was gut ist,
und die Kraft zu verändern,
was besser werden will.
Laß uns beides ohne Hast tun
und ohne Haß,
weil wir darauf vertrauen können,
daß Du uns und unsere Welt begleitest –
heute und morgen und alle Zeit.

Amen

Glaubensbekenntnis

Ich glaube,
daß Gott aus allem, auch aus dem Bösesten,
Gutes entstehen lassen kann und will.
Dafür braucht er Menschen,
die sich alle Dinge zum Besten dienen lassen.

Ich glaube,
daß Gott uns in jeder Notlage
soviel Widerstandskraft geben will,
wie wir brauchen.
Aber er gibt sie nicht im voraus,
damit wir uns nicht auf uns selbst,
sondern allein auf ihn verlassen.
In solchem Glauben müßte alle Angst
vor der Zukunft überwunden sein.

Ich glaube, daß Gott kein zeitloses Fatum ist,
sondern daß er auf aufrichtige Gebete
und verantwortliche Taten wartet und antwortet.
(Dietrich Bonhoeffer)

Segenswunsch
Gott segne und behüte uns.
Er lasse sein Licht
in uns hineinleuchten
und in unsere dunkle Welt.
Er gebe ihr und uns ab
von seinem neuschaffenden
und bewahrenden Frieden.

Predigt

Möglicher Anfang
I. Heiligabend ist vorüber, die beiden Weihnachtsfeiertage auch – und nun noch ein Sonntag, der sich in diesem Jahr direkt an Weihnachten anschließt! Manche reden vom dritten Feiertag: Weihnachten hat eine Fortsetzung erhalten.
Fortsetzung – das Stichwort paßt zu unserem Predigttext, der die Fortsetzung der Weihnachtsgeschichte beschreibt, nachdem der Stern verschwand und die Weisen gegangen waren. Es heißt bei Matthäus im 2. Kapitel, Verse 13–23: (Textlesung)

Das ist eine dunkle Fortsetzung der Weihnachtsgeschichte, die uns Matthäus erzählt. Dabei hatte alles so gut angefangen. Sie erinnern sich: Der Stern hatte die Magier, die Himmelsbeobachter, von weither zum Jesuskind geführt. Sie hatten es angebetet und ihm ihre kostbaren Geschenke gegeben: Gold, Weihrauch und Myrrhe. Doch nun folgt auf die Hinreise der Magier die Flucht der Jesusfamilie nach Ägypten, die Ermordung der zurückgebliebenen Kinder.
Dabei hatte alles so gut angefangen! Aber als Herodes, der jüdische König, von einem neugeborenen Kind hörte, das einmal König werden sollte, war seine Angst geweckt. Er hatte Angst, sein Minireich und seinen Thron zu verlieren. Er beschloß zu vernichten und zu töten.

Zum weiteren Verlauf
II. So ist die Welt, in die Jesus hineingeboren wurde: nicht anders ist sie als die Welt, in der wir leben. – Das ist mein Leitsatz für die Predigt. Ich benutze den »Kindermord von Bethlehem« als Spiegel für die Ermordung von Kindern, die unter uns geschah und noch geschieht. Ich muß an die Kinder denken, die seit Heiligabend verhungert sind. 1 1/2 Millionen jüdischer Kinder wurden in deutschen KZ's umgebracht! Es dauert über ein Jahr, ihre Namen zu verlesen. Rahel, die Urmutter Israels, weint und will sich nicht trösten lassen. Die Mütter von der Plaza de Mayo mit ihren weißen Kopftüchern hören nicht auf, nach ihren verschwundenen Kindern zu rufen. Arabische Mütter in den von Israel besetzten Gebieten schreien und ringen die Hände ... Der Solidarität dieser Mütter könnten wir uns anschließen: Klage in die Ohren der Menschen hinein, in Gottes Ohr, ist nicht vergeblich. Sie hält das Gedenken an die Opfer wach und schafft zur skrupellosen Macht des Herodes eine ohn-mächtige Gegenkraft. – Demgegenüber erscheint mir die Frage, ob denn der Kindermord zu Bethlehem ein historisches Ereignis war, als relativ belanglos.
III. So ist die Welt, in die Jesus hineingeboren wurde. Aber die Geschichte vom Kindermord ist umgeben von Geschichten, die Hoffnung machen, weil sie der wütenden und tötenden Macht des Herodes den Glauben an Gott entgegensetzen, der bewahrt, rettet und führt. Gott braucht dazu einen träumenden Josef, der auf die gute Stimme (des Engels) hört, die nachts zu ihm spricht. Er braucht dazu wohl auch einen Esel, wie die Bildhauer und Maler (die Bibel ergänzend) meinten. Gott braucht dazu eine Maria, die das Jesuskind festhält – und er braucht dazu ein flüchtlingsfreundliches Land.
Da möchte ich manches weiter entfalten, z.B. zu Josef. Er steht in weihnachtlichen Bildern meistens an der Seite. In unserer Geschichte kommt alles auf ihn an, auf seine Fähigkeit zu träumen und zu handeln. »Wir brauchen Träume, die uns wachhalten«, steht am Göttinger Stadtwall an eine Mauer gesprüht. Josef, energischer Träumer, der der Traumstimme folgt und aufbricht zum umgekehrten Exodus ...

Zum Esel vgl. unten Thornton Wilder in den Kontexten.
Ägypten, das Land der Unterdrückung (aus Angst vor Überfremdung; vgl. 2. Mose 1,6ff.), wird wieder, wie für den »ersten Josef«, zum Land der Rettung: Verheißung vielleicht auch für uns.

Möglicher Schluß
So ist die Welt, in die Jesus hineingeboren wurde. So ist wohl auch die Welt, in der wir eben wieder Weihnachten gefeiert haben, in der wir in ein paar Tagen dieses Jahr beenden und ein neues beginnen werden. Die Fortsetzung der Weihnachtsgeschichte, die Matthäus uns erzählt, ist dunkel – und das Licht, das Gott in diese Dunkelheit hineingegeben hat, ist klein und bedroht. Aber denen, die diesem Licht nahe sind, leuchtet es, und es wärmt sie auch und gibt ihnen Kraft, nicht an Herodes zu glauben, sondern an Gott: Er gibt uns Hoffnung und Mut, Träume zu träumen von einer besseren Welt, und er gibt uns Kraft, bessernd zu handeln.

Alternativer Predigtentwurf
Heiligabend 1991 habe ich über den ersten Teil des Predigttextes (Mt 2, 13–15) gepredigt und das romanische Kapitell »Flucht nach Ägypten« aus St. Lazare in Autun als Predigthilfe benutzt. – Ich kann mir vorstellen, für eine verweilende, meditative Predigt auch andere Darstellungen der Flucht, u.U. in Kontrast mit Darstellungen des Kindermords, besprechend zu verwenden.

Paralipomena
Dahingeträumt: Ein bißchen Josef sein, das Heil und den Heiland nicht erzeugen müssen, nicht zu erschaffen brauchen, aber beides wenigstens eine Zeitlang retten und bewahren können …

Kontexte
1. Hinweise auf Darstellungen in der bildenden Kunst:
Autun: Die Flucht nach Ägypten, z.B. in I. Tetzlaff, Romanische Kapitelle in Frankreich, dumont TB 38, 1988, 6. Auflage, Abb. 83. (Vgl. auch die m.E. künstlerisch sehr viel weniger gelungene, aber anrührende Darstellung in Saulieu.) Köln: »Flucht nach Ägypten« des Kölner Meisters an der Holztür von St. Maria im Kapitol (ars liturgica, Kunstverlag Maria Laach, Postkarte Nr. 25930.) – »Flucht nach Ägypten« von Vittore Carpaccio (um 1455–1526); unicef-Karte 0018; – »Rast auf der Flucht nach Ägypten« von Caravaggio (1573–1610): Josef hält dem geigenspielenden Engel die Noten! unicef-Karte 6012. – Rembrandt: Die Ruhe auf der Flucht (Radierung und Öl, 1627 und 1647; vgl. J. Zink, Was die Nacht hell macht, Eschbach 1982.) – Anrührend auch die afrikanische Darstellung einer Schnitzerkooperative in Guffanti, Kwara State, Nigeria: »Flucht nach Ägtypten«; veröffentlicht 1991 vom Deutschen Institut für ärztliche Mission in Tübingen. Zum Thema Kindermord: Pieter Bruegel, Der Bethlehemitische Kindermord, 1566, mit drei Ausschnitten in: Dia-Buch, Geburt im Schnee, Weihnachten in Bildern von Pieter Bruegel, Eschbach 1984. (Dazu gibt es eine gleichnamige Betrachtung von Jörg Zink.)

2. Gerhard Valentin, Nachweihnacht

1. Die Weisen sind gegangen.
Der Schall verklang, der Schein verging
der Alltag hat in jedem Ding
nun wieder angefangen
nun wieder angefangen.

2. Der Wanderstern verglühte
kein Engel spricht, kein Schäfer rennt
und niemand beugt sich und erkennt
die Größe und die Güte.

3. Wie läßt sich das vereinen:
Der Stern war da, der Engel rief
der Schäfer mit dem Weisen lief
und kniete vor dem Kleinen.

4. Auch sie sind nicht geblieben,
die beiden mit dem kleinen Kind.
Ob sie schon an der Grenze sind,
geflüchtet und vertrieben?

5. Was soll ich weiter fragen?
Ich habe manches mitgemacht
Wem trau ich mehr: der einen Nacht
oder den vielen Tagen?

(Text vertont von Ogo Blarr; Text und Noten in: Gottesdienstpraxis III/1, 1986, S. 67f.)

3. Thornton Wilder, Die Flucht nach Ägypten, Einakter und Dreiminutenspiele, Frankfurt, 1960, S. 62ff. Der Dichter hat der Fluchteselin einen Namen gegeben: Hephzibah – und sie kann sprechen: »Also es ist schon eine wunderliche Welt, in der's von Eseln abhängt, ob der Heiland am Leben bleibt. Aber so ist's nun einmal. Warum hast du's mir nicht früher gesagt, liebste Herrin?« sagt sie zu Maria während der Flucht.

4. René Voillaume: »Die Welt leidet in der Angst und erwartet den Frieden unter den Menschen. Wir werden dahin neigen, vor allem an diese Tatsache zu denken. Jesus lädt uns aber ein, heute auf eine andere Weise an den Frieden zu denken: an die tiefen Wurzeln, die er auf dem Grund eines jeden Menschenherzens haben muß. Der Stolz, das Verlangen nach Macht, nach Herrschaft und Reichtum sind Gefühle, aus denen Gedanken des Krieges und der blinden Zerstörung hervorgehen. Ganz klein, schutzlos, auf der Reise, wie ein Vertriebener, kommt Jesus zur Welt, und seine Anwesenheit, weit davon entfernt, den Frieden zu bringen, scheint den Krieg anzustiften. Sie wird die Ursache einer blutigen Verfolgung sein, die kleine Kinder treffen und ihre Mütter zum Weinen bringen wird! Der ganz kleine Jesus in seiner Ohnmacht wird durch die Flucht und das Exil in Sicherheit gebracht werden. Und doch ist mit Jesus derjenige geboren, der allein die Herzen friedlich machen kann, wenn wir ihn aufzunehmen wissen.« Aus: Ein Brief an die Kleinen Brüder und Schwestern, in: G. Frorath u.a. (Hg.), Weihnachten, Mainz, 1973, S. 189.

5. Aus dem Brief einer polnischen Lehrerin über ihre Rückreise nach einem Besuch in Sonnenberg, Mitte Oktober 1991: »Der Weg war von Anfang so schwer, wie nie. ... Zuerst haben die Leute von vielen Wagen gegen mich Drohungen ausgestoßen. Dazu kamen ordinäre und rasende Wörter, »Polen raus«, »Was sucht die hier, die alte ... (Hu)«, »Deutschland für Deutsche« usw. Dann kurz nach Helmstedt, wo die Autobahn sehr schmal, ohne Straßenbankett und ohne Parkplatz ist, umstellten mich drei Wagen voll von jungen Deutschen ... Sie herfielen gegen meinem Auto von allen Seiten, sie versuchten mich aus der Autobahn [zu] verdrängen, warfen auf mich die Dosen und verschiedenen Müll, und es alles mit so wildem Haß, daß es nicht zu glauben ist. Der Wagen hinter mir hat mir den Puffer und eine Lampe zerschlagen. Wegen Stau sind wir alle langsam gefahren – die Deutschen in anderen Wagen – ältere Leute, deutsche Familie – haben diese ganze Jagd gesehen, aber kein Mensch hat reagiert.« Die Schreiberin erzählt weiter, daß der Motor ihres Wagens durch einen gezielt geworfenen Sprengkörper fast zerstört wurde. »Ich konnte nur mit 20–30 Kilometer pro Stunde fahren, mit großem Lärm und ganz ohne Motorkraft. Unter diesen Bedingungen fand ich nach einigen Kilometern einen Parkplatz und dort (zum Glück) drei polnische Wagen, die leider während der Reise auch ähnliche schöne deutsch-polnische Geschichten hatten. Ein Auto war ohne Scheiben und mechanisch auch zerstört. Dann kamen wir uns lange Zeit miteinander zu Hilfe. Es war schon später Abend, es regnete dazu, es gab zum Glück zwischen uns ein[en] Taxifahrer, der die Autoreparatur konnte und verschiedene Werkzeuge hatte. Er hat mir mein Auto provisorisch repariert. Dann formierten wir eine »polnische Wagenkolonne« und mit vollem Streß fuhren wir ... langsam nach Polen. ... Wir haben auch zwei polnische verbrannte Wagen gesehen und mit solchen ... Erlebnissen haben wir endlich um 5 Uhr morgens die polnische Grenze erreicht ... Mit dieser Reise habe ich viel verloren. Ich habe aber auch viel gelernt ... Einerseits habe ich im Gedächtnis so große Herzlichkeit ... gleichzeitig aber – so rasenden, wilden Haß. Günter! Wohin strebt Deutschland an ??? Deine K.«

6. Zu den Träumen, die wachhalten, gehört M.L. King: Ich habe einen Traum, in: Testament der Hoffnung, GTB 79, 1981, 4. Auflage, S. 121ff., mit der schönen Formulierung: »to hew out (herausschlagen) of the mountain of despair a stone of hope«. (Ansprache beim »Marsch nach Washington«, am 28.8.1963 vor dem Lincoln Memorial in Washington, D.C.).

Altjahrsabend

Predigttext: Jesaja 30,(8–14)15–17

Christoph Schmidt-Ehmcke

Theologisch-homiletische Skizze

Jesajas bitterer Nachruf auf eine verlorene Generation. Nach Vers 8 hat er ihn verfaßt, damit er »für künftige Tage als Zeuge diene für immer«. Verlogene Söhne haben eine verfehlte Politik betrieben, und was bleiben wird, sind Mauerreste, zerschlagenes Töpfergeschirr und eine kahle Signalstange auf einem Hügel.

Die verfehlte Politik, die in die Katastrophe führen wird, lastet Jesaja dem König Hiskia und den bestimmenden Kreisen in Jerusalem an. Vor 701 machten sie – im Vertrauen auf die militärische Stärke Ägyptens als Bündnispartner – einen Aufstand gegen die assyrische Oberherrschaft. Jesaja hält dies für politisch und militärisch lächerlich. Die Kriegsvorbereitung ist Ausweis eines fehlgeleiteten Vertrauens: Israel hat Gott vergessen. Gott hat doch dem König aus davidischem Geschlecht seinen besonderen Schutz zugesagt. Und seine heilige Stadt Jerusalem wird er nicht preisgeben.

Die Alternative zur Kriegsvorbereitung formuliert Jesaja sehr grundsätzlich in Vers 15, dem Beginn des vorgeschlagenen Predigttextes: »In Umkehr und Ruhe liegt euer Heil, im Stillehalten und Vertrauen besteht eure Stärke!« H. Wildenberger sieht in diesem Satz eine »zeitlose Beschreibung echter Glaubenshaltung«. Die Wahl dieser Perikope als Predigttext für Silvester könnte darin ihren Grund haben.

Die nähere Beschreibung des hier von Jesaja gemeinten Glaubens ist nicht einfach. Soweit ich sehe, sind sich die meisten Exegeten darin einig, daß man nicht von einem »Quietismus« Jesajas reden kann: »Wenn Jesaja von Umkehr (*subah*) spricht, meint er nicht Buße im ntl. oder christlich-religiösen Sinn, sowenig wie Ruhe (*nahah*) eine quietistische Haltung bezeichnet. Was Jesaja fordert, ist die Hinwendung zu Jahwe, sich im Denken und Handeln von ihm her bestimmen zu lassen, kurz alles Gute von ihm zu erwarten. In solcher Hinwendung ist auch die Ruhe begründet, die Raum für kluge Überlegungen läßt ...« (Mommer im Ergänzungsband Exegesen).

In einem anderen Zusammenhang hat E. Jüngel von der *»kreativen Passivität«* des Glaubens gesprochen. Auf eine Formel gebracht, sei die eine Möglichkeit zu sagen: *Ich hoffe auf mich.* Der Glaube dagegen bekenne: *Wir hoffen auf Gott.* Auf den Gott nämlich, der mit der Auferweckung Jesu von den Toten das die Welt bestimmende Gefälle vom Leben zum Tod umgekehrt hat ...

Von diesem bei Jesaja schon vorgedachten Glauben, »dem wahrhaft kühnen Sichabstützen auf Gott« (H. Wildenberger), möchte ich erzählen. Da die geschichtliche Situation zwischen 705 und 701 v.Chr. in ihrer genauen politisch-militärischen und religiösen Diskussionslage natürlich nicht bekannt ist, laufe ich Gefahr, sehr »kunstgewerblich« vorzugehen, d.h. das Sachliche und Persönliche so zu formen, daß es »paßt«. Kann ich dem entgehen?

Der alternative Predigtvorschlag nimmt die ganze Perikope (Verse 8–15) als Predigttext. Sie ist sachlich und sprachlich so beeindruckend, daß es ohnehin schwerfällt, sie nicht vorzulesen. Allerdings ist die Wucht dieser Gerichtsrede so bestimmend, daß demgegenüber der Satz von der großen Alternative (Vers 15) fast untergeht.

Genau dieses Empfinden brachte mich auf den Predigteinfall. Ist nicht immer das Negative besser, anschaulicher, wortreicher zu beschreiben als das Positive? Spricht daraus nur Unfähigkeit? Oder glauben wir, daß wir nur durch Bilder vom Wetterleuchten des Untergangs zur Umkehr zu bewegen sind?
»Es wird regiert!« – soll K. Barth seinem Freund Thurneysen am Ende seines Lebens gesagt haben, als sie über die dunkle Weltlage sprachen, »... nur ja nicht die Ohren hängen lassen! Nie!« »Es wird regiert!« – das zu glauben und zu entfalten fällt schwer, heute vielleicht noch schwerer als je.
(E. Busch, Karl Barths Lebenslauf, München 1975, 2.A., S. 515)

Vorschläge zur Liturgie

Eingangspsalm
Psalm 121
Die Gemeinde antwortet auf diesen Psalm mit EKG 482,2

Eingangsgebet
Gott, bleibe uns freundlich zugewandt:
Laß uns bewahren, was gut war,
und neu begreifen, was weiterbringt.
Laß unser Leben in dir verwurzelt bleiben,
damit wir guten Grund haben,
zum Loben und zum Danken.
(Agende I, hg. vom Landeskirchenamt der Evngelischen Kirche von Kurhessen-Waldeck, Kassel 86, 46)
Die Gemeinde nimmt dieses Gebet auf mit EKG 503,1–3.

Lesung
Und ich erzähle.
Es wurde Abend, die Dämmerung kam,
da sagte Jesus zu seinen Schülern:
»Wir wollen hinüberfahren, ans andere Ufer.«
Die Menschen blieben zurück an der Küste,
er saß im Boot, von Schiffen ringsum begleitet,
als plötzlich ein Unwetter aufkam,
Regen und Sturm,
die Wellen schlugen ins Schiff und überspülten den Boden.
Er aber lag am Schiffsheck und schlief,
und als sie ihn sahen, weckten sie ihn und riefen:
»Herr! Wir gehen zugrunde!
Kümmert dich das nicht?«
Da stand er auf, und seine Stimme wurde laut,
und er schrie gegen den Wind an

und brüllte zum Meer hin:
»Still, sage ich! Stumm sollt ihr sein!«
Und der Wind flaute ab, das Meer wurde ruhig,
und er sagte zu seinen Schülern:
»Wie furchtsam! Wie feige ihr seid!
Wo bleibt euer Glaube?«
Sie aber fürchteten sich, und Angst überfiel sie:
Was ist das für ein Mensch,
fragten sie,
dem Wind und Wasser gehorchen?
(Markus 4,35–41 nach W. Jens)

Fürbittengebet

Allmächtiger, ewiger Gott,
der du lebst im Geheimnis deiner Dreieinigkeit,
Gott vor allem Anfang der Welt,
Gott nach dem Ende aller Geschichte,
Vater, Sohn und Heiliger Geist,
unergründlich in deiner Macht,
unermeßlich in deiner Gnade,
wir preisen deinen Namen.

Wir rufen dich an, den Vater,
den Schöpfer der Welt, den Herrn der Geschichte.
Wir bitten dich: bewahre diese Erde
und das Leben aller Menschen.
Gedenke der Hungernden und der Gefangenen,
nimm dich der Kranken und der Sterbenden an.
Lenke die, die Macht und Verantwortung tragen,
in der Politik, in Wirtschaft und Wissenschaft.
Laß alle dem Leben dienen und nicht der Zerstörung.
Schütze, was du geschaffen hast,
vor menschlichem Frevel.

Wir rufen dich an, den Sohn,
den Versöhner der Welt, den Herrn der Kirche.
Wir bitten dich: befreie uns und alle Menschen
aus Schuld und Verderben.
Hole uns heraus aus aller Ratlosigkeit.
Erwecke deine Kirche,
daß sie zum Zeugen wird für Recht und Wahrheit,
für Liebe und Versöhnung.
Schenke Frieden in den Familien,
unter den Gruppen, zwischen den Völkern.

Wir rufen dich an, den Heiligen Geist,
den Erlöser der Welt, die Kraft der Liebe und der Wahrheit.
Wir bitten dich: ruf uns heraus
aus Verblendung und Resignation.
Hilf denen, die an ihrem Leben verzweifelt sind,
die keinen Sinn und keine Zukunft mehr sehen,
den Jungen und den Alten,
die nicht herauskommen aus ihrer Sucht,
die gefangen sind im Einerlei ihres Alltags.
Laß sie ein neues Leben beginnen,
in der Kraft deiner Liebe,
im Bekenntnis dciner Wahrheit.

Wir danken dir für unser merkwürdiges Leben.
Für die Bewahrung in der Gefahr.
Für den Beistand in der Not.
Für Tapferkeit in schwierigen Zeiten.

Alle Wege unseres Lebens,
auch die Umwege,
auch die Abwege,
führen zu dir.
Der du vor uns gewesen bist
und nach uns sein wirst.
Gott Abrahams, Isaaks und Jakobs,
Gott der Juden und der Heiden.
Vater, Sohn und Heiliger Geist.
Mit aller Schöpfung im Himmel und auf Erden
loben wir deinen Namen,
preisen wir deine Macht,
danken wir deiner Gnade. Amen.
(Manfred Josuttis, Die permanente Passion, München 82, S. 197f.)

Lieder
EKG 42; 5; 250; nach der Predigt EKG 186,1–4 oder 224,2+3

Vorschläge zur Predigt

Möglicher Anfang
Sand und Felsen und Sand, so weit das Auge reicht. Wüste. Darüber ein klarer blauer Himmel, die Sonne fast im Zenit, unbarmherzig brennt sie ihre Hitze auf uns. Die Wüste Sinai.
Unter Anleitung eines erfahrenen Führers sind wir auf dem Weg zu einem alten Karawanenrastplatz. Jeder von uns hat einen großen Wasserbehälter –

»Trinken müßt ihr, viel trinken, auch wenn ihr keinen Durst habt!« –, und nur zwei Stunden soll die Wanderung dauern. Aber in diesen zwei Stunden habe ich etwas gelernt:
Damals waren sie über 40 Jahre in dieser Gegend, Mose und seine Landsleute, mehr als eine Generation lang unterwegs ohne Wegweiser, ohne Schatten, vielleicht mit dem Handteller als Maß für das immer knappe Wasser. Auf der Suche nach dem »schönen, weiten Land«, das Gott ihnen zeigen würde. Wenn sie hungerten, hörten sie: »Ich will euch Brot vom Himmel regnen lassen« (Ex 16,4), waren sie krank: »Ich, der Herr, bin dein Arzt« (Ex 15,26), und in Todesangst: »Der Herr wird für euch streiten, seid ihr nur stille« (Ex 14,14).
In die unbekannte, trockene, unendlich scheinende Wüste gehen und doch leben wollen, mit dem trotzigen Zweifel im Kopf: »Ist der Herr in unserer Mitte oder nicht?« (Ex 17,7) ... In den kurzen zwei Stunden dort habe ich etwas gelernt: Der Glaube – eine Form von Wahnsinn!

Zum weiteren Verlauf
Szenenwechsel. Um das Jahr 700 vor Christus. Naher Osten. Das kleine Land Israel vor den Händen der Großmacht Assyrien. Sicherheitspolitik: Wie kann das Zwergland überleben? Zunächst: mit einer hochtrainierten Armee und mit den besten Waffen (»Auf Rossen wollen wir fliegen! ...«). Und ebenso erfolgversprechend: mit Verteidigungsbündnissen.
Hektische diplomatische Aktivität unter den benachbarten Staaten. Der beste Schachzug wäre ein Verteidigungsabkommen mit der anderen Großmacht im Nahen Osten, mit Ägypten. Ägypten seinerseits braucht einen Sperriegel gegen eine assyrische Invasion des Nildeltas. Verantwortliche Politik nutzt solche Interessen.
Die Armeen der Großmacht rücken näher. Da wagt ein Mann einen politischen Gegenentwurf. Er sagt sogar: Das ist nicht mein Entwurf, das ist der Gegenentwurf Gottes: »So spricht der Herr: In Umkehr und Ruhe liegt euer Heil, in Stillehalten und Vertrauen besteht eure Stärke!«
Die Armeen der Großmacht rücken weiter vor. Wir haben nur eine einzige Überlebenschance, sagt Jesaja. Stille sein, vertrauen, uns hinwenden zu Gott. Er ist unsere Hoffnung, er führt den Streit, er lenkt die Geschicke aller Völker.
Die Soldaten auf den Mauern Jerusalems schreien auf: Sie haben die ersten Reiter des Feindes gesichtet. Stille sein, vertrauen ... der Glaube – eine Form von Wahnsinn ...
Das Wahnsinnige ist hier ja nicht, daß Jesaja etwas total Unvernünftiges fordert. Im Gegenteil, es ist vernünftig, die eigenen Möglichkeiten nüchtern durchzumustern und zu gewichten. Es ist vernünftig, angesichts eines übermächtigen Gegners die weiße Fahne zu zeigen, bevor ein blutiges Gemetzel einsetzt. Eine Großmacht sollte man nicht reizen ...

Das Wahnsinnige liegt an anderer Stelle: Jesaja hält seine Politik deshalb für vernünftig, weil sie die von Gott gebotene war: Nur »glauben« soll Israel, sich allein auf Gott stützen. Auch nicht ein kleines bißchen David soll Israel zeigen, auf jeden noch so listigen Steinwurf verzichten.
Auf die Gegenwart gewendet: Mag sich Gott auch hinter den Lebensgefahren immer tiefer verbergen, so halten wir uns doch nicht ängstlich oder trotzig fest, sondern verlassen uns selbst. Wir werden frei für eine größere Kraft. Wir wissen nicht, wie und wo und wann Gott uns hilft, aber wir hoffen alles.

Möglicher Schluß
An der Wende zum Jahr 1993. Auf dem Weg in eine Wüste, in ein Land ohne Wegweiser? Das Wasser ist knapp, Verteilungskämpfe um das Brot, weltweit. »Ist der Herr in unserer Mitte oder nicht?«
An der Wende zum Jahr 1993. Weltreiche wurden errichtet und zerfielen wieder. Vertrauen auf die besseren Waffen: Menschen sind auf Rossen dahergeflogen und in schnellen Panzern. Und sie lagen verendet und zerschossen am Wegesrand. Kahle Signalmasten, zerknickte Sendemasten: wer redet auf uns ein? Was wollen wir gern hören? Wem glauben wir?
Der verrückte Glaube: Stillehalten, leer werden, hohl sein, die Erfolgsgeschichten entlassen, aber auch die panischen Ängste, und sich hinwenden zu Gott. Eine Ruhe in sich einlassen, eine Gottesruhe. Und dann soll kommen, was kommen will …

Alternativ-Entwurf zu Jesaja 30,8–15

Möglicher Anfang
Ein Nachruf auf eine verlorene Generation. Noch einmal, zum letzten Mal jetzt, ein Blick zurück, mit einer erloschenen Hoffnung: Ihr konntet weiterkommen, aber Ihr seid stehengeblieben! Ihr konntet hören, habt aber Eure Ohren zugehalten! Ihr konntet sehen, habt Euch aber lieber täuschen lassen! In einem Wort: Ihr habt nicht gewollt!
Ein entsetzter Vorblick auf die kommende Katastrophe: eingestürzte Mauern, zerpulvertes Geschirr, ein kahler Mast auf einem Hügel, und eine Handvoll verwirrter Menschen – ein »Rest« bleibt am Leben.
Und dazwischen ein einziger kleiner Satz von der großen Alternative: »In Umkehr und Ruhe liegt euer Heil, im Stillehalten und Vertrauen besteht eure Stärke!«

Zum weiteren Verlauf
Eine Rede, die vom Negativen zu leben scheint. Ein positiver Satz gegen zehn negative. Kann man Menschen mit erinnerten und vorausgedachten Gefahren ändern? Beeindrucken vielleicht, für Augenblicke, aber auf

einen anderen Weg bringen? Noch grundsätzlicher gefragt: Sind wir durch Katastrophen belehrbar?
Sehr kritisch und ironisch K. Barth: »Es ist nach dem, was wir heute wahrnehmen, mit großer Gewißheit anzunehmen, daß auch am Morgen nach dem Weltgericht – wäre es dann noch möglich – jede Tanzbar, jeder Fastnachtsklub, jeder inseraten- und abonnentenhungrige Zeitungsverlag, jeder Winkel voll politischer Fanatiker, jeder heidnische Schwatzklub, aber auch jedes christliche Teekränzchen und jede kirchliche Synode ihren Betrieb nach bestem Können neu aufbauen und erst recht fortsetzen würde: völlig unberührt, gänzlich unbelehrt, in keinem ernsthaften Sinn anders heute als ehegestern. Feuersbrunst, Wassernot und Erdbeben, Krieg und Pest und Sonnenverfinsterung und was es auf dieser Linie immer geben mag, sind es nun einmal nicht, die uns als solche in die wirkliche Angst und dann vielleicht auch in die wirkliche Ruhe versetzen könnten. Der Herr war nicht im Sturm, nicht im Erdbeben, nicht im Feuer (1. Kön 19,11f.). Nein, wirklich nicht.« (KD III/2, 135)
Was spricht für die große Alternative (Vers 15)? »Nur noch ein Gott kann uns retten!« (M. Heidegger). Aber nicht, weil die Gefahren jetzt so groß und so unübersehbar geworden sind. Sondern weil wir anders zu sehen gelernt haben. Noch weiter als Jesaja, über eine Generation hinaus – in die letzte Zukunft der Welt hinein. Sie wird eine gnädige Zukunft sein.

Möglicher Schluß
Jenseits aller Negationen – leben können wie »vorweggenommen in ein Haus aus Licht« (M.L. Kaschnitz). In Jesajas Sprachschule für das Unaussprechliche klingt das so: »Dann wird das Licht des Mondes wie das Licht der Sonne sein, und das Licht der Sonne wird siebenfältig, wie das Licht von sieben Tagen sein an dem Tage, da der Herr den Schaden seines Volkes verbindet und die ihm geschlagenen Wunden heilt.« (Jes 30,26)

Neujahr

Predigttext: Johannes 14,1–6

Ingrid Keßler-Woertel

Theologisch-homiletische Skizze

Zwei Gedanken drängen sich mir bei dieser Perikope auf:
Der erste Gedanke kommt aus meiner Gemeindearbeit und der Predigtpraxis in meiner Kirchengemeinde. Ich denke darüber nach, wie oft ich diesen Text wohl schon in Gottesdiensten gesprochen habe. Fast immer waren es Kasualgottesdienste, Beerdigungen. Meist wurden die Worte von den »vielen Wohnungen in Gottes Haus« als Schriftlesung gesprochen, ohne weitere Erklärungen, wohl in der Hoffnung, diese Worte sprächen für sich, helfend, tröstend. Ich denke an die Begebenheit, die mir ein Kollege erzählte, der eben diesen Text während einer Trauerfeier vorlas. Ein Junge, der zur Beerdigung gekommen war, lief anschließend nach Hause und erzählte dort ganz aufgeregt der Mutter: »Der Pastor hat eine Wohnung für uns! Wirklich! Er hat's in der Kirche gesagt!« Es ist wirklich eine Frage, ob diese Perikope für sich selbst spricht. Deshalb erscheint mir ein Predigtversuch über Joh 14,1–6 sehr nützlich. In einer solchen Predigt sollte das Thema der Perikope beleuchtet werden, nämlich der Weggang Jesu bzw. Jesu Abwesenheit und deren Bewältigung durch die Jünger. Darüber hinaus sollte aber auch der Kontext der Perikope in den Blick kommen (mit Joh 14,1ff. beginnen die Abschiedsreden Jesu). Dies kann dazu führen, daß nicht nur die Verse 1–6, sondern evtl. auch die Verse 1–11 gepredigt werden, da im Grunde erst ab Kap. 14,12 ein neuer Sinnabschnitt anfängt. Dem Hörer muß die Möglichkeit gegeben sein, sich gedanklich in die Situation der Perikope einzufinden und sich damit auseinanderzusetzen.
Der zweite Gedanke, der sich mir beim mehrmaligen Lesen der Perikope einstellt, ist wohl eher eine Assoziation, wie sie Theologen, kirchlichen »Insiderkreisen« naheliegt, nicht unbedingt jedoch einem sonntäglichen Gottesdienstteilnehmer. Das ego-eimi-Wort in Joh 14,6, das wohl zweifelsohne Aussageziel der Perikope ist, steht auch über der ersten These der Barmer Theologischen Erklärung. Ausgeführt heißt es da: »Jesus Christus, wie er uns in der Heiligen Schrift bezeugt wird, ist das eine Wort Gottes, das wir hören, dem wir im Leben und im Sterben zu vertrauen und zu gehorchen haben.« Darauf, auf die Barmer Erklärung (neben der Heiligen Schrift und dem Heidelberger Katechismus) wurde ich – und mit mir viele meiner Kollegen – ordiniert.

Vorschläge zur Liturgie

Votum

a) Wir wollen diesen Gottesdienst am ersten Tag des neuen Jahres miteinander feiern im Namen Gottes, der für uns da ist, wie ein guter Vater und eine gute Mutter da sind für ihre Kinder, im Auftrage unseres Herrn Jesus

Christus, der für uns sein Leben eingesetzt hat, und im Vertrauen auf Gottes Heiligen Geist, der jetzt unserem Reden Kraft und Leben geben möge.
b) Diesen Gottesdienst wollen wir miteinander feiern zur Ehre des Gottes, der von sich selbst sagt »Ich bin der Herr, dein Gott, du sollst keine anderen Götter neben mir haben.« Und zur Ehre unseres Herrn Jesus Christus, der uns zusagt: »Wo zwei oder drei in meinem Namen versammelt sind, da will ich mitten unter ihnen sein.« Und im Vertrauen auf Gottes Heiligen Geist, der unser Reden und Hören zu lebendigem Reden und Hören wandeln möge.

Eingangsgebet
a) Herr, unser Gott, segne du uns, die wir hier zum Gottesdienst zusammengekommen sind. Auch wenn unsere Gedanken noch gar nicht richtig gesammelt sind, auch wenn wir in Gedanken noch bei dem sind, was wir gestern, vorgestern erlebt, gehört, gesagt haben. Und auch, wenn jetzt schon die Gedanken abschweifen zu dem hin, was heute nachmittag, heute abend sein wird. Ordne du unsere Gedanken hin auf diese Gottesdienstfeier, hin zu dir. Denn darum sind wir heute morgen versammelt, nicht wegen uns, sondern um dir Dank zu sagen: Dank für vergangene Zeiten, Dank für vieles Gute, das uns geschehen ist, und auch die traurigen, schlechten Dinge dürfen wir vor dich bringen. Und so beladen mit all dem, was wir mit uns tragen an guten und weniger guten Erinnerungen, sind wir zusammengekommen und bitten dich: Sei du bei uns heute morgen und segne uns hier in diesem Gottesdienst. Amen.
b) Herr, zu diesem Gottesdienst sind wir zusammengekommen, um dich zu loben, dir unsere Lieder zu singen und auf dein Wort zu hören.
Nur du, Herr, weißt, wie es tief in uns aussieht: Wie traurig manch einer unter uns ist, wie fröhlich eine andere, wie sehr bei manchen Freude und Leid beieinanderliegen. All das, was wir in den letzten Zeiten durchlebt und mitgemacht haben an guten und bösen Dingen, bringen wir mit hierher in diesen Gottesdienst. Wir wissen, daß unser Leben ein Unterwegssein ist, von Station zu Station, ein Gutes geschieht uns, wir lachen, wir weinen. Oft sind wir mit den Gedanken schon einen Schritt weiter, werden hektisch und können den Augenblick gar nicht in Ruhe erleben.
Deshalb, Herr, bitten wir dich: Mache uns ruhig, damit wir dein Wort und deinen Segen spüren können. Amen.

Lesung
Evtl. Offbg 21,1ff.

Segensbitte
a) Der Herr segne und behüte uns, heute und auf unserem Weg durchs neue Jahr. Der Herr lasse leuchten sein Angesicht über uns, der Herr sei uns gnädig – wenn wir in Wehmut zurückblicken auf vergangene Tage,

wenn wir uns ängstlich fragen, was die Zukunft uns bringen wird. Dann erhebe der Herr sein Angesicht auf uns und gebe uns Frieden.
b) Wenn der Boden unter unseren Füßen schwankt, reiche du uns deine Hand und halte uns fest. Wenn wir keinen Boden mehr unter den Füßen haben, stelle du uns auf festen Grund. Wenn die Erde sich auftut, um uns zu verschlingen, umgib uns mit deiner Liebe, denn dein Reich ist nicht zu zerstören. So bleibe bei uns mit deinem Segen für Leib und Seele. So bleibe bei uns mit deiner Kraft für Geist und Sinn. So bleibe bei uns mit deiner Liebe auf allen unseren Wegen.
Segne und behüte uns, lasse dein Angesicht leuchten über uns und sei uns gnädig. Hebe dein Angesicht auf uns und gib uns Frieden.

Lieder
– Findet der Gottesdienst am Vormittag des Neujahrstages statt, wird sicherlich nur die »gottesdienstliche Kerngemeinde« zu erwarten sein. Deshalb schlage ich nur Lieder aus dem EKG vor: Z.B. sind die Morgenlieder geeignet, ebenso EKG 36–45, die sich unter der Überschrift »Jahreswende« finden.
– Findet der Gottesdienst – wie wohl vielerorts Sitte – am Neujahrstag nachmittags oder am Abend statt, sollten auch neuere der Gemeinde bekannte Lieder gesungen werden. Dazu schlage ich neben EKG 36–45 (s.o.) vor (aus dem landeskirchl. Liedteil des EKG für das Rheinland, Westfalen, Lippe und die Ev.-ref. Kirche):
526 »Es kennt der Herr die Seinen ...«
519 »Weicht, ihr Berge, fallt, ihr Hügel, ...«
449 (s. Psalm 25) »Meine Seele steigt auf Erden ...«

Vorschläge zur Predigt

Ich schlage vor, die Predigt in zwei Gedankengängen aufzubauen:
1. Möglicher Anfang (eine »Einstiegsgeschichte«)
»In meines Vaters Hause sind viele Wohnungen ...«
Ein Pastor aus einer rheinischen Großstadt las diese Worte vor einiger Zeit bei einer Beerdigung. Zur Gemeinde dieses Pastoren gehören sowohl alteingesessene wohlbegüterte Familien als auch sogenannte sozialschwache Familien, die in einer Siedlung ärmlich und sehr beengt leben. Eine dieser Siedlungsfamilien hatte sich damals dem Pastoren besonders angeschlossen. Der 8jährige Sohn dieser Familie folgte dem Kollegen – wie man so sagt – auf Schritt und Tritt: Er kam zu jedem Gottesdienst, zu jeder Trauung, zu jeder Beerdigung, drückte sich in eine hintere Ecke der Kirche und schaute den Pastoren mit großen Augen zu. Am Abend nach einer solchen Beerdigung kam ganz aufgeregt die Mutter des 8jährigen zu dem Pastoren. »Herr Pastor«, rief sie beinahe freudestrahlend, »mein Junge sagt, Sie

haben eine neue Wohnung für uns ...« Der Pastor wußte erst gar nicht, was die Frau überhaupt meinte, aber als sie ihn erinnerte: »Bei der Beerdigung, da haben Sie's gesagt«, da fiel er ihm ein, dieser Bibeltext, den er vorgelesen hatte: »In meines Vaters Hause sind viele Wohnungen ...«
Nun nehmen die wenigsten von uns, liebe Gemeinde, den Text so wörtlich wie dieser Junge, der wohl freudestrahlend nach Hause lief im Glauben, der Pastor hätte endlich die passenden Räume gefunden für die Familie.
Übrigens: ich weiß nicht, was der Pastor damals der Mutter geantwortet hat, aber die Antwort ist ihm sicherlich sehr schwer geworden.

2. Der biblische Text wird nacherzählt (Text und Kontext)
»In meines Vaters Hause sind viele Wohnungen ...«
Als Jesus damals diese Worte sagte, da wußte er schon, daß er bald Abschied nehmen müßte von seinen Jüngern, daß er bald sterben würde. Seine Jünger spüren: Es ändert sich etwas. Er, Jesus, den sie Rabbi, d.h. Meister, nennen, er hat sich geändert. Je näher sie dem Ziel ihrer Reise kommen, je dichter sie nach Jerusalem kommen, desto ernster werden seine Worte. Solange sie mit ihm unterwegs waren – und das sind mittlerweile 12 Jahre – hat er sie auf Dinge aufmerksam gemacht, hat auf dies oder das gezeigt, auf jenen Menschen gedeutet und sie belehrt. Meist war das am Abend, wenn sie allein waren. Wenn die vielen Kranken, die Neugierigen, die Hungrigen heimgegangen waren, dann saßen sie noch eine Weile beisammen, Jesus und die Jünger, die Freunde, und auch die Frauen, die immer mit ihnen gegangen waren. Sie saßen beisammen, und er erklärte ihnen, was sie tagsüber nicht verstanden hatten. Dann, abends, wenn das kleine Feuer, das sie entzündet hatten, Schatten auf ihre Gesichter warf, dann fragten sie all das, was ihnen auf der Seele lag. Tagsüber herrschte Hektik, da gab's so viel zu tun: Die Fremden kamen, wollten behandelt werden, wollten diskutieren und lamentieren oder einfach nur die Stimme Jesu hören, seine Worte, das, was er über Gott zu sagen hatte. Nun aber war Frieden eingekehrt. Die stille Stunde, die Stunde, in der *sie* ihre Fragen stellen konnten, in der Jesus Zeit für *sie* hatte.
Wissen Sie, liebe Gemeinde, ich stelle mir das so ähnlich vor wie bei einer Familie: Tagsüber geht jeder so seinen Weg, Schule, Beruf, Hausarbeit, Kindergarten, ... je nachdem. Aber während einer Zeit am Tag sitzt man beisammen und bespricht, was ist, was sein kann, was wird, alltägliche Fragen, manchmal belanglos, aber immer ist es wichtig, miteinander zu sprechen. Bei uns ist diese »Miteinandersprechzeit« die Mittagszeit, bei einem anderen mag es die Teezeit sein oder das Abendessen oder ... je nachdem.
Zurück zu Jesus und seinen Jüngern. Auch sie sitzen beisammen, erst teilen sie ganz ruhig das Abendbrot, dann beginnt Jesus zu reden: »In meines Vaters Hause sind viele Wohnungen, ich gehe dorthin. Dann komme ich wieder und nehme euch zu mir. Ihr wißt ja den Weg, den ich zu gehen habe.« Jesus schweigt, die Jünger schauen ihn fragend an, bis dann einer –

Thomas, den sie später einmal den ungläubigen nennen werden –, bis dann Thomas in die Stille hinein sagt: »Aber Herr, wir wissen den Weg doch gar nicht, woher sollen wir den Weg kennen?« Jesus schaut ihn an, dann sagt er: »Ich bin der Weg und die Wahrheit und das Leben; niemand kommt zum Vater, denn durch mich.«

(Entscheidet sich der Prediger/die Predigerin, die Verse 7–11 zur Auslegung hinzuzunehmen, dann liegt es nahe, an dieser Stelle folgende Gedanken einzufügen:)

Dann mischt sich ein anderer Jünger, Philippus, ins Gespräch – und, liebe Gemeinde –, dieser Philippus stellt genau die Frage, die auch ich gerne beantwortet hätte: »Herr, zeige uns doch den Vater.«

Nicht wahr, das ist doch so eine Bitte, die auf den Nägeln brennt: Wie ist dieser Vater im Himmel, wie ist Gott? Wir können ihn nicht sehen. Wie ist er? Zeige ihn uns, wir möchten uns ein Bild von ihm machen. Herr, zeige uns doch Gott ...

Jesus antwortet – diesmal sehr direkt an Philippus gewandt – für uns alle: »Was ich rede, was ich tue, das tue ich nicht aus mir selbst, sondern das tut Gott in mir. Daran erkennt ihr Gott.« Ja, liebe Gemeinde, vielleicht geht es Ihnen mit dieser Antwort so wie mir. Ich finde, die Antwort Jesu an Philippus sagt eben alles und nichts. Können wir Gott dadurch besser erkennen?

3. Der Text und ein Bild

»In meines Vaters Hause sind viele Wohnungen ...«

Vor einigen Jahren sah ich einmal ein Bild, auf dem waren ganz viele Menschen, die wie in einem langen Treck oder Zug neben- und auch hintereinander hergingen. Da waren Weiße und Indianer, dunkelhäutige Menschen, und Frauen – wohl Inderinnen – in Saris, Europäer mit Anzug und Krawatte, manche liefen ganz gebückt, auf Krücken oder an einem Stock. Manche wurden in Rollstühlen geschoben, mehrere hatten Augenbinden, und manchen liefen die Tränen die Wangen herunter, sie sahen fast herzerweichend traurig aus. Sie alle, der ganze Menschenzug, gingen auf ein Haus zu, nein, eigentlich war das gar kein richtiges Haus, denn man sah kein Dach. Das Haus war so gezeichnet, daß es unendlich groß erschien. Es hatte viele Türen und Fenter, auf vielen der Fensterbänke standen Kästen mit den verschiedensten und in allen Farben blühenden Blumen. Aus manchen Fenstern lehnten sich Menschen heraus, fröhlich lachend und den anderen zuwinkend, als wollten sie sagen: »Kommt schnell herein, hier ist noch Platz, hier ist gut leben.« Es war ein richtiges Zuhause, das Geborgenheit und Liebe ausstrahlte. Das ganze Bild trug den Titel: »... in meines Vaters Hause sind viele Wohnungen ...«

Ich habe mir damals das Bild ganz fasziniert angeschaut, und ich weiß noch, daß mir durch den Kopf ging, wie gut der Maler dieses Bibelwort getroffen und dargestellt hatte. Beim bloßen Anblick des Bildes hatte man Lust, in dieses Haus Gottes hineinzugehen. Und während ich mir den langen Menschenzug ansah, der ja auf dem Weg zum Hause Gottes war, fielen mir die Worte aus der Offenbarung des Johannes ein, wo es heißt: »Siehe, die Hütte Gottes bei den Menschen. Und er wird bei ihnen wohnen, und sie werden sein Volk sein, und er selbst, Gott, wird mit ihnen sein. Und Gott wird abwischen alle Tränen von ihren Augen, und der Tod wird nicht mehr sein, noch Leid noch Geschrei noch Schmerz wird mehr sein.« Ich finde, das ist ein wunderschöner Gedanke, eine wunderschöne Hoffnung, auf die hin wir leben, die dann durch Gott vollendet wird. Das Haus Gottes, das den Menschen Geborgenheit und Heimat gibt.

Aber – natürlich finden wir auch hier ein Aber – noch sind wir hier auf der Erde, und wenn ich so um mich herumschaue, dann sehe ich so viele Menschen, die heimtlos sind und entwurzelt. Manchmal glaube ich: Je besser es den Menschen geht, je mehr die Menschen sich finanziell und materiell leisten können, desto trauriger und heimatloser werden sie.

Ein Kollege, der in der Münchner Innenstadt als Pfarrer tätig ist, erzählte, daß er bei jeder fünften oder sechsten Beerdigung ganz allein mit den Sargträgern am Grabe stehe. Nicht, daß die Verstorbenen keine Angehörigen hätten, oft haben sie sogar Kinder und Enkel, aber man hat eben keine Zeit, nach München zur Beerdigung zu kommen. Er nennt das »entwurzelt und heimatlos-grenzenlos einsame Menschen«.

Entwurzelt und heimatlos: wieviele Menschen sind das nicht in unserer Zeit: die Frau, die ihren Mann verloren hat und nun nicht mehr weiter weiß. Der junge Mann, der von seiner Freundin nach zwei Jahren verlassen wird und der sich vorkommt, als falle er in ein tiefes Loch. Sicher, bei uns hier in Ostfriesland sind die Wurzeln, ist der Gedanke an Heimat noch tiefer verfestigt als anderswo: und doch – auch hier beginnen die Wurzeln zu bröckeln, ist die Frage nach dem Wohin und Woher bei vielen eine brennende Frage, die sie nicht beantworten können.

Jesus sagt: »In meines Vaters Hause sind viele Wohnungen.« Das ist kein Gedanke, der uns nur eben bei Beerdigungen trösten soll, sondern der uns sagt: Ja, das ist eure Heimat: meine, deine, unsere.

4. »In meines Vaters Hause sind viele Wohnungen ...«
und »Ich bin der Weg und die Wahrheit und das Leben. Keiner kommt zum Vater, denn durch mich.« Was bedeutet das nun für uns – nicht für später, sondern jetzt, hier und nun? Diesen Gedanken würde ich in zweifacher Weise beleuchten und ausführen: a) Gottes Haus auf Erden: die Schöpfung und b) Gottes Haus auf Erden: die Gemeinde (= wir alle). An dieser Stelle können Gedanken, Wünsche, Hoffnungen für das neue, vor uns liegende Jahr ausgesprochen werden.

Schluß
»In meines Vaters Hause sind viele Wohnungen ...«, auch für uns alle, die wir uns in seinem Namen versammelt haben, die wir auf ihn hoffen und ihm vertrauen. Amen

Kontexte

Gott, eine Schulter, / an die ich mich lehnen kann. / Ein Arm, / der mich umfaßt. / Eine Hand, / die mich führt. / Ein Finger, / der mir den Weg zeigt. / Ein Punkt in der Unendlichkeit, / der mir Orientierung ist. // Gott, ein Wagnis, kein Risiko. / Eine Elle, / die mein Messen berichtigt. / Eine Rute, / die auch strafen kann. / Ein Stein, / an dem ich mir die Zähne ausbeiße. // Gott, die Liebe. / Die unendlich große Liebe, / die mich umhüllt. / Ich spüre nichts anderes mehr / als deine Liebe allein, / Gott.
(Jörg Schlüter)

In den Tiefen, die kein Trost erreicht, / laß doch deine Treue mich erreichen.
In den Nächten, wo der Glaube weicht, / laß nicht deine Gnade von mir weichen.
Auf dem Weg, den keiner mit mir geht, / wenn zum Beten die Gedanken schwinden,
wenn mich kalt die Finsternis umweht, / wollest du in meiner Not mich finden.
Wenn ich deine Hand nicht fassen kann, / nimm die meine du in deine Hände, /
nimm dich meiner Seele gnädig an, / führe mich zu einem guten Ende.
(Justus Dellbrück; in Gefangenschaft verstorben)

Komme, was mag. / Gott ist mächtig. / Wenn unsere Tage verdunkelt sind, und unsere Nächte finsterer als 1001 Mitternächte, so wollen wir stets daran denken, daß es in der Welt eine große, segnende Kraft gibt, die Gott heißt. / Gott kann Wege aus der Ausweglosigkeit weisen. / Er will das dunkle Gestern in ein helles Morgen verwandeln, – zuletzt in den leuchtenden Morgen der Ewigkeit.
(Martin Luther King)

Wir wollen nicht nur trauern, daß wir den geliebten Menschen verloren haben, sondern dankbar sein dafür, daß wir ihn gehabt haben, ja auch jetzt noch besitzen, denn wer heimkehrt zum Herrn, der bleibt in der Gemeinschaft der Gottesfamilie und ist uns nur vorausgegangen.
(Hieronymus)

2. Sonntag nach Weihnachten

Predigttext: Johannes 1,43–51

Nikolaus Schneider

Theologisch-homiletische Skizze

Der Text wird am 2. Sonntag nach Weihnachten gepredigt. Ich möchte darauf verzichten, explizit auf »Weihnachten« zurückzuverweisen, sondern werde unmittelbar die johanneische Interpretation der Funktion der Menschwerdung Gottes aufgreifen. Allerdings bietet es sich an, in der Liturgie sprachlich direkt an das Weihnachtsfest anzuknüpfen. Der Text verbindet Erzählung und theologische Reflexion in der Weise, daß die erzählerischen Elemente zur Verstärkung oder Erläuterung der theologischen Überlegungen dienen. Der Text eignet sich deshalb nicht dazu, ihn ausführlicher nachzuerzählen. Seiner Komposition scheint es mir eher zu entsprechen, die Weitergabe des Erzählten und der theologischen Überlegungen unter einen leitenden Gesichtspunkt zu stellen, der unserer Alltagserfahrung entnommen ist. Ich habe deshalb auf methodische Probleme des Suchens und Findens zurückgegriffen. Dabei habe ich mich auch von der Einschätzung leiten lassen, daß für viele Predigthörer diffuse Alltagserfahrungen auf den Begriff gebracht werden können und somit manche ebenso diffuse Frustration über vergebliches Suchen aufgehoben werden kann.
Auch der Perikope scheint es um diesen Zusammenhang, um die richtige Art des Suchens und Findens zu gehen, die am Beispiel der Person des Nathanael exemplifiziert wird. Gerade die geprägte und Nathanael unzweifelhaft deutliche Vorstellung vom Messias verhindert, daß er von sich aus in Jesus von Nazareth den Messias erkennen kann. Aus seinem aktiven Suchen muß erst die Bereitschaft werden, sich finden zu lassen. Jesus ist als Messias nicht anders erkennbar. Das ist die durchgängige Struktur der Berufungsgeschichten. Sie gilt auch für die Berufung des Philippus.
Die alttestamentliche Lesung ist so ausgewählt, daß sie als Beispiel der Korrektur geprägter Gottesbilder dient. Die Abweisung der Vorstellung vom »dazwischenschlagenden Gott«, der solche Gewaltanwendung der von ihm beauftragten Menschen will, prägt die Eliaerzählungen auch an anderen Stellen.
Die Evangelienlesung bedeutet für mich darüber hinaus die inhaltliche Zuspitzung von Joh 1,51. Die besonderen und das Gegenwärtige übersteigenden Erfahrungen sind also gerade nicht unbedingt von großartiger Natur. Im geringsten Bruder begegnet uns Jesus, dies ist die uns zugesagte Art der Begegnung mit dem Himmlischen.

Vorschläge zur Liturgie

Aus den genannten Gründen empfehle ich als *alttestamentliche Lesung* 1. Könige 19,1–13a und als *Evangelienlesung* Matth 25,31–46.

Sündenbekenntnis
Das Bekannte suchen wir, Herr, uns ist die Sicherheit bekannter Wege so wichtig. Auf Selbstvergewisserung sind wir aus. Auch Dich meinen wir

genau zu kennen – so wie es uns genehm, möglichst angenehm ist. Holder Knabe im lockigen Haar, das erwärmt das Herz, das kennen wir, da haben wir nichts zu fürchten. Der Herausforderung weichen wir aus, die Du, Gott, in der Erbärmlichkeit der erniedrigten Kreatur für uns darstellst. Überwinde unseren Drang nach der Errichtung von Schutzmauern, bestehend aus gesicherten Verhältnissen. Bewahre uns vor der Isolation und Kälte unserer Ruhe und Ordnung und erbarme Dich unser.

Gnadenzusage
Jesaja 55,8f.

Kollektengebet
Noch bevor wir dich suchen, bist du bei uns.
Bevor wir deinen Namen kennen, bist du schon unser Gott.
Öffne unser Herz für das Geheimnis, in das wir aufgenommen sind: daß du uns zuerst geliebt hast und daß wir glücklich sein dürfen mit dir.
Nicht, weil wir gut sind, dürfen wir uns dir nähern, sondern weil du, Gott, uns in Jesus nahe gekommen bist.
Amen.
(nach: Singt und dankt, Lieder und Gebete, Beiheft '84 zum Evangelischen Kirchengesangbuch, Kassel 1984, Nr. 801)

Schlußgebet
Du bist Mensch geworden, damit wir Menschen nicht zerbrechen, sondern uns an dir festhalten. Du bist Mensch geworden, damit wir nicht ohne Hoffnung leben, sondern in deine Zukunft uns aufgenommen wissen, damit wir nicht am Sinn unseres Seins verzweifeln, sondern in dir uns finden. Du bist unser Nächster geworden, damit wir einander Nächste bleiben. Du hast dich unser erbarmt, damit wir einander Gutes tun. Du bist Mensch geworden: Nichts Größeres gibt es nun für uns, als Mensch zu sein, wie du ihn erlöst hast, gerettet und geheiligt. Nichts Wichtigeres gibt es nun für uns, als für Menschen dazusein. Ein Beispiel hast du uns gegeben, dem wir folgen sollen. Denn du bist Mensch geworden. Das macht uns frei, dem Menschen zu dienen, auch in der Politik. Dir dienen wir. Dem wahren Menschen. Du rufst uns in deine Nähe, damit wir lernen, anderen nahezusein.
Amen.
(Singt und dankt, Lieder und Gebete, Beiheft '84 zum Evangelischen Kirchengesangbuch, Kassel 1984, Nr. 925)

Lieder
Wir haben Gottes Spuren festgestellt ... (Singt und dankt Nr. 719) – EKG 249

Vorschläge zur Predigt

Möglicher Predigtanfang

Wir können nur finden, liebe Gemeinde, was wir auch suchen. Vielleicht klingt dieser Satz banal in Ihren Ohren. Natürlich, was sonst: Nur wer sucht, kann etwas finden. Aber was heißt das eigentlich: »Suchen«? Wer sucht, hat ein Bild von dem im Kopf, was er sucht. Er hat gedanklich vorgearbeitet, hat ein Vorwissen aus Erfahrung und überlieferter Tradition. So ist er innerlich schon mit dem Menschen oder Objekt verbunden, den oder das er sucht. Und wenn das Bild im Kopf falsch ist? Wenn in der Realität die Person oder der Gegenstand unseres Suchens ganz anders vorkommen, als wir erwarten? Es kann sein, daß wir dann erfolglos suchen, ein Leben lang, weil wir nicht finden können. Wir gehen am Gesuchten vorbei, weil wir es nicht entdecken können. Erwartung und Realität stimmen nicht überein. Das Bild im Kopf kann ein Zerrbild sein, das Erkennen und Finden verhindert.

Zum weiteren Verlauf

Ich würde nun zur Lesung des Textes überleiten. Es wäre herauszuarbeiten, daß es im Volk Israel geprägte Erwartungen über den Messias gab. Es kann kurz geklärt werden, daß die Erscheinung des Jesus von Nazareth mit diesem Bild nicht übereinstimmte. Dann müßte deutlich werden, daß unser Predigttext zum Suchen anleitet, indem er Auskunft darüber gibt, wen wir suchen.

Ich schlage vor, nach der Verlesung des Predigttextes die Predigt in vier Abschnitte zu unterteilen. Sie könnten etwa so überschrieben werden:

1. *Jesus findet einen Hinweisgeber: Philippus;*
2. *Philippus bringt Nathanael auf einen neuen Weg: »Komm und sieh«;*
3. *Jesus gibt sich zu erkennen, und Nathanael findet: Rabbi – Gottes Sohn – König;*
4. *Finden führt zu neuem Suchen: »Ihr werdet den Himmel offen sehen.«*

Jesus findet einen Hinweisgeber: Philippus.

Damit beginnt Jesus sein messianisches Wirken: Er sucht Menschen, die mit ihm zusammen den Beginn der neuen Welt Gottes leben, feiern und verkünden. Es gehört zur Eigenart seiner Messianität, daß sie keine exklusive Kenntnis und Erkenntnis ist. Es gehört zu ihr, daß sie an möglichst viele weitergegeben wird. Gerade das ist Ausdruck seiner Messianität, daß sie viele, möglichst alle Menschen sucht. Sie setzt sich in anderen fort, mit anderen Menschen auch an andere Orte und auch in andere Zeiten. Sie ist also nicht etwas Statisches, sondern sie ist dynamisch: Ihre Weitergabe gehört zu ihr hinzu. Zur Messianität gehört die Aufgabe hinzu, sie kenntlich und erkennbar zu machen für alle Suchenden. So werden viele Hinweisgeber gebraucht, die auf Jesus von Nazareth verweisen. Philippus hat diese Beauftragung angenommen und spricht deshalb Nathanael an.

Philippus bringt Nathanael auf einen neuen Weg: »Komm und sieh.«
Philippus spricht Nathanael als einen Suchenden an. Nathanael, der rechte Israelit, hat die Heiligen Schriften des Volkes Israel studiert. Er hat sich eine Meinung darüber gebildet, wen Mose im Gesetz und wen die Propheten beschrieben haben. Er hat ein Bild vom Messias im Kopf und sucht ihn – bisher vergeblich. Er hat ihn nicht finden können, kein Priester und auch kein König entsprachen dem, den er sucht. Sein Suchen war vergeblich.

Ich würde nun beschreiben, was vergebliches Suchen bedeutet: Welche Gefühle ausgelöst werden, was Vergeblichkeit für die eigene Erwartung bedeutet und welche Konsequenzen sie für unseren Umgang mit den Bildern in unseren Köpfen hat. Es wäre schließlich auch zu beschreiben, auf welche religiösen, sozialen oder auch politischen Abwege die Frustration über vergebliches Suchen führen kann:

So einfach ist Nathanael nicht zu überzeugen. Er hat schließlich studiert. Er hat gute Gründe und Begründungen für seine Vorstellungen. Und er steht nicht allein: Es gibt Lehrer, Autoritäten, die ihn bestätigen. In der Sache ist er so schnell nicht zu überzeugen, aber er läßt sich interessieren. Er übernimmt nicht einfach die neuen Erkenntnisse und Einsichten eines anderen, aber er ist bereit, auf den Urheber dieser neuen Erkenntnis zuzugehen – auch wenn dessen Herkommen ihn eher skeptisch stimmt.

Jesus gibt sich zu erkennen, und Nathanael findet: Rabbi – Gottes Sohn – König.
Es ist nun nicht so, daß Nathanael in Jesus ein weiteres, neues Objekt seiner Überlegungen, Forschungen und Erkenntnisse findet. Etwas fundamental anderes geschieht. Bevor Nathanael etwas tun oder sagen kann, passiert etwas mit ihm. Er wird erkannt, gefunden und grundsätzlich von Jesus angenommen. Die Suchbewegung verkehrt sich zunächst: Nathanael wird von Jesus als der gefunden, der er ist und selbst wohl auch sein will: ein »rechter Israelit, in dem kein Falsch ist«.

Ich würde nun beschreiben, daß untergründig das Suchen und Forschen eines Menschen immer auch der Selbstvergewisserung im Sinne einer Sicherung der eigenen Existenz dient. Dabei wird das Erkennen und Finden der wichtigen Dinge unseres Lebens behindert, wenn wir uns selbst zu nahe oder zu fern sind:
Zu nahe, wenn wir gleichsam in uns selbst verliebt in besserwisserische Arroganz verfallen und jede Distanz zu unserem eigenen Denken und unserer eigenen Person verloren haben. Zu fern, wenn wir uns mit Selbstzweifel, Selbstkritik oder Selbstverachtung herumquälen und jeden Ansatz von Erkennen und Finden durch unser grundsätzliches Mißtrauen bezüglich unserer eigenen Person und Fähigkeit wieder zerstören.

Das notwendige Maß an Selbstgewißheit und Selbstachtung jedoch, das uns frei macht für das richtige Suchen, Finden und Erkennen, können wir uns nicht selbst erarbeiten. Wir müssen es uns »von außen« schenken oder zusagen lassen: durch die Liebe, die Nähe, das Vertrauen anderer Menschen, durch Vergebung und Neuanfänge, die uns andere zuteil werden lassen. Auch Nathanael entdeckt – durch Jesu Zuspruch in seiner konkreten Situation wahrgenommen und akzeptiert –, wie er frei wird für neue Erkenntnisse. Die ihm »von außen« geschenkte Begegnung und Bestätigung korrigiert sein Messiasbild und führt ihn zu dem existentiellen Bekenntnis: Jesus ist der maßgebliche Lehrer für sein weiteres Leben, der gesuchte Messias und die entscheidende Macht für sein Leben.

Finden führt zu neuem Suchen: Ihr werdet den Himmel offen sehen.
Auch wer den Messias in Begegnung und Bekenntnis gefunden hat, der besitzt ihn nicht, wie man Kunstgegenstände, Bücher oder Formeln besitzen kann. Er wird vielmehr einbezogen in einen nicht endenden Prozeß messianischen Suchens. Allerdings ist sein neues Suchen nun zielgerichteter: Er weiß, wen und was er sucht. In der Person von Jesus von Nazareth, in seinen Worten und Taten ist der Himmel offen: Die neue Welt Gottes wird anschaulich. Wie Gott mit uns seine Schöpfung verändern und gestalten will, das wird erkennbar und erfahrbar in ihm.

Am Vergleich von Genesis 28 zu Johannes 1,51 würde ich die andere Qualität der Nähe von Himmel und Erde verdeutlichen, die durch Jesus von Nazareth für uns erfahrbar ist. Bei der Erläuterung der messianischen Suchbewegung würde ich unter Bezugnahme auf Math 25,31ff. herausarbeiten, daß im offenen Himmel die Gestalt Jesu in Form der bedürftigen Kreaturen zu finden ist. Das gemeinsame Leben mit ihnen, die Wahrung ihrer Würde und der Respekt vor ihnen wären als Kennzeichen einer messianischen Zeit zu beschreiben, die mit der Menschwerdung Gottes in Jesus von Nazareth begonnen hat und bis auf diesen Tag andauert.

Möglicher Schluß
Messianische Zeit auch für uns, wie für Philippus und Nathanael? Wir müssen nicht Nathanael heißen, um angestoßen zu werden, unsere Bilder und Erwartungen über gelingendes, heiles und erfülltes Leben zu überprüfen. Aber wie Philippus und Nathanael werden wir frei zur Überprüfung und Veränderung unserer Vorstellungen, wenn wir uns selbst angenommen wissen. Und dieses Wissen hat mit Erfahrungen zu tun, die wir miteinander machen. So mögen wir einander zum Philippus oder Nathanael werden, so mögen wir im anderen das Angesicht Gottes erkennen und in der Begegnung miteinander den Himmel offen sehen. Und laßt uns diese Erfahrungen nicht nur für uns selbst behalten, sondern hinaus in den Alltag unserer Welt hier in unserer Stadt tragen! Amen.

Kontexte

Als Kontext möchte ich auf die Geschichte von »Vater Martin« verweisen: Mig Holder und Leo Tolstoi, Ein großer Tag für Vater Martin, Giessen/Winterthur, [2]1989.
Die Geschichte erzählt von dem Schuster Martin in einem kleinen russischen Dorf. Am heiligen Abend liest er die Weihnachtsgeschichte, schläft darüber ein und hört eine Stimme. Er versteht sie als die Stimme Jesu, der seinen Besuch bei ihm ankündigt. Er bekommt Besuch von einem alten Straßenfeger, einer armen, unverheirateten Frau mit einem Baby, sucht schließlich auf der Straße nach Jesus und findet ihn nicht.
Enttäuscht kehrt er in seine Werkstatt zurück. Da erscheinen ihm die Besucher und die Menschen von der Straße, und er hört wieder die Stimme. Er begreift: »Dann ist er also doch gekommen! Dann hat Jesus mich tatsächlich besucht!«

Eine Liedpredigt für die Nachweihnachtszeit

Fröhlich soll mein Herze springen

Helmut Siegel

Jeder hat so seine Lieblingslieder, auch und gerade bei den Weihnachtsliedern. Manch Weihnachts-Lieblingslied steht nicht im Gesangbuch, manches ist von den gestrengen Gesangbuch-Zusammenstellern in den Anhang verbannt worden. Ich bin froh, daß wenigstens eines meiner Weihnachts-Lieblingslieder vorn im offiziellen Teil des Gesangbuches steht: Es ist das Lied, dessen erste Strophe wir eben gesungen haben »Fröhlich soll mein Herze springen ...«. Gedichtet ist es von Paul Gerhardt, der vor 300 Jahren starb. Sicher ist es auch wegen der Melodie Johann Crügers mein Lieblingslied: Sie stürmt regelrecht freudig voran.

Aber mir hat es auch der Text angetan, nicht nur wegen seiner kunstvollen Gestaltung. Wenn Sie einmal darauf achten, wie in jeder Strophe lange und kurze Zeilen wechseln und aufeinanderzudrängen, wie sich die nahen Reime förmlich umarmen: »diese Zeit / da vor Freud« und wie die fernen Reime sich grüßen – dann merken Sie: kunstvoll aufgebaut, genial vertont.

Ich möchte heute einfach über dieses Lied predigen, ein paar Mal eine Pause machen, Ihnen Zeit zum Nachdenken geben, Jochen Modeß wird in diesen Pausen mit der Orgel das Lied auf seine Weise auslegen.

12 Strophen – wo anfangen, wo aufhören? Mir ist beim Nachdenken über dies Lied bewußt geworden, daß ich vieles nur andeuten kann. Es kommt mir wie ein weit verzweigtes Goldbergwerk vor, unmöglich, auch nur in jedem zweiten Stollen gründlich zu graben, all das Gold zu entdecken. Aber vielleicht mache ich Ihnen Lust zu einer eigenen Entdeckungsreise durch dies Lied. Sie werden merken: Immer wieder da neu zu schürfen, auch allein, das lohnt sich allemal.

Die erste Strophe hat das Stichwort angegeben: »Fröhlich« – das Hauptwort zur Weihnachtszeit. Wie oft ist Ihnen wohl »fröhliche Weihnachten« gewünscht worden? Sind diese Wünsche bei Ihnen in Erfüllung gegangen, oder war Ihnen das Herz viel zu schwer, um fröhlich zu springen?

Manch einer wird denken: Paul Gerhardt hat gut singen! Fröhlich – wer kann schon fröhlich sein in dieser Zeit der schlechten Nachrichten, der vielerlei Bedrohungen? Der hat eben zu einer anderen Zeit gelebt, der hatte es gut! – Wir tun ihm mit diesen Gedanken Unrecht, liebe Gemeinde. Von seinen 69 Lebensjahren waren 30 Jahre Kriegsjahre, vier Kinder sind ihm gestorben, die Frau dazu – nein, kein leichtes Leben. Nichts, was das Herz

von selbst hüpfen läßt vor Freude. Eben darum die Aufforderung: »Fröhlich *soll* mein Herze springen.«
Warum eigentlich? Weil sich zur Weihnachtszeit eben alle freuen und man selbst nicht als Trauerkloß gelten will? Gut, die Engel freuen sich – sollen wir uns anstecken lassen von der Freude ringsum, betäuben lassen vom süßen Gesang, von Erinnerungen, Stimmungen und so das Leid, die Not, den Tod vergessen? Mit Singen die Stimmen in uns übertönen, die klagen und anklagen? Nein, deswegen nicht. »Hört, hört«, singt Paul Gerhardt – nicht auf das, was in euch klagt, hört auf das, was der einzige Grund zur Freude ist: die Botschaft: Christus ist geboren!

Orgel
Lesung Str. 2–5

In diesen vier Strophen sind nicht wir das Subjekt, sondern das Subjekt sind Gott und Christus. Gottes Tun wird besungen, und es wird wieder und wieder ausgedeutet, was das denn heißt: Christus ist geboren.
Und wieder wird das Leid nicht verdrängt, wird nicht vertröstet, sondern – vielleicht mühsam errungener – Trost weitergegeben. Eben kein aufmunterndes Auf-die-Schulter-Klopfen: »Und immer wieder geht die Sonne auf ...«, sondern: Die andere Sonne ist da: Christus, der als Held nicht unberührt durch dieses Jammertal geht, sondern aus dem Jammer reißt, Christus, nicht der Seelenfreund, Retter des einzelnen aus dem irdischen Jammertal, sondern Retter der Welt.
Merken Sie: Wie da einer schon wieder wegblickt von dem Anfang in Bethlehem, hinblickt zum Ende der Zeit, an dem das zur Vollendung kommt: die Welt vom Jammer befreit. Nein, kein Gott, der sich bestätigen will, seine Ehre sucht: all das geschieht uns zugute. Seit Weihnachten: Gott und Mensch untrennbar verbunden, Blutsbrüder sozusagen.
Und wieder steht das Dunkle auf: Wer den Krieg erlebt, der 30 Jahre tobt, wem die liebsten Menschen weggestorben sind – bei dem nistet er sich ein, der entsetzliche Gedanke: Gott, nicht für dich, sondern gegen dich, er haßt dich! Paul Gerhardt, durch diese Tiefe gegangen, versucht, den Gegenbeweis zu führen: Weihnachten geschieht eben wegen des Leides und gegen das Leid, Gott gibt das Liebste, gibt Ansehen und Macht auf, Gott: eben nicht nur unser Bundesgenosse, auch unser Leidensgenosse.
Die 4. Strophe macht es ganz deutlich: Ein gutes Weihnachtslied bleibt nicht selig an der Krippe stehen, da wird das Kreuz nicht ausgeblendet. »Außerhalb der Weihnachtszeit darf man keine Weihnachtslieder singen«, so meinte meine Großmutter, »denn sonst stirbt einer.« Ein dummer Aberglaube? Sicher. Aber: das Weihnachtslied singt eben nicht nur von den Freuden der Geburt, sondern auch vom Tod, singt, daß da tatsächlich einer gestorben ist, nicht an unserem Singen, aber unserem Fluchen, an unserer Schuld, nicht gegen uns, aber wegen uns und doch: für uns.

Der Blick geht zurück vom Kreuz zur Krippe. Nun, singt die 5. Strophe, nun seid ihr gerufen, wie die Könige an die Krippe gerufen. Was sollen wir da? Wir haben nichts zu verschenken, kein Gold, Myrrhe und Weihrauch. Nicht nötig, sagt das Krippenkind: Schenke mir das, was dich quält: deine Schuld, deine Verzweiflung. Du brauchst es nur loszulassen.
Können wir das, liebe Gemeinde, oder machen wir unser Leid lieber mit uns allein ab, versuchen wir das, was uns quält, eher zu verbergen, als vor Gott zu bringen? Wir brauchen es nicht, Gott ist unser Bruder geworden, er steckt in unserer Haut, kann uns verstehen. Und er verspricht: Was euch fehlt – ich bringe alles wieder. Alles, Christus? Das verloschene Lächeln, das abgetriebene Kind, den verlorenen Mann? Und er antwortet: Alles. Es gibt nichts, was unwiederbringlich dahin ist, was für immer vergessen ist; jetzt nicht mehr.

Orgel
Lesung Verse 6–9

Die große Einladung des Kindes in der 5. Strophe – hier wird sie in kleinere Münze gewechselt. Eine Einladung, die zum Teil in einer Sprache gesagt wird, die uns heute lächeln läßt: »Ei, so kommt und laßt uns laufen, stellt euch ein, groß und klein, eilt mit großen Haufen!«
Eben doch: hoffnungslos verstaubt, 330 Jahre alt und darum ungenießbar? Kaum hat man sich die Frage gestellt, wird wieder etwas gesagt, was heute nicht anders gesagt werden kann und dessen Inhalt erst recht nicht veraltet: »Liebt den, der vor Liebe brennet!« – Eine kürzere Zusammenfassung, liebe Gemeinde, von Weihnachten und seinen Folgen kenne ich nicht. Gott brennt vor Liebe zu uns Gottlosen und Gottvergessenen. Das ist das erste. Deswegen wird er in Jesus Mensch, ohne Vorbedingungen, und will nichts anderes als unsere Gegenliebe.
Und wer immer noch glaubt, der fröhliche Ton dieses Liedes sei nur für die, die auf der Sonnenseite des Lebens sind, der wird von den folgenden drei Strophen eines Besseren belehrt.
Weihnachten – das geschieht für die, die im Leid stecken, für die Bedrückten, für die Armen und Elenden.
Und damit wird unser Weihnachten auf den Kopf gestellt, liebe Gemeinde. Denn so, wie wir Weihnachten feiern, ist es ein Fest für die Fröhlichen, die Leidenden und Trauernden feiern nicht, ein Fest für die Unbeschwerten, die frei von trüben Gedanken sind. Denen es anders geht, die feiern besser nicht mit uns, denn sie könnten uns nur die Freude an unserem Fest verderben. Und unser Weihnachten ist nur ein Fest für den, der wenigstens so reich ist, um ein paar Kleinigkeiten als Geschenke bieten zu können. Unser Weihnachten wird auf den Kopf gestellt von Paul Gerhardt und damit wieder auf die Füße, wird wieder zu Gottes Weihnachten, der nicht geboren

wird für die neugierigen Reichen, denen es an nichts mangelt außer am schlechten Gewissen.
Wenn ich mir das so richtig überlege, liebe Gemeinde, dann meine ich: Wir irren uns, wenn wir denken, wir hätten Weihnachten schon hinter uns. Ein Fest, ja. Aber das Weihnachten Gottes, das haben Sie und ich wohl noch vor uns.
Und sei es nur, weil noch die Antwort fehlt, unsere Antwort auf Gottes Menschwerdung. Paul Gerhardt hat sie uns vorgesungen in den Strophen 10–12. Er hat das in seiner Sprache getan. Eben: es ist *seine* Antwort, die Antwort des leidgeprüften Paul Gerhardt. Lassen Sie uns seine Antwort nachsingen, in der Hoffnung, daß diese Antwort dem Inhalt nach einmal unsere Antwort sein wird. Einmal, sagte ich – warum nicht schon heute?

Lied 27,10–12

Epiphanias

Predigttext: Johannes 1,15–18

Holger Tietz

Theologisch-homiletische Skizze

Erwartungs- und erfahrungsgemäß spüren am Epiphaniastag überwiegend traditionelle Kirchenbesucher den Wunsch zum Gottesdienstbesuch. Die »Kerngemeinde« prägt so die Atmosphäre des Gottesdienstes. In den Nordregionen der Evanglischen Kirchen in Deutschland ist der 6.1.1993 kein arbeitsfreier Tag. Erschwerend tritt hinzu, daß außer Baden-Württemberg (bis zum 5.1.1993) und Hamburg (2.1.1993) der Feiertag die Atmosphäre der Ferien oder des Sich-Neueinrichtens nach einem längeren Weihnachtsurlaub oder Verwandtenbesuch atmet.

Geistiges und geistliches Neujahrserwachen, das Wiedersehen im Gottesdienst und den Wunsch nach Orientierung für das erhoffte Anno Domini 1993 sollte die Predigt berücksichtigen. Die besinnlichere Abendandacht um 19 Uhr könnte dabei ebenso willkommen sein wie eine Epiphanias-Mahlzeit. Um Raum zum Gespräch zu bieten, könnte, bei rechtzeitiger Ankündigung im Gemeindebrief und in den Medien vor Ort, im Anschluß an den Predigt-Gottesdienst zum Sektempfang im Gemeindezentrum geladen werden. Ich schlage eine Tischabendmahlsfeier im Gemeindesaal vor. So könnte, eingebettet in den Rahmen einer Abendmahlsfeier mit Kurzpredigt, die (hoffentlich) in unseren Gemeinden gewünschte und gewiß wünschenswerte Praxis des Gesprächsgottesdienstes gepflegt oder zumindest gefördert werden.

Die angebotene exegetische Perspektive (Bd. 4) nehme ich in bezug auf Joh 1,17 insoweit auf, als ich die beiden Teilsätze nicht vom »secundus usus legis« her verstehen will. Das »passivum divinum« mahnt den gesamtbiblischen Verstehenshorizont an, wenn es den nomos im Alten Bund zum Auftakt eines symphonischen Lobgesanges der geschichtlich konkreten und universalen Menschwerdung der charis anklingen läßt.

Die Epistel für den Epiphaniastag aus dem Epheserbrief (3,2 – 3a. 5 – 6) spricht im vorgeschlagenen und der Gemeinde vorgelesenen Abschnitt über das Apostelamt für die Heiden (3,1–13), die »Miterben« und »Mit-Teilhaber« an der Verheißung sind. Dem trägt auch das Tagesevangelium von den Magiern aus dem Orient Rechnung. Universalismus und nicht Partikularismus bedeutet das Licht von Epiphanias.

Dankbar möchte ich den literarkritischen Denkanstoß aufnehmen, aufgrund der gesicherten Handschriften den Predigttext in der besser bezeugten Lesart anzubieten, da sie auch dem Duktus der Predigtplanung ein zusätzliches Licht aufsetzt.

So würde Grundlage der Ausführungen zum Epiphaniastag der Vers 18 in der Fassung sein:

Vers 18

»Niemand hat Gott je gesehen, (aber) der Einziggeborene, der (selbst) Gott ist, der hat ihn verkündigt.«

Liedvorschläge

Da wir überwiegend mit Besuchern zu rechnen haben, die sich regelmäßig am gottesdienstlichen Leben beteiligen, empfiehlt sich die Pflege des Stammteiles des EKG. Neben dem Wochenlied, das den »leuchtenden Morgenstern« besingt (EKG 48) und in dessen Vielzahl der Strophen sich die Spektralfarben des weihnachtlichen Lichtes brechen, eignen sich auch folgende Lieder sehr gut: 45, 51, 53 – und Detlev Blocks »Lied zur Jahreswende«, in: »In deinen Schutz genommen«, Göttingen, Vandenhoeck und Ruprecht, zu singen nach der Melodie von EKG 228. Ebenso EKG 208 und Trautweins »Komm, Herr, segne uns«.

Zur Predigt

Einstieg
Das neue Kalenderjahr mit seinen Chancen und Gefährdungen, mit seinen Möglichkeiten und Bedrohungen liegt vor uns.
In uns klingen noch die Reden der verantwortlichen Politiker und der Prognostiker optimistischer oder pessimistischer Couleur nach. Bedrückt von der Last des vergangenen Jahres wollen wir uns von einer Hoffnung ansprechen lassen, die uns einstimmen möchte auf das, was kommt, und auf den, der da ist und der da war und der da kommt.
Das, was war, gerät leicht in den Hintergrund oder ins Halbdunkel durch das Zukünftige, was kommt.
Im folgenden wäre es wichtig, eine Jahresbilanz im Lichte christlicher Hoffnung zu versuchen und, ähnlich wie zum Jahreswechsel, an Daten, Situationen oder Gemeindeaktivitäten zu erinnern, die die Perspektiven öffnen für den gnädigen Gott. Wo hat sich gerade an unseren menschlichen Grenzen und Schwächen Gott in der Mitte des Lebens in Kraft offenbart als der, »der die Zeit in Händen hält« (EKG 45)? Wo gab es zum Beispiel in der Begleitung Schwerkranker oder Sterbender Gespräche und Begegnungen, die auf dem Kreuzweg des Leidens Lichtblicke für den äußerlich (scheinbar?) verborgenen Gott eröffnen?

Zum weiteren Verlauf
»Niemand hat Gott je gesehen, aber der Einziggeborene, der selbst Gott ist, der hat ihn verkündigt«, so hören wir Johannes sprechen. Wie sehnten wir uns nach so einem Hinweisschild, das uns in das Zentrum des Lebens und des Sinnes führt! Wo erschien mir der Gott, aus dessen Reichtum wir leben? Hat der Glaube einen Halt geben können? Mir kommt oft ein Gebet zu Hilfe, das mir ein Freund geschenkt hat:
»Bring doch, Gott, in unsere Dunkelheit dein Licht, in unsere Zwietracht deine Versöhnung, in unseren Kummer deine Freude, in unsere Kälte deine Liebe, in unseren Tod dein Leben.«

Predigtschluß

Wir wissen nicht, was kommt. Aber wir wissen: Einer ist für uns und zu uns gekommen. Er kommt uns entgegen. Was er uns anbietet, bleibt in seiner Verborgenheit aufgehoben – und wäre es auch der Kelch des Leides, gefüllt bis an den höchsten Rand. Wir wollen versuchen, ihn anzunehmen, zitternd, doch aus einer guten und geliebten Hand.

Und sollte er an uns vorübergehen, der Kelch des Leides, so sollen wir den Zitternden und Leidenden beim Trinken beistehen und bei ihnen aushalten.

Kontexte

Zwei Pelikane waren miteinander befreundet. Der jüngere hieß »Wie-es-Gott-gefällt« und der ältere »Mich-holt-der-Tod«. Wenn die Sonne aufging, stimmte »Wie-es-Gott-gefällt« ein Geschnatter an und rief seinem Freund zu: »Schau nur, welch ein schöner Tag! Komm, laß uns etwas unternehmen!« – »Mich-holt-der-Tod« aber fragte dann erstaunt zurück: »Ist mein Leben schon wieder um einen Tag kürzer?« Um sicher zu sein, daß er noch lebe, pickte er sich mit dem Schnabel kräftig an die Brust. Er hatte Angst, sein Herz könne stehenbleiben oder müde werden. Sein Federkleid war an der Brust schon arg zerrupft, und die nackte Haut kam zum Vorschein. Und während »Wie-es-Gott-gefällt« sich in seinem Nest räkelte und genüßlich die Sonne auf das Gefieder scheinen ließ, trat »Mich-holt-der-Tod« von einem Bein aufs andere. Er zählte die Tage nach, die er schon verlebt hatte. »Wie-es-Gott-gefällt« aber zählte keine Tage, sondern begrüßte jeden neuen Tag mit dankbarem Herzen. Oft versuchte »Wie-es-Gott-gefällt«, seinen Freund zu trösten. »Schau in die Höhe, Gott hat dein Leben in seiner Hand.« Aber »Mich-holt-der-Tod« hörte nicht auf ihn, senkte vielmehr den Kopf und klopfte unaufhörlich mit seinem Schnabel auf die Brust. Da platzte die Haut, und aus seinem Herzen schoß das Blut. Angst hatte ihn um sein Leben geprellt.

Zwei junge Adler wollten das Fliegen lernen. Der eine hieß Wagemut und der andere Zagegeist. Wagemut breitete seine Schwingen aus, stieß einen Schrei aus und stürzte sich von einem Felsen hinab. Der Flug war zwar nicht gleichmäßig, doch die Schwingen trugen Wagemut durch die Luft. Zagegeist aber blieb auf der Felskante sitzen. Endlich kam Wagemut zurückgeflogen. Er war außer Puste. Aber er war stolz, daß er es geschafft hatte. »Versuch es!« – rief er Zagegeist zu. »Ich kann nicht« – antwortete dieser. »Ich fürchte mich. Ich kann mich in der Luft nirgends festhalten. Was ist das überhaupt – die Luft? Ich kann sie nicht sehen. Wie soll mich etwas tragen, das ich nicht einmal sehen kann? Den Felsen hier spüre ich unter meinen Krallen, aber die Luft?« Wagemut antwortete: »Vertraue nur, die Luft wird dich schon tragen.« Aber Zagegeist war nicht zu bewegen, sich auf etwas einzulassen, was er nicht sehen konnte. Die Angst nagte an seinem Herzen. Und weil er kein Vertrauen hatte zur tragenden Kraft, lernte er das Fliegen nicht und fand keine Freude am Leben. (In Heinz Gerlach: Salz zum Würzen, Gerlach-Verlag, Marburg, S. 67f.)

1. Sonntag nach Epiphanias

Predigttext: Matthäus 4,12–17

Gert Hartmann

Theologisch-homiletische Skizze

Der Text bietet zwei theologisch bedeutsame Motive: das in die Finsternis scheinende Licht und den Bußruf.

Licht und Finsternis (das Epiphaniasmotiv)

Was Finsternis ist, wird mir am ehesten klar, wenn ich sie mit Dunkelheit vergleiche: Dunkelheit hat immer zwei Seiten, Finsternis nur eine.

Dunkelheit ist unheimlich und auch gemütlich oder zur Besinnlichkeit anregend. – Finsternis ist nur unheimlich, gespenstisch.

Dunkelheit wirkt bedrohlich und auch (ver)bergend, Intimes schützend. – Finsternis macht wehrlos, weil Freund und Feind nicht mehr zu unterscheiden sind (außen oder im Inneren).

Dunkelheit behindert die Sicht, und sie schont die Augen, gewährt Schlaf. – Finsternis umnachtet, wir wissen nicht mehr, was wir tun.

Im Dunkeln mag Gott uns rätselhaft sein, fern oder besonders nahe, im Finstern fühlen wir uns von ihm verlassen.

Dementsprechend das Licht: Im normalen geschöpflichen Leben löst Licht die Dunkelheit ab. Finsternis kann nur erlösendes Licht vertreiben. Die Morgensonne folgt auf die Nacht. Der Stern von Bethlehem kündet von erlösender neuer Geburt.

Der Bußruf

Hier drohen zwei populäre Mißverständnisse:

1. Das Stichwort ›Buße‹ läßt an gebeugte Haltung denken, in der man in ›Sack und Asche‹ geht. Man sollte aber das Epiphaniasfest nicht mit dem Aschermittwoch verwechseln. ›Buße‹ heißt ›Umkehr‹. Die kann auch im aufrechten Gang geschehen, zumal wenn man trügerische Lasten losgeworden ist. Umkehren muß, wer in eine Sackgasse gelaufen war oder sich auf einem Wege findet, der nicht zum Ziel führt. Das kann Absage an Verantwortungslosigkeit sein wie an moralistische Überforderung, Absage an Gier nach Genüssen wie an Sorge, in der man sich Genüsse versagt, die Gott uns gönnt.

2. Jesu Motiv für den Bußruf ist nicht das falsche Leben seiner Zeitgenossen, sondern die Nähe des Himmelreiches. Nicht Angst und Zorn also, sondern Hoffnung. Sicherlich ruft Jesus – nach Matth in der anschließenden Bergpredigt – zu ernsthaftem Gehorsam gegenüber den Gesetzen auf. Ebenso aber zur Sorglosigkeit (6,25). Ein hermeneutischer Trick: Wenn wir uns hypothetisch und kindlich naiv vorstellen, das Himmelreich – als Gericht und Hochzeitsmahl, als von Gott geschaffener Frieden – würde tatsächlich übermorgen anbrechen: wozu würden wir uns dann verpflichtet, wozu auch frei fühlen? (Ich empfehle diesen Trick zur Vorbereitung, nicht für die Predigt selbst.)

Zu einigen Details des Textes:

1. Das Jesajazitat verändernd, nennt Matth Finsternis »Schatten des Todes«. Finsternis ist tödlich, Umkehr ein Weg zum Leben.

2. Jesu Ortswechsel ins ›heidnische‹ Land ist Matth wichtig. Er denkt an »das messianische Licht, das Israel meinte, aber die Heiden erleuchtete« (Knigge in der Exegese, Bd. 4). Ein guter Gedanke.
3. Das »Himmelreich«: Wir sind es den Leuten schuldig, Auskunft zu geben, was wir darunter verstehen aufgrund von Exegese und anderen Überlegungen: eine jenseitige oder diesseitige Zukunft, eine Dimension der Gegenwart? Jede(r) wird diese klassischen Denkmodelle auf eigene Weise für sich deuten. Eine Erklärung macht noch keine Predigt, aber ohne solche Erläuterung kann Glaube auch kaum reifen.

Zur Liturgie

Am 6.1. (montags) findet bei uns normalerweise kein Gottesdienst statt. So muß man sich entscheiden, ob man für diesen Sonntag die Texte des Epiphaniasfestes wählt oder die des 1. Sonntag nach Epiphanias.
Folgt man den Gedanken meines Predigtentwurfes, empfehle ich als *Evangelienlesung* Matth 2,1–12 (Epiph.). Legt man größeren Wert darauf, daß der Predigttext vom Anfang der Wirksamkeit Jesu erzählt, empfiehlt sich Matth 3,13–17 (1. Sonntag nach Epiphanias).

Als *Eingangsvotum* gefällt mir: Jes 60,1ff.

Auf das *Lied* 48 würde ich ungern verzichten. Das Wochenlied (47) spricht mich kaum an. Früher habe ich Lied 49 gerne gesungen.

Ein *Gebet* von Friedrich Christoph Oetinger:
»Erleuchte mich, Herr, mein Licht. Ich bin mir selbst verborgen und kenne mich noch nicht; darum erschüttere uns, daß wir aufwachen und vom Tode auferstehen.« (Aus: Walter Nigg: Gebete der Christenheit, Hamburg 1960)

Vorschläge zur Predigt

Zwei Anfänge legen sich mir nahe:
1. Buße heißt Umkehr. Manchmal kommt man am ehesten weiter, wenn man zielstrebig geradeaus geht. Manchmal muß man umkehren, um weiterzukommen.
Umkehren muß, wer in eine Sackgasse gelaufen ist. Manchmal führt der Lebensweg in eine Sackgasse. – Oder wir finden uns auf einem Weg, der nicht zum Ziel führt. – Umkehren sollten wir auch, wenn ein Weg uns überfordert, zu anstrengend und zu gefährlich wird.
Aber keiner kann bestimmen, wohin der Weg des anderen gehen soll. Umkehren kann heißen, sich endlich etwas zu gönnen. Man muß sich nicht versagen, was Gott einem gönnt. Es kann auch heißen, auf etwas zu verzichten,

was unfrei macht. Umkehren kann bedeuten, bestimmte Schuld nicht mehr abzustreiten. Es kann auch heißen, sich Schuld nicht mehr einreden zu lassen (Beispiele). Umkehren kann heißen, sich vor einer Aufgabe nicht mehr zu drücken, denn Gott überträgt uns Verantwortung. Es kann auch heißen, Ansprüche abzuweisen, die uns überfordern. Denn Gott will nicht, daß wir ihm alle Verantwortung abnehmen und daran zerbrechen.
Fortsetzung: Was mein rechter Weg ist, ist nicht immer klar. Denn nicht selten sind wir in falsche Wege verliebt. Der Blick ist dann dunkel, zuweilen verfinstert.
Hier müßten sich dann Gedanken über Dunkelheit, Finsternis und Licht anschließen.

2. »Das Volk, das im Finstern saß, hat ein großes Licht gesehen.« Nicht jede Dunkelheit ist auch Finsternis. Dunkelheit hat immer zwei Seiten, Finsternis nur eine.
Fortsetzung: Vielleicht zunächst thesenhaft die Ambivalenzen der Dunkelheit und die tödliche Eindeutigkeit der Finsternis darstellen, wie ich es im 1. Teil getan habe.
Normalerweise ist nicht alles finster, sondern es gibt Licht und Schatten, Freude und Schmerz usw. Manchmal aber wird es finster in unserer Seele und in der Welt um uns her. Manchmal beherrscht Finsternis nur einen kleinen Teil unseres Lebens. Manchmal wird sie übermächtig.
Finster ist es, wenn etwas nicht mehr unheimlich und gemütlich, anregend und geheimnisvoll zugleich ist, wie im Dunkeln. Wenn etwas nur noch gespenstisch wirkt: eine Krankheit, ein Streit oder Krieg, seelischer Schmerz und anderes. Da hilft die Morgensonne nicht mehr, die die Nacht ablöst. Der Weihnachtsstern weist nach Bethlehem. Auf dem Weg dahin wird es nicht mehr finster sein, nur noch dunkel. Irgendwann wird der Stern stehen bleiben, wo das Kind geboren ist. Vielleicht werden wir dort wie das Kind neu geboren. – Und Jesus, der nun die Ankunft der Gottesherrschaft ansagt, beginnt – nach Matth – mit der Seligpreisung der Armen und Leidenden.
Finster ist es, wenn Freund und Feind nicht mehr zu unterscheiden sind oder wenn man nur noch mit einem Gebäude von Lügen überleben kann. Beispiele aus Familie, Beruf, Politik. Man fühlt sich oder ist dann wehrlos. Der Weihnachtsstern leuchtet von daher, wo Gott als Kind geboren ist: Wehrlos, verfolgt und bewahrt. – Der Prediger des Himmelreiches wird sich auch nicht wehren können, und er erweist sich als unüberwindlich. – Die Zutraulichkeit und Unverfrorenheit eines Kindes hat eine Chance, weil Gott stärker ist als die Mächte der Finsternis.
Finster ist es auch, wenn wir, sozusagen umnachtet, nicht wissen, was wir tun, z.B. im Haß oder in überbesorgter und erdrückender Liebe. Dann wird das Licht freilich eine Wahrheit zutage fördern, die ebenso erlösend wie unangenehm ist.

Vielleicht bleiben wir manchmal doch lieber im ›Schatten des Todes‹. Es besteht auch immer die Versuchung, sich mit künstlichem Licht selbst zu betrügen: Verharmlosung, Geschäftigkeit, Alkohol. Wer aber Finsternis als ›Schatten des Todes‹ zunächst einmal aushält, weiß das wahre Licht vom Blendwerk falscher Lichter zu unterscheiden.
Fortsetzung: Nun sollten sich Gedanken zur Buße anschließen.
Der Aufbau der Predigt also: Entweder vom Thema ›Buße‹ zum Thema ›Licht und Finsternis‹ oder umgekehrt. Um Epiphanias liegt wohl letzteres näher.

In jedem Falle *zum Schluß:*
Das Licht leuchtet in die Finsternis. Es kommt von daher, wo mit der erlösenden Geburt ein Stück Himmel auf die Erde kam. Es kommt aus den Worten Jesu, wenn die unseren Sinn erleuchten und Wahrheit von Verführung und Selbstbetrug unterscheiden lassen. Wenn wir uns aus irgendeiner Finsternis erlöst finden, ist uns der Himmel nahe. Vielleicht vertreibt dieses Licht die Finsternis einmal ganz. Das wäre nicht mehr nur ›wie im Himmel‹, es wäre das Himmelreich.

Kontext

Wilhelm Stählin weist auf die Versuchung Jesu und die Gefangennahme des Johannes als Vorgeschichte hin: Jesu Verkündigung beginnt als tröstliche Verheißung, »eingespannt in die apokalyptische Bedrohung der menschlichen Existenz durch physische Gewalt und dämonische Verführung.« (W. Stählin: Das Angebot der Freiheit, Bd. 1, S. 104, Stuttgart 1970)

2. Sonntag nach Epiphanias

Predigttext: 2. Mose 33,17b–23

Klaus v. Mering

Theologisch-homiletische Skizze

Für mich fällt diese Predigt auf einen der ganz wenigen Sonntage im Jahr, wo wir noch als kleine einheimische Gemeinde unter uns sein können (ca. 10 Monate lang machen die Insulaner nur zwei bis bestenfalls 30 % der Gottesdienstteilnehmer aus). Aus dieser Situation leite ich das Recht, ja die Verpflichtung ab, seelsorgerlich und persönlich zu predigen. Und da der Pastor/Prediger im Bewußtsein unserer ostfriesischen Gemeinden sehr stark der ›Mann Gottes‹ ist, drängt sich eine Auseinandersetzung mit der Gestalt des Mose ebenso auf wie ein Anknüpfen an die rudimentären Kenntnisse der Mosegeschichten bei den Hörern.
Das darf allerdings nicht dazu führen, daß die Erfahrungen des Mose allzu kurzschlüssig in gegenwärtige Glaubensfragen übertragen und unser Abschnitt Zug um Zug im Sinne einer Allegorie gedeutet würde. Das Ergebnis wäre dann die Beschreibung eines religiösen Erlebnisses, in dem sich vermutlich viele Hörer (nicht nur auf Langeoog) auf die eine oder andere Weise wiederfänden. Aber wir unterschlügen dabei, daß biblischer Glaube sich niemals aufs Erleben beschränkt, sondern immer Leben, praktisches, geschichtliches, politisches Leben einschließt, wie bescheiden auch die persönliche Perspektive des einzelnen vor diesem Horizont sein mag.
Auf der anderen Seite droht bei einer Predigt über diesen Text die Gefahr, daß sie im Geschichtlichen stecken bleibt. Der Erzählzusammenhang muß ja hergestellt werden, wenn man die Aussagen unseres Abschnitts verständlich machen will. Hier ist mir die Erkenntnis der Exegese (Bd. 4) wichtig, daß unsere Verse von einem »Ergänzer« stammen, »der in die Schlußphase der Pentateuchwerdung gehört ... Freiheit und Transzendenz Gottes sollen durch die klärende Korrektur des vorgegebenen Textes gesichert und unterstrichen werden.«
D.h. wir haben es mit einem Abschnitt zu tun, der in der Form des Erzählens über das Erzählte nachdenkt. Der Prediger darf also nicht meinen, er hätte genug getan, wenn er »farbig von der historischen Lage (redet), die Mose zu dem leidenschaftlichen Disput herausfordert« (so H. Breit z.St.). Gerade weil ich von der narrativen Theologie viel halte und gelegentlich selbst in der Predigt zu diesem Stilmittel greife, möchte ich im vorliegenden Fall von einer Nacherzählung abraten. Dabei würde, so fürchte ich, am Ende nicht mehr herauskommen als eine alte fremde Geschichte in Breitwandcolour, bei der der Erzähler erheblich mehr zu wissen vorgibt, als die biblischen Texte zulassen. Oder der Prediger wird, um dieser Gefahr zu entgehen, dann doch auf die innere, psychologische Wahrheit ausweichen, und der Erzählzusammenhang verkäme zur farbenprächtigen, aber zeitlosen Kulisse.
Johann Heermann nimmt offenbar Bezug auf Vers 21, wenn er dichtet: »Er (Gott) wird ein Räumlein dir bescheren, daß du dich ehrlich wirst ernährn und können sicher wohnen, bis er zu sich wird nehmen dich, dir deine Treue lohnen.« (EKG 291,8). Aber die moralisierende Umdeutung ist zu offensichtlich, als daß man diese Adaption als Auslegungshilfe heranziehen könnte. So mag sie wenigstens als Warnung taugen.

Zur Liturgie

Begrüßung

Zu diesem Gottesdienst am 2. Sonntag nach dem Epiphanias-(Erscheinungs-)Fest heiße ich Sie herzlich willkommen. Wir kommen her von der Erscheinung Gottes auf der Erde, einmal und immer wieder. Das ist Grund zur Freude, sagen die Texte dieses Sonntags. Und damit das keine leere Behauptung bleibt, zeigen sie uns Gelegenheiten auf, bei denen das erlebt wurde, erlebt werden kann. Gott erscheint auch in deinem und meinem Leben, freilich in der Regel nicht in der Tür, die wir für ihn geschmückt haben. Wir brauchen Augen, die hinsehen, wo es hinzusehen gilt, und wegsehen, wo man wegsehen muß. Mose wird uns erklären, wie das gemeint ist.

Psalm

Rühmt den Herrn, alle Länder der Erde!
Bezeugt seine Herrlichkeit voll Staunen!
Wer hat euch zu dem gemacht,
was ihr jetzt seid?
Habt ihr etwa selbst die Wurzel gepflanzt,
aus der ihr gewachsen?
Willst du Gott bekennen,
so mußt du nach ihm fragen.
Wer seine Wunder erzählen will,
muß die Grenzen eigenen Begreifens überschreiten.
In der Geschichte Israels, dieses immer wieder umstrittenen Volkes,
findest du seine Spur.
Mose, der Enkel ungeliebter Asylanten,
er erfuhr Gott bedrängend nah für uns alle.
Laßt euch den Weg zeigen
über eure Wünsche und Sehnsüchte hinaus!
Wärmt eure verkrampften Hände an diesem Schein,
damit sie loslassen können Selbstmitleid und Angst.
Rühmt den Herrn, alle Länder der Erde!
Bezeugt seine Herrlichkeit voll Staunen!
(nach Psalm 105)

Kollektengebet

Vater, wir dürfen ›du‹ und ›Vater‹ zu dir sagen, obwohl du größer bist als alles, zu dem wir sprach- und hilflos aufschauen. Du, Vater, nimm dir zu Herzen, was uns quält. Du weißt einen Ausweg, wo wir nur Ausflüchte haben. Gib uns Frieden, nicht den faulen und nicht den gewalttätigen, sondern deinen Frieden, der aus heilen Verhältnissen erwächst. Mach uns heil und hilf uns heilen durch unsern Herrn Jesus Christus, der mit dir und dem Heiligen Geist lebt und regiert von Ewigkeit zu Ewigkeit.
(Aus: Deine Güte reicht, so weit der Himmel ist, Quell Verlag, Stuttgart, S. 35)

Gebet nach der Predigt

Laß uns deine Herrlichkeit sehen, Herr und Gott! Reiß uns heraus aus dem ewigen Unentschieden unserer Zweifel und Fragen. Du willst uns brauchen bei deinem großen Werk, die Herrschaft Christi durchzusetzen gegen die Gewalt der Mächte dieser Welt: die Herrschaft des Friedens gegen die Gewalt der Waffen, die Herrschaft der Freiheit gegen die Mauern der Angst und Zäune der Selbstsucht, die Herrschaft der Liebe gegen die Brutalität der Gleichgültigkeit. Mach uns brauchbar für diese Aufgabe. Laß uns in der Anfechtung der Enge fühlen, daß es deine Hand ist, die uns drückt. Und laß uns auf dem Weg in die Weite gewiß sein, daß du uns vorausgegangen bist und wir dir nicht nur nachschauen, sondern nachfolgen können. Mit und in Christus ist das heute schon wahr. Amen.

Schlußgebet

»Gott, gib dich uns zu erkennen – wenn wir uns unsere Gedanken machen, wenn wir unsere Fragen stellen, wenn wir unserer Eingebung folgen. Überlaß uns nicht unserer Unschlüssigkeit, gib das nötige Vertrauen in unsere Schritte hin zu denen, die schwer zugänglich sind.

Gott, gib dich uns zu erkennen – wenn wir Gerechtigkeit spüren, wenn wir Güte erfahren, wenn uns Treue anrührt. Laß uns nicht darüber hinweggehen, damit unsere Zweifel sich wandeln in Vertrauen, unser Zögern in deine Hoffnung.

Gott, gib dich uns zu erkennen – wenn wir herausgefordert werden von denen, die uns lästig sind; wenn wir reden müssen mit denen, die den Ton angeben; wenn wir Einfluß nehmen auf die, die von uns abhängig sind. Laß uns Zusammenhänge erkennen. Gib deine Anfänge in unser Leben, dein Wort in unsere Versuche.

Gott, gib dich uns zu erkennen« – wenn wir erfahren, was Menschen leiden, in der Nachbarschaft oder ganz weit weg, wenn wir nur unsere Hilflosigkeit sehen und keine Wege, Hilfe zu bringen; wenn uns die Sorge um uns selbst hindert, den ersten entscheidenden Schritt zu tun. Hilf, daß wir uns an dem messen, was andere uns zutrauen, und daß wir nicht fragen, wieviel neben uns das gleiche tun, sondern wie wenige da vorn bei dir bis jetzt mitanpacken.

Gott, gib dich uns zu erkennen – wenn die Lage unübersichtlich ist und die Nachrichten sich widersprechen; wenn man uns rät, das »den Verantwortlichen« zu überlassen; wenn die uns mundtot machen, die auf alles immer gleich eine Antwort haben, eine faszinierend logische oder eine beeindruckend fromme. Schieb den Fuß zwischen die Tür, auch wenn sie dir wehtun mit ihren eisenharten Richtigkeiten, und hilf uns, tief einzuatmen von deinem guten Geist des Friedens.

Gott, gib dich zu erkennen – wenn ich die Spalte, in die du mich drückst, für einen geschlossenen Raum halte; wenn ich die nicht sehe, die mich lieben und brauchen, weil ich nur auf meinen Nabel schaue; wenn ich nicht wage,

mir zuzutrauen, was ich kann. Bring dich und die Menschen, die mir not sind, in Erinnerung, wenn ich jetzt in der Stille auf dich warte ...
(1. Teil nach: Gottesdienst menschlich 2, Jugenddienst Verlag, Wuppertal, S. 257)

Lesungen
Epistel: 2. Mose 33, 17b–23; Evangelium: Joh. 2,1–11

Lieder
Aus dem EKG: 53,1+3+5; 288,1–2; 294,1+6+11+12; 218,3–6. Neue Lieder: Er weckt mich alle Morgen (111 Lieder für Kirchentage Nr. 43,1–3+5; Wir strecken uns nach dir (ebd. Nr. 110) oder in dieser Bearbeitung (s.S. 121).

Zur Predigt

Möglicher Predigtanfang
Ich bin nicht Mose. Ich bin ... (z.B. Klaus v. Mering). Ich habe nicht auf dem Gipfel des Sinai aus Gottes Hand die Tafeln mit den zehn Geboten empfangen. Mir hat man die Gebote im Konfirmandenunterricht beigebracht. Ich bin nicht der besonders Erwählte und Berufene, mit dem Gott stellvertretend für sein Volk redet wie mit einem Freund. Ich bin durch Jesus Christus in seine Geschwisterschar berufen, zuerst in meiner Taufe – seitdem darf ich zu Gott ›Vater‹ sagen – und dann noch einmal in meiner Ordination – seitdem habe ich den Auftrag, mit dafür zu sorgen, daß Gott weder totgeschwiegen noch totgeschwätzt wird. Als solcher gehöre ich allerdings auch immer wieder in die Reihe derer, die um das Goldene Kalb unserer selbstgemachten Sicherheiten tanzen. Denn statt Vertrauen zu wagen, basteln wir ängstlich an Sicherheiten. Der erhöhte Platz des unbeteiligten Beobachters und der heilige Zorn dessen, der die göttlichen Tafeln beim Anblick der tanzenden Massen zerschlägt – sie kommen mir nicht zu. Ich bin nicht Mose.
Ich bin auch deshalb nicht Mose, weil ich mir Gott nicht auf einem Berg wohnend vorstelle. Ich weiß, daß die ganze Erde »des Herrn« ist und daß der Gott, der das All erschaffen hat, mich problemlos an jeden Punkt der Erde begleiten kann. Auch meine Vorstellung von Gottes Heiligkeit ist nicht so handgreiflich, so bildhaft, daß ich seinen Namen nicht auszusprechen wagte oder an bestimmten Orten meine Schuhe auszöge. Mir hat sich Gott bisher nicht in Erscheinungen kundgetan oder in physikalischen Vorgängen, sondern durch das Wort der Bibel, das zu sprechen beginnt, wenn ich es auf dem Hintergrund meiner Erfahrungen bedenke. Manchmal tut es das freilich auch ganz unvermittelt und ohne daß ich darauf aus bin. So wie es sich umgekehrt mitunter meinem angestrengten Nachdenken entzieht und schweigt, wie sehr ich auch darum ringe. Nein, ich bin nicht Mose.

Aber das kenne ich auch: »Laß mich deine Herrlichkeit sehen!« Laß mich etwas wahrnehmen von der verändernden Kraft, über die du verfügst. Laß mich doch erfahren, wie du als Licht in der Finsternis aufleuchtest und in der Trauer neuen Lebensmut bringst. Komm als heißes Verlangen nach Gerechtigkeit in meine laue Bequemlichkeit! Gib dem grauen Einerlei meines Wohlstandes die klaren Unterscheidungen von Hell und Dunkel, von Richtig und Falsch, von ja und nein! Laß mich deine Herrlichkeit sehen!

Zum weiteren Verlauf
Ich erinnere an das zurückliegende Weihnachtsfest und den Jahreswechsel und versuche an möglichst konkreten Beispielen an die »Herrlichkeit« zu erinnern, die wir gesehen haben: Z.B. der imposante Lichterbaum in unserer Kirche, der traditionell gespendet, vom Küster mit großer Hingabe geschmückt und während der Weihnachtsferien unter Einheimischen wie Gästen in aller Munde ist, vielleicht, weil unsere Insel ansonsten noch ziemlich arm an großen Bäumen ist. Oder ich erwähne die sehnlich erwarteten Besuche von Kindern und Enkeln, für die während der langen Saison kein Platz auf der Insel ist, aber jetzt durften sie endlich kommen und brachten viel Licht in dunkel gewordene Stuben. Oder es gibt Bemerkenswertes von unserem Partner in Burkina Faso in Afrika zu berichten bzw. von dem, was wir an Kollekten und Spenden oder an Reinerlös aus unserm Eine-Welt-Laden für unsere Freunde und Mitchristen tun konnten. Aber selbstverständlich haben hier auch Hinweise auf gesellschaftliche und politische Ereignisse ihren Platz: der Bürgerkrieg, der endlich beendet werden konnte, die Friedensgespräche, die in letzter Minute in Gang kamen, die Katastrophe, die vermieden oder in Grenzen gehalten werden konnte.
Aber bei all diesen Erinnerungen, so tröstlich sie sind, wird uns ja auch bewußt: Der Alltag hat uns längst wieder. Der Weihnachtsbaum, der hier aus der Kirche oder der aus Ihrer Wohnstube, liegt längst nackt und braun in irgendeiner Gartenecke oder landete im Kaminfeuer. Das graue Dämmerlicht des Wintermorgens hat den Schein der Kerzen aufgefressen. »Laß mich deine Herrlichkeit sehen« – ist das der kindische Versuch, das Glück des Augenblicks festzuhalten? Der Uhr des Lebens greift man nicht ins Räderwerk! Und Glück, das man kampfhaft festzuhalten versucht, versauert. 365 mal im Jahr Heilig Abend – ein unerträglicher Gedanke!
Aber darum geht es ja auch gar nicht. Was wir in Wahrheit sehen möchten, ist nicht jeden Tag von neuem das rührende Kind in der Krippe, sondern die Veränderung des Alltags der Hirten, nachdem sie »umkehrten und Gott die Ehre gaben«. Oder: Die Weisen aus dem Morgenland, nachdem sie auf einem anderen Weg wieder heimgekehrt sind in ihr Land: Was hat sich bei ihnen verändert, seitdem sie wissen, wie der »neue König« aussieht? Ich könnte auch sagen: Wie schmeckt der Wein, der Wasser gewesen ist (Joh 2), und vor allem: Wie sah das aus: »Und seine Jünger glaubten an ihn«? »Laß mich deine Herrlichkeit sehen.«

Mose hat auf diese Bitte eine ungewöhnliche und unerwartete Antwort erhalten. Gott hat ihn in eine enge Felsspalte gepreßt und ihn wissen lassen, eben dies sei der Augenblick seiner größten Nähe. Anders könne er, Mose, die Herrlichkeit Gottes nicht überleben. Oder: »Der, dessen Name in aller Welt genannt wird, der Schöpfer der Welt und der Wirker der Geschichte, ist seinem Wesen nach ein verborgener Gott (Jes 45,15) und kann dem Menschen nur so wirklich begegnen. Das Kreuz von Golgatha ist das große Modell aller Begegnungen mit ihm. Das wird, solange die Erde währt, nie anders« (Hans Bolewski, s.u. Kontexte). Am Kreuz geschieht ja eben dies: Ein Mensch, *der* Mensch wird in die Enge der Gottverlassenheit, des Todes und des Grabes gedrückt; aber eben dieser ›Augenblick‹ – wird wenig später Ostern kundmachen – ist die Nähe und die Liebe Gottes in höchster Aktion. Den Jüngern ist das freilich, ähnlich wie Mose, nur im Nach-Schauen und Nach-Denken aufgegangen und in seiner ganzen Tragweite deutlich geworden. Aber was heißt hier ›nur‹? Ihr Leben hat sich dadurch von Grund auf verändert. Die Zusage des Auferstandenen »Ich bin bei euch alle Tage bis an der Welt Ende« hat aus ihnen viel mehr gemacht, als es die handgreifliche Nähe Jesu vor dem Kreuz vermochte.

Möglicher Schluß
Ich bin nicht Mose. Aber ich will mich von dieser alten Geschichte ermutigen lassen, die Augenblicke der Anfechtung, der Finsternis, der De-Pression in die Enge und Ausweglosigkeit als Momente der Nähe Gottes zu glauben, in denen er mich zubereitet und neu befähigt, nicht meine Erfahrungen und meinen Glauben zu predigen, sondern seine unaufhaltsam kommende Herrlichkeit. Und wenn ich nichts anderes mehr wahrzunehmen vermag als mich selbst in meiner Ohnmacht, wenn ich die Hände nicht mehr falten und den Mund nicht mehr öffnen kann zum Gebet, so will ich mich damit trösten, daß ich, so zusammengepreßt, wenigstens nicht fallen kann. Dazu muß ich nichts ›leisten‹, nicht einmal Geduld; denn die Geduld zu warten, bis ›es‹ vorüber ist, kommt von dem, dessen Hand mich drückt, und wird von denen gelebt, die für einen wie mich beten.
(Wer an diesem Sonntag einen Familiengottesdienst plant, findet in Willi Fährmanns ›Das schönste Rad der Welt‹ eine fertig ausformulierte, freilich etwas hausbackene Kinderpredigt zu unserm Text [Erzählbuch zum Glauben 3, Das Vaterunser, Benziger/Kaufmann S. 424ff.]. Zu weiteren möglichen Alternativen s.u. Kontexte.)

Kontexte

Die Sterne
Am späten Abend gingen Solomon und Mangaliso spazieren. Der Alte führte den Jungen an der Hand. Die Sterne über ihnen leuchteten hell und klar. Kein Wind bewegte die Bäume. Die Vögel schliefen alle, nur einige Frösche quakten.

»Warum sieht man die Sterne nur in der Nacht?« fragte Mangaliso.
»Weil am Tag die Sonne zu hell ist.«
»Wo kommt das Licht der Sterne her?«
»Gott hat den Engeln befohlen, den Boden des Himmels mit Nadelstichen zu durchlöchern, damit etwas Licht von seiner Wohnung auf unsere Erde fällt.«
Mangaliso rief: »Oh, wenn die Löcher doch etwas größer wären!«

Albert Herold

aus: ders.: Die Geschichte des Mangaliso, Echter Verlag, Würzburg.

Im Buddhismus erzählt man sich die Geschichte von dem Mann, der auf seinem Weg an ein großes Wasser kommt. Er möchte wohl an das jenseitige Ufer, aber es gibt weder Brücke noch Fähre. Da baut er sich aus Ästen und Schilf ein behelfsmäßiges Floß und gelangt, mit Händen und Füßen rudernd, auf diese Weise glücklich ans andere Ufer. Er fragt sich: Was soll nun mit dem Floß geschehen? Soll ich es etwa auf die Schultern nehmen und mitschleppen, weil es mir so hilfreich war? Nein! Hier hat das Floß seinen Dienst getan, hier hat es mich gerettet. Aber auf meinem weiteren Weg würde es mich nur behindern. Und so läßt er das Floß am Ufer liegen und geht seiner Wege.

Dorothee Sölle hat in ihrem Buch »Die Hinreise« einen ganz ähnlichen Gedanken anhand biblischer Bilder entfaltet. Man könnte sagen: Gott ist Ziel unserer »Hinreise«, wie für die Hirten und die Weisen das Kind in der Krippe das Ziel ihres Weges war. Der Wunsch, Gott zu begegnen in diesem Kind und dabei in gewisser Weise selber Kind zu werden, sich fallen zu lasssen in die tiefste Tiefe seines eigenen Kindseins – dieser Wunsch ist berechtigt. Dieses Auswandern aus der gegenwärtigen Wirklichkeit der Welt ist immer wieder nötig. Uns geht sonst das Augenmaß verloren für die Tiefe unseres Lebensraumes, und wir halten das Vordergründige unwillkürlich für das Große und den Hintergrund für das Unwichtige.
Aber diese »Hinreise« ist nur die eine Seite der Wirklichkeit; die andere, die Rückreise, das »gehet hin in alle Welt«, gehört unauflöslich dazu. Gott will von uns nicht gefunden werden, um uns aus unserm Alltag wegzulocken. Er will uns und damit unsern Alltag verändern. Durch unser Eintauchen in die Tiefe unseres Kindseins sollen wir uns nicht wegstehlen aus unserer erwachsenen Fähigkeit, Verantwortung zu übernehmen. Wir sollen dadurch nur lernen und instandgesetzt werden, Gott, uns selbst und den Dingen dieser Welt auf den Grund zu gehen. Gott wartet auf uns nicht nur am Ende unserer Hinreise nach innen, er kommt uns auch vom Ende der Geschichte her mit seinem Reich entgegen.
(Klaus v. Mering, in: Die Lesepredigt. Kaiser Verlag, München 1987)

Ein Christenmensch lobt Gott nicht, weil er dies und das »gut« und zu seiner Zufriedenheit gemacht hat. Nein: Ein Christenmensch lobt Gott schon in der Dunkelheit aller Erdentäler, weil er um das Ende weiß. Gott loben heißt: alle Dinge vom Ende her sehen.

Helmut Thielicke

Im vierten Evangelium lesen wir den Satz: »Niemand hat Gott je gesehen« (Joh 1,18). Es hat mich oft verwundert, daß dies Wort unbeschädigt auf uns gekommen ist. Der seltsame Mann, der es geschrieben, hat das Alte Testament gekannt. Er hat die Anfangsgeschichten von Adams erdnahem Verkehr mit Gott gelesen, und ebenso die unzähligen Geschichten sonst von Gottes Umgang mit den Frommen. Er weiß sicherlich auch von dem wunderbar majestätischen Bilde, mit dem der Prophet Jesaja seine Schau Gottes auf dem himmlischen Thron hinmalt, und von dem Wort Hiobs,

der zu dem ihm im Wetter erscheinenden Gott spricht: »Nun hat mein Auge dich gesehen« (Hi 42,5). Dennoch, dies alles ist für ihn gleichsam nicht da. Er schreibt: Niemand hat Gott je gesehen.
Wäre Gott denn wohl Gott, wenn es anders wäre? Wenn da jemand wäre, der mit Wahrheit sagen dürfte: Ich habe ihn mit meinen Augen gesehen? Oder wenn einer dies auch nur im geistigen Sinn sagen könnte, etwa so: »Ich habe ihn mit meinen Gedanken erfaßt und begriffen, genau so wie ich andre schwierige Gedanken erfaßt und begriffen habe?« Es gibt nur eine Antwort: Nein, etwas, das ich so sehen kann, so erfassen und begreifen und erkennen kann, das ist gewiß nicht Gott.
Kinder dürfen anders von Gott glauben. Aber wer aus der Kindheit heraustritt, soll abtun, was kindisch ist, soll es mit einem keine Folgerung scheuenden Ernst sprechen: niemand hat Gott je gesehen, auch die Patriarchen und Propheten und Apostel nicht. Auch der, den wir den Sohn nennen, hat glauben müssen in ein Verborgenes, uns Entzogenes hinein, vielleicht bitterer und schwerer so glauben müssen als sonst einer auf Erden.

Emanuel Hirsch

Zwiesprache 24–27 (Diederichs 1960, © Hans Hirsch, Aachen)

Das Gleichnis vom Schatz und von der Perle (Matt 13,44–46) betont die Verborgenheit und das Risiko: auf seiten Gottes die Verborgenheit, die offenbar nie aufgehoben wird, und auf seiten des Menschen das Risiko, das er eingehen muß, wenn er dem verborgenen Gott begegnet. Beides aber, Verborgenheit und Risiko, hängt mit dem Wesen Gottes zusammen. Dieser verborgene Gott wendet sich ja gerade nicht an besonders eingeweihte Kenner oder religiöse Virtuosen, er wendet sich an alle Menschen. Und eben darum drängt er sich nicht auf, preist er sich nicht an, erhebt er keinen Öffentlichkeitsanspruch – aber er fordert immer den ganzen Menschen. Der, dessen Name in aller Welt genannt wird, der Schöpfer der Welt und der Wirker der Geschichte, ist seinem Wesen nach ein verborgener Gott (Jes 45,15) und kann dem Menschen nur so wirklich begegnen. Das Kreuz von Golgatha ist das große Modell aller Begegnungen mit ihm. Das wird, solange die Erde währt, nie anders. Gottes Gegenwart kann nicht wie eine Entdeckung ein für allemal publiziert werden. Wer auf sie stößt, nimmt den anderen die Suche nicht ab. Er teilt vielmehr selbst die Verborgenheit Gottes.
Aber mit der Verborgenheit Gottes hängt nun auch das andere zusammen, das Risiko, das für jeden Menschen in dieser Begegnung enthalten ist. Man kann Gott nicht einfach zu den übrigen Gütern seines Lebens hinzuaddieren, obwohl wir gerade das so gerne möchten. Darum erscheinen uns seine Heimsuchungen auch immer als so bedrohlich und lebensfeindlich. Sie streichen immer das gewohnte und vertraute Leben durch, und wir merken zunächst gar nicht, daß sie auch immer schon ein neues geschenktes Leben bereithalten. Niemand weiß wirklich um Kreuz und Auferstehung, der sie nicht in seinem eigenen Leben erfährt. Occidendo vivificat – indem Gott tötet, macht er lebendig –, so lautete die große Formel der reformatorischen Theologie hierfür.

Hans Bolewski

Der Mensch kann Gott nicht anschaulich wahrnehmen, so wie man Dinge in der Welt wahrnehmen kann. Gott wird erkannt, indem er gehört wird. Oder besser: Auf Gott hören heißt ihn erkennen. Der Mensch kann sich also nicht – gleichsam neutral und im voraus – der Existenz Gottes vergewissern, um sich dann (eventuell) nach ihm und seinem Willen zu richten. »Erkennen« meint in der Bibel »anerkennen« (Ps 100,3; Spr 1,7).

Hans-Georg Drescher

(Aus: Christsein heute und morgen – notiert von Samuel Rothenberg, Konstanz 1981: S. 162, 171, 158)

Lied: Wir strecken …

Originaltext: Friedrich Karl Barth; Bearbeitung: Klaus von Mering
Melodie: Peter Janssens, aus: Wir fassen uns ein Herz, 1985, alle Rechte im Peter Janssens Musik Verlag, Telgte.

3. Sonntag nach Epiphanias

Predigttext: Johannes 4,46–54

Dieter Schupp

Theologisch-homiletische Skizze

Ich habe versucht, mich einzufühlen in jenen Menschen, von dem hier die Rede ist; habe mich gefragt, welche Befürchtungen und Hemmungen er in sich hegte, welche Erwartungen und Entgegnungen, und warum er sie auf diese oder jene Weise zur Sprache bringt.

Ich notiere mir folgendes:

- Ein Mann wohnt mit seiner Familie in Kapernaum.
  (Sind sich die zwei dort möglicherweise schon mehrmals begegnet? Kennen sie sich? Gut, weniger gut, überhaupt nicht?)
- Der Mann ist ein königlicher Beamter.
  (Zu gerne wüßte ich, ob es einen Standesunterschied gab zwischen einem Beamten und einem Handwerker. War er es nicht gewohnt, Leute zum Rapport zu sich kommen zu lassen?)
- Der königliche Beamte ist ein Vater.
  (Er hat Angst um seinen todkranken Sohn. War er, um ihm zu helfen, schon bei Pontius und Pilatus? Fällt ihm erst jetzt, wo er und alle gewissermaßen mit ihrem Latein am Ende sind, Jesus ein: der Wundertäter, der Arzt?)
- Jesus ist in Kana.
  (Hat der Vater nach ihm gefragt und gesucht? Wer wird ihm den Tip gegeben haben? Hatte sich das »Weinwunder« bis zu ihm schon herumgesprochen?)
- Kana liegt eine Tagesreise von Kapernaum entfernt.
  (Wird er es sich überlegt haben, einen Boten nach Kana zu schicken? Oder wird er sich gesagt haben: Es geht mir einzig um mein Kind. Und da ist mir kein Weg zu weit, kein Schritt zu viel. Wenn ich etwas von ihm will, dann muß ich selber gehen.)
- Ein Mann bittet einen Mann um Hilfe.
  (Er befiehlt nicht, er ordnet nicht an, auch fordert er nichts. Wie schwer wird es ihm gefallen sein, dem anderen zu sagen: Ich brauche dich? Einmal einen anderen bitten, nun ja. Aber auch noch zweimal?)
- Es muß eine Faszination von der Persönlichkeit Jesu ausgegangen sein.
  (Hätte der Mann sich denn sonst abfinden lassen mit dem Satz: »Geh heim. Dein Sohn lebt«?)
- Vertrauen wird nicht durch Raum und Zeit begrenzt.
  (Ist es ein Zufall, daß sich Vertrauen und Zuversicht, Heil und Gesundheit in ein-undderselben Stunde verdichten?)
- Der Mann wechselt gewissermaßen die Fronten.
  (Wird er sich von Herkömmlichem und Gewohntem trennen? Werden ihn die Mitarbeiter bzw. Untergebenen am nächsten Tag nicht mehr wiedererkennen? Was wird anders geworden sein »in seinem ganzen Haus«?)

Vorschläge zur Liturgie

Eingangsgebet
Wir danken Gott, daß er uns gehen läßt und mit uns geht; daß er uns leben läßt und mit uns lebt; daß er uns reden läßt und mit uns redet.
Wir hoffen, Gott, daß Zeichen und Wunder unter uns geschehen, in deinem Namen, und du uns fähig machst, mit Wunder zu tun.
Wir vertrauen, Gott, auf dein Wort, das uns tröstet und weckt, aufbaut, stark macht und beflügelt.
Wir bitten Gott, daß er uns leibhaftig werde, sich uns zu erkennen gebe in jedem guten Werk und Wort. Und uns bewege durch seinen Geist, hin zu den Wegen, die er uns zugedacht hat.

Lieder
EKG 250, 299 oder 394. Evtl. auch Tauflieder.

Texte und Lesungen
Johannesevangelium, Kap. 2,1–12; Psalm 121; Römer 4,5

Fürbittengebet

Wir bitten dich, Gott, für alle,
die nicht mehr ein noch aus wissen,
krank sind an Leib und Seele
und einen Ausblick brauchen,
Hilfe, Heilung und Heil.

Wir bitten dich für die Menschen,
die sich nicht trauen zu bitten,
nicht mehr vertrauen können,
keine Stimme haben und kein Gehör finden,
aufgegeben wurden
und sich wie tot fühlen.

Wir bitten dich für unsere Bekannten
und für die Unbekannten,
die nicht mehr dorthin gehen können,
wohin sie wollen,
die übersehen werden und liegengelassen,
unfähig sind zu entdecken,
wozu es sie gibt.

Wir bitten dich für unsere Brüder,
für unsere Schwestern,
hier wie überall,
die verhungern und verstummen,
wenn wir nicht teilen, helfen und reden.

Laß uns mit dir gemeinsam Wunder tun,
dein Heil verkündigen und selber heilsam sein
und in deinem Geiste eine Gemeinschaft schaffen
mit allen, die in deinem Namen berechtigt sind,
auf dieser Erde zu sein, um leben zu dürfen.

Vorschläge zur Predigt

Möglicher Predigtanfang
Ich habe eine gute Zeit lang versucht, mich einzufühlen in diesen Vater, dessen Kind so schwer krank geworden ist, daß er das Schlimmste befürchten mußte.

Sitzt die ganze Nacht am Bett seines Kindes – Tut kein Auge zu – Hält ihm die Hand, kühlt ihm die Stirn – Geht müde und sorgenvoll zur Arbeit – Ist unkonzentriert und kann keinen klaren Gedanken mehr fassen – Läuft in der Pause – Rennt von Pontius zu Pilatus – Konsultiert die anerkannten Fachleute im Lande – Erfährt: es gibt keine Besserung. Auch keine Rettung mehr?

Das will der Vater nicht glauben, einfach weil er es nicht glauben kann. Ihm ist es gleich, ob ihm ein Wundertäter, ein Priester, ein Schamane oder irgendein obskurer Magier hilft; ihm und seinem todkranken Kind.

Er ist kein Mann mehr, kein Beamter, kein Politiker. Jetzt, in dieser Situation, ist er ›nur noch‹ Vater. Er liebt sein Kind so wie sich selbst. Und mögen es auch andere schon längst abgeschrieben und verloren gegeben haben – er kann das nicht. Der Vater ist weder bereit noch fähig, das scheinbar so Unabänderliche als etwas Unabänderliches hinzunehmen.

Er fragt, er sucht, er hört sich um: Weiß niemand einen Rat? Kennt niemand einen, den ich um Hilfe anrufen könnte? Habe ich denn wirklich schon alles versucht und getan? Da bekommt er einen Hinweis, vielleicht gar einen »heißen Tip«:

Meinst du den Jesus, der hier wohnt? Ja, von dem habe ich auch schon allerhand gehört ... Wie, der ist gar nicht zu Hause? O mein Gott.

Wo, sagst du, ist er jetzt? In Kana? Da hat man mir doch von diesem Jesus erzählt, er habe in Kana ... Genau! Was, warten, bis er wieder nach Kapernaum kommt?! Nein, nein, nein! Auf der Stelle mache ich mich auf den Weg.

Der Vater läßt alles stehen und liegen, und unterwegs nach Kana wird ihm wohl klar geworden sein: Hier hat es sich aufgehört mit Befehlen, Anordnen und Beziehungenspielenlassen. Er kann nur noch darum bitten, daß der andere, dem er alles zutraut, ihn auch erhört, einwilligt und mit ihm geht. Ohne Umwege, zurück nach Kapernaum. Hoffentlich wird es dann noch nicht zu spät sein.

Unwichtig geworden ist ihm die Frage: Wie wirke ich? Was denken die anderen von mir? Wofür werden sie mich halten? Warum mache ich mich, wo doch Tag um Tag die Bittsteller zu *mir* kommen, zu einem, der selbst um Verständnis und Hilfe bittet?

Zum weiteren Verlauf

- Der Vater ist ohne Angst um sich selber; ist sich selbst uninteressant geworden, weil er nur noch daran interessiert ist, wer seinem todkranken Kind helfen kann.
- Zwei Menschen aus unterschiedlichem Lager kommen sich näher, lassen sich aufeinander ein. Geht es um ein bedrohtes und gefährdetes Leben, so kann der andere nicht anders, als wirklich alles zu tun, um seinem Sohn zu helfen. Und der andere kann nicht anders, als dem Bittenden zu helfen.
- An dieser Stelle vermerke ich: Ich, Vater von drei Kindern, rede eigentlich die ganze Zeit von mir. Er ist wie ich, und ich bin wie er. In Klammern gefragt: Bin ich mir sicher, auch nach Kana gegangen zu sein?
- Zu Ulli gesagt, als sie sich um eine Stelle bewarb: »Du, heute morgen denke ich ganz fest an dich.«
  »Glaubst du, daß das hilft?«
  »Ja, das glaube ich.«
  »Gut. Dann will ich es auch glauben.«

Sätze für einen möglichen Schluß

- Es kommt darauf an, in den Dingen, die uns wichtig und notwendig sind, nicht andere hinzuschicken, sondern selber hinzugehen. Auch auf die mögliche Gefahr hin, uns dadurch lächerlich zu machen.
- Die Frage ist, ob wir den Mut haben, in einer bestimmten für uns bedrohlichen Situation nicht mit druckvollen Forderungen oder kostspieligen Angeboten zu kommen, sondern kurz und knapp mit einer Bitte.
- Alles fängt offenbar damit an, daß jemand aus sich herausgeht, um auf einen anderen zuzugehen. Raum und Zeit spielen dabei keine Rolle.
- Zu einem anderen zu sagen »Ich will, daß ...«, »Du mußt unbedingt ...« oder »Ich bezahle dich dafür, daß ...«, das ist die Sprache der Gewalt, die wir uns angewöhnen ließen.
- Die Frage ist, inwieweit uns Begegnungen und Ereignisse überraschen und verwundern können, und zwar so, daß sie uns verändern und wir zu anderen Menschen werden.
- Alles ist damit getan, wenn Gott wahr wird in unserem Herzen und wir Gottes gewahr werden (auf sein Wort hin) in unserem Leben.

Kontexte

Der königliche Beamte

Er muß wohl, so vermute ich,
lange gezögert haben;
wartete ab, schob es hinaus,
war voller Bedenken,
dachte hin und her.
Ich kenne das:
Kommt Zeit, kommt Rat.
Vielleicht wird alles auch wieder gut,
ohne fremde Hilfe.
Warten wir noch diese Nacht ab.

Er muß, so nehme ich an,
mit sich gekämpft haben,
stellte sich selber in Frage,
war hin- und hergerissen.
Das kenne ich:
Die Angst, sich entscheiden zu müssen.
Den Stolz, niemanden bitten zu wollen.
Den Gedanken, einen anderen zu brauchen.

Er muß, so denke ich,
herumgedruckst haben,
ließ sich zwanzig Ausreden einfallen,
vermied jede Blöße,
gab sich nach außen hin stark.
Ich kenne das:
Nein, das bringe ich nicht fertig.
So einem lauf ich doch nicht nach.
Ja, wer bin ich denn?!

Er muß, setze ich voraus,
eine gewisse Zeit unsicher gewesen sein,
faßt Entschlüsse, um sie zu verwerfen,
wollte andere rüberschicken,
formulierte unterwegs hundert Sätze und mehr.
Ich kenne das:
Raffinierte Einleitungen,
mitleiderregende Gefühlsäußerungen,
aber auch tolpatschige Versuche,
einen anderen für sich einnehmen zu wollen.

Er muß, da bin ich mir sicher,
voller Zweifel gewesen sein,
unsicher und verlegen, kleinlaut.
Das kenne ich:
Die Sprache der Gewalt fällt mir leichter.
Lautstark bringe ich mich ein,
um meine Angst nicht zu zeigen.

Ich tue so, als ob, und weiß genau,
daß ich so, wie ich mich gebe, gar nicht bin.

Er muß sich dann wohl gesagt haben:
Sei's drum. Ich gehe nach Kana.
Mir geht es nicht um mich, sondern um mein Kind.
Ihm zuliebe will ich alles auf mich nehmen.
Denkt von mir, was ihr wollt.
Ich bin so frei, um zu dem zu gehen,
von dem ich mir *die* Hilfe verspreche.
Er geht,
und in diesem Augenblick beginnt schon das Wunder.

Luise Rinser:
Noch ehe wir Kefarnachum erreichten, sprengte ein Berittener und Behelmter heran, ein Römer, ein Hauptmann, sprang vom Pferd, grüßte den Rabbi militärisch und sagte: Rabbi, mein Sohn, mein einziger, liegt im Sterben. Komm, hilf ihm!
Ich bin kein Arzt und kein Zauberer.
Rabbi, ich bin Hauptmann und habe Offiziere und Soldaten unter mir. Wenn ich zu einem sage: Komm! so kommt er, und wenn ich sage: Geh! so geht er.
Ich bin kein Hauptmann und habe keine Soldaten.
Du hast andere Befehlsgewalt. Rabbi: ein Wort von dir, und die Krankheit entläßt meinen Sohn.
Das also glaubst du, Mann?
Zu uns sagte er: Hätte Jisrael diesen Glauben!
Zum Hauptmann sagte er: Da du die Kraft hast, zu glauben, ich könne heilen, hast du auch die Kraft, deinen Sohn selbst zu heilen. Traust du dir diesen Glauben zu?
Wenn du sagst, es sei so, dann ist es so.
Reite jetzt heim. Dein Sohn ist gesund.
Der Hauptmann grüßte militärisch, saß auf und sprengte davon.
Wir waren verstört. Sprachlos waren wir. Ich hatte Angst: wie, wenn der Sohn inzwischen gestorben war?
Aber Jeschuas Wort: dein Sohn ist gesund! hatte er das wirklich gesagt? Ja, alle hatten es gehört. Kein Zweifel. Nicht: er WIRD gesund. Er IST gesund.
Ich dachte, das kann heißen, seine Krankheit sei auf dem Höhepunkt sozusagen umgekippt. Eine Krise, und dann die Genesung, ganz plötzlich, das gab es. Dann wäre Jeschua ein Hellseher. Auch das gab es. Daß er Ungesprochenes, nur Gedachtes hörte und in Zeit und Raum Fernliegendes sah, das hatten wir schon oft erlebt. Warum solls nicht jetzt so sein?
Wieder einmal dachte ich: Wer bist du, wer um alles bist du.
Hinter mir gab es einen Wortwechsel: Jehuda und Jochanan.
Jehuda: Also, das ist etwas Neues, eine Heilung aus der Ferne, das macht Eindruck, das überzeugt, das kann uns Hunderte von Anhängern einbringen.
Und Jochanan: Daß du immer in Zahlen denkst! Immer hast du etwas zu zählen: Münzen, Entfernungen, Menschen.
Und du? Du überläßt das Zählen mir, es ist deiner nicht würdig, dafür bin ich gut genug. Einer muß sich die Hände dreckig machen beim Geldzählen, einer muß ausrechnen, wie lang das Geld reicht und wie weit es ist von hier bis dort, einer muß auf dem Erdboden bleiben, damit die andern fliegen können. Und dann von oben herunterschauen, nicht wahr!
Aus: *Luise Rinser, Mirjam,* © S. Fischer Verlag, Frankfurt/M. 1983 (S. 126–128)

Letzter Sonntag nach Epiphanias

Predigttext: Exodus 3,1–10(11–14)

Reiner Glatz

Theologisch-homiletische Skizze

Der Text macht es dem Prediger schwer, weniger aus theologischen oder exegetischen, mehr aus homiletischen Gründen. Dies zeigt sich beim näheren Hinsehen. Es lassen sich vier Komplexe erkennen, von denen jeder einzelne Grundlage für eine Predigt werden könnte.

Ich kann mich auf die Verse 1–6 beschränken und sie unter die Überschrift stellen: Eine Begegnung mit Gott im Alltag. Die Predigt würde davon handeln, daß Gott nicht an besondere Orte und Zeiten gebunden ist, daß er nicht besonderen Menschen, sondern jedem von uns zu jeder Zeit und an jedem Ort erscheinen kann. Sie würde folgerichtig nicht von bekannten Menschen wie Albert Schweitzer oder Martin Luther King erzählen, sondern von den sog. »kleinen Leuten« in unserer Gemeinde, in unserer Umgebung.

Die Verse 7–10 lassen mich an ein anderes Thema denken: eine Beauftragung durch Gott zur Befreiung und Freiheit. Wir leben nicht in Ägypten, und wir haben auch keinen Pharao, den wir für die Unterdrückung verantwortlich machen könnten. Trotzdem gilt das Wort: »Ich habe das Elend meines Volkes gesehen ... Ich habe ihre Leiden erkannt« auch heute. Nur ist das Elend und das Leiden heute ein anderes. Heute sind es die vermeintlichen Sachzwänge, die wirtschaftlichen und sozialen Bedingungen, unter denen das Volk Gottes leidet. Mose erhält den Auftrag zur Befreiung seines Volkes und wird dadurch selbst befreit aus seinem täglichen Einerlei. Ich könnte in meiner Predigt von einem Menschen erzählen, der gerade sein Rentenalter erreicht hat, der sich aber nicht mit dem Titel »Senior« zufrieden gibt; der aktiv wird und mit anderen ein neues Leben entdeckt. Ich könnte von mir selbst erzählen, daß ich seit einem Jahr einen jungen Nichtseßhaften bei mir wohnen habe; wie wir beide einen Weg der Befreiung gehen: Befreiung vom Alkohol, Befreiung von falschen Ängsten und Erwartungen, Befreiung von Konventionen der uns umgebenden Microgesellschaft.

Ein weiteres Thema geben die Verse 11 und 12 her: Unterschätzung und Ermutigung. »Machen Sie das mal, Herr Pastor, wir können das nicht.« Dieses Wort habe ich schon so manches Mal gehört, wenn ich Gemeindeglieder gebeten habe, eine Aufgabe zu übernehmen; etwa eine Lesung im Gottesdienst. Doch dieses Verhalten ist viel weiter verbreitet: Da haben Menschen zuwenig Selbstvertrauen und meinen, ›Experten‹ könnten alles besser machen als sie. Sie halten sich nicht für legitimiert und schweigen lieber. Mose verhält sich ebenso, als er von Gott angesprochen wird: »Wer bin ich ...?« Die Predigt könnte dieses Minderwertigkeitsgefühl aufnehmen und dazu ermutigen, aktiv zu werden und da etwas zu sagen, wo einmal etwas gesagt werden muß, da etwas zu tun, wo längst hätte gehandelt werden müssen. Sie kann die Angst vor dem eigenen Handeln und die Einwände versuchen wegzunehmen, »Ich will bei dir sein«, das versprach Gott Mose. Dieses Versprechen gilt auch heute noch.

Ob man über die Verse 13.14 predigen sollte, erscheint mir fraglich, jedenfalls sollte man sie nicht in den Mittelpunkt stellen. Sie eignen sich eher für einen theologischen Disput oder auch für eine Bibelstunde; in der Predigt sollten sie jedoch nicht im Mittelpunkt stehen.

Es gibt aber noch einen Aspekt, der durchaus beachtenswert und von politischer Dimension ist. Die Landverheißung zieht sich durch die Geschichte Israels bis auf den heutigen Tag. Das Verhältnis des heutigen Israel zu seinen arabischen Mitbewohnern und Nachbarn ist sicherlich ein Thema, über das man sich ereifern kann, ist aber weit von uns entfernt. Dagegen erleben wir ein anderes hautnah: das Verhältnis zu unseren ausländischen Mitbürgern. Unter der Überschrift: ›Vom Land, wo Milch und Honig versiegen, in das Land, wo Milch und Honig fließen‹ können die Gottesdienstbesucher für die Gründe sensibilisiert werden, die Menschen aus anderen Ländern dazu bringen, ihre Heimat zu verlassen. Der Auszug aus einem Land, in dem Hunger, Gewalt, Unterdrückung herrschen, in ein Land der Freiheit und des Friedens: es lassen sich Parallelen aufzeigen.
Was predige ich nun? Ich werde einige Gedanken streichen, um die Predigt nicht zu überfrachten. Ich werde nicht über die großen Zusammenhänge reden, sondern über die kleinen Dinge, die jeden bewegen, die jedem begegnen können. Ich will sie anreißen und genügend Raum zum Weiterdenken lassen. Ich werde es in Form einer erzählenden Predigt tun und versuchen, der Erzählform des Textes nahezukommen. Allerdings werde ich über den Predigttext hinausgreifen, um den nicht so bibelfesten Zuhörern die Situation des Mose nahezubringen.

Vorschläge für die Liturgie

Als *Evangelium* schlage ich Lk 12,35–40 vor, wenn der Schwerpunkt bei dem Gedanken liegt: Gott kann uns zu jeder Zeit und an jedem Ort in seinen Dienst rufen. Will man mehr Gewicht auf die Ermutigung durch Gott, auf mangelndes Selbstvertrauen und das Zutrauen Gottes legen, so bietet sich Mt 28,16–20 an.
Anstelle der *Epistel* schlage ich vor, den Predigttext zu verlesen.

Eingangsgebet
Herr, unser Gott von alten Zeiten, unser Gott in Zukunft und Gegenwart, oft spüren wir nichts von dir. Doch dann trittst du unvermittelt in unser Dasein. Du wirst zur Anfrage an unser Leben. Wir reagieren unsicher, halbherzig, ängstlich. Gib uns in diesem Gottesdienst etwas mehr Selbstvertrauen, etwas mehr Entschlossenheit, etwas mehr Glauben an deinen Beistand, damit wir in den kommenden Tagen stärker als sonst auf deinen Ruf hören und ihm folgen.

Fürbittengebet
Herr, du Gott aus dem Dornbusch, wo du dich zu erkennen gibst, da kann sich ein Leben verändern. Wo du erscheinst, kann dies ein Wendepunkt des Lebens werden. Deshalb bitten wir dich für die Halbherzigen und Verzagten: Gib ihnen ein Zeichen, wie du es Mose gegeben hast, damit sie entschlossen und mutig ihr Leben in die Hand nehmen können. Wir bitten dich für die in Schuld Verstrickten und Straffälligen: Erscheine ihnen, wie du Mose erschienen bist, damit sie ihr Leben verändern und zum Guten wenden

können. Wir bitten dich für die Unterdrücker und Gewalttätigen in Familie und Gesellschaft überall auf dieser Erde. Sprich zu ihnen, wie du zu Moses gesprochen hast, damit sie umkehren auf ihrem falschen Weg und die Geschöpfe deines Wohlgefallens achten. Wir bitten dich für die Kranken und Einsamen und auch für uns: Versichere uns immer wieder deiner Nähe, wie du es bei Mose getan hast, damit wir getröstet und zuversichtlich sind in allen Beschwernissen, die uns begegnen.

Lieder
Eingangslied EKG 50,1–6; nach der Lesung des Predigttextes (anstelle der Epistel) EKG 236,1–3; als Lied nach der Predigt 208,1–6.

Vorschläge für die Predigt

Einstieg
Da sitzt er, mitten in der Steppe, an einen Baum gelehnt, und döst in der Mittagshitze vor sich hin. Das ist nun sein Leben: Schafhirte bei seinem Schwiegervater Jethro in Midian. Sollte das alles sein? Sicher, er hatte schon schlechtere Zeiten erlebt, aber auch bessere. Seine Gedanken gehen zurück. Er war als Kind hebräischer Eltern geboren worden. Hebräische Kinder hatten keine Zukunft in Ägypten. Sie wurden als Ausländer mißachtet. Schwere Arbeiten mußten sie verrichten, Arbeiten, für die sich die Ägypter zu schade waren. Deshalb hatten ihn seine Eltern ausgesetzt. Ihr Kind sollte es einmal besser haben. Er hatte Glück. Die Tochter des Pharao fand ihn und nahm ihn mit. Es lebte sich gut am Königshof von Ägypten. Keine Sorge um den nächsten Tag; Dienstboten, die einem jede Arbeit abnahmen; Lehrer, die einen in die Welt der Wissenschaften einführten; Privilegien in allen Bereichen. Dabei hätte es bleiben können. Warum mußte er sich auch einmischen. Wäre er nur still geblieben, als der ägyptische Aufseher seinen hebräischen Landsmann, der als Sklave an den neuen Prachtbauten des Pharao arbeiten mußte, fast erschlagen hätte! Aber nein, er mußte sich einmischen und den Ägypter töten. Als sich dann noch herausstellte, daß es einen Augenzeugen gab, da war alles zu spät, da blieb ihm nichts anderes übrig als zu fliehen. Über die Zeit seiner Flucht dachte Mose nicht gern nach. Da war ihm die Erinnerung schon lieber, wie er seine Frau Zippora, die Tochter Jethros, des Priesters in Midian, kennenlernte. Doch irgend etwas unterbricht seine Gedanken, irgend etwas ist anders als sonst. Es ist ein Dornbusch, etwa 100 Schritte entfernt. Mose ist augenblicklich hellwach. Der Dornbusch brennt. Aber so etwas gibt es doch gar nicht! Und doch: der Busch brennt. Moses Neugier ist geweckt, alle Sinne alarmiert. Vorsichtig nähert er sich der ungewöhnlichen Erscheinung.

Weitere Schritte
Im weiteren Verlauf wird nun die Erscheinung im Dornbusch und das Gespräch zwischen Gott und Mose geschildert. Dabei sind mir zwei Dinge wichtig: Ich will herausstellen, daß die In-Dienst-Nahme durch Gott weder an bestimmte Personen noch an Zeiten noch an Orte gebunden ist. Sie kann jeden treffen in seiner jeweiligen Situation. Ebenso will ich deutlich machen, daß Gott einen Menschen nicht mit seiner Aufgabe allein läßt. »Ich werde bei dir sein«, Vers 12, ist die Zusage, daß Gott den Menschen nicht überfordert. Beides läßt sich in einem Zwiegespräch zwischen Mose und Gott darstellen. Dabei greife ich über den Predigttext hinaus und baue Dialoge ein, wie sie sich bis Ex 4,17 ergeben. Ich will die menschliche Art des Mose zeigen; wie er sich dreht und wendet, um dem Auftrag zu entgehen, wie unsicher er ist und wie wenig er sich zutraut. Auf der anderen Seite steht Gott, der ihm immer wieder gut zuredet, um ihn wirbt, ihm Vertrauen gibt.

Schluß
Da steht Mose nun. Er ist wieder allein. Wofür soll er sich entscheiden? Schon einmal hat eine spontane Entscheidung sein Leben verändert. Jetzt geht es ihm noch relativ gut, aber was wird werden, wenn er sich in den Dienst Gottes stellt? Mose weiß: Wenn ich Gottes Bitte nachkomme, dann ist dies hier und jetzt ein Wendepunkt in meinem Leben. Allein kann er diese Aufgabe nicht bewältigen. Aber ist er wirklich allein? Hat Gott ihm nicht versprochen, immer an seiner Seite zu stehen? Dann muß es doch möglich sein; dann ist jetzt die Möglichkeit, sein Lebensschiff, das nur so dahindümpelt, noch einmal in Fahrt zu bringen; dann ist jetzt die Möglichkeit, seinem Leben einen neuen Sinn zu geben. Mit Gottes Hilfe kann er es schaffen. Jahre später wird Mose auf sein Leben zurückblicken. Er wird sich sagen: »Es war nicht immer einfach, aber ich habe die richtige Entscheidung getroffen. Damals in der Steppe, als Gott mir im Dornbusch erschien, da hat sich mein Leben verändert. Ich hatte meine Bedenken, meine Ängste, war keineswegs mutig, aber ich habe auf Gottes Hilfe vertraut. Jetzt, wenn ich zurückschaue, kann ich sagen: Gott hat mich nicht enttäuscht.«

Kontexte
Hölderlin: Wir sind wie Feuer, das im dürren Aste oder in Kiesel schläft, und ringen und suchen in jedem Moment das Ende der engen Gefangenschaft. Aber sie kommen, sie wägen Äonen des Kampfes auf, die Augenblicke der Befreiung, wo das Göttliche den Kerker sprengt, wo die Flamme vom Holze sich löst und siegend emporwallt über die Asche.
(zitiert bei K.-P. Jörns: Nicht leben und nicht sterben können – Suizidgefährdung [1979] S. 80f.)

Der Berditschewer wurde einst gefragt: »Wie ist es zu verstehen, daß Mose, der in seiner großen Demut Gott gebeten hatte, einen anderen zu Pharao zu entsenden, sich nicht einen Augenblick weigerte, die Thora zu empfangen?« »Er hat gesehen«, antwortete der Rabbi, »wie die hohen Berge vor Gott erschienen und jeder sich die Gunst erflehen wollte, daß auf ihm die Offenbarung geschehe, wie Gott aber sich den kleinen Sinaiberg erkor. Darum folgte er, als er auch sich auserwählt sah, ohne Widerstreben dem Ruf.«
(M. Buber: Die Erzählungen der Chassidim, 11. Auflage 1990, Manesse Verlag, S. 354)

Rabbi Channoch sprach: »Das eigentliche Exil Israels in Ägypten war, daß sie es ertragen gelernt hatten.«
(ders. S. 838)

Septuagesimae

Predigttext: Lukas 17,1–10

Andreas Eitz

Theologisch-homiletische Skizze

1. Phase: Verwirrung. Ich überlese den Text, bleibe hängen am »Mühlstein um den Hals« und an der Überschrift »vom Knechtslohn«. Ich ärgere mich, daß ich mich darauf eingelassen habe. Bilder, schreckliche Bilder rennen mir durch den Kopf: Jörg Ratgebs Folterszenen aus dem Bauernkrieg, Details aus Tübkes Frankenhausener Panorama, Beckmanns quälende Visionen, Erinnerungen an das Rothenburger Kriminalmuseum (diese widerliche »Wasserprobe«); dann taucht ein Raum mit getönten Glasscheiben auf: Wir (Kinder) sitzen in hellen Holzbänken, und vorne spricht eine sanfte, aber hallende Jesus-Stimme: »Dein Lohn ist, daß du dienen darfst, dienen darfst, dienen darfst ...« Erst später fällt mir auf, daß ich weder Gestalt noch Gesicht dieses Über-Ich gesehen habe.
Mal sehen, was die Exegese bringt.
2. Phase: Überraschung. Der Exeget grenzt anders ab, schneidet den beschwerlichen Anfang weg, sieht in dem »unnütz« eine überzogene Pointe, die den Rahmen des Beispiels sprengt. Einleuchtend! Aber was mache ich mit meinem Problem eines »knechtesuchenden Jesus«? Das ist ja (wie das Rumhören ergibt) nicht nur meine ureigene Erfahrung – sie scheint in vielen Köpfen und Herzen zu sitzen. Der Mühlstein, dies in jeder Hinsicht Beschwerliche, muß drankommen. Irgendwie!
3. Phase: Klärung. Ich lese den ganzen Anlauf zu Vers 7 auf dem Hintergrund des Lukas-Evangeliums überhaupt. Damals, vor vielen Jahren, hatte uns Dieter Stoodt in der Bibelkunde eingeschärft: »Lukas hat einen starken sozialen touch«. Genau das ist es! Nicht um Beschwernis der ohnehin Benachteiligten geht es, sondern schlicht um ein Bild aus der damals alltäglichen Wirklichkeit, die gerade durch den Vorspann eine andere Perspektive mitbekommt. Da ist nicht nur die gleichmacherische Abwehr der Super-Leistung samt der Einsicht, daß immer »Geschuldetes« liegenbleibt (Anliegen des Exegeten), sondern der freundliche Umgang mit den Kleinen (Vers 2), mit dem »sündigenden Bruder« (Verse 3 und 4). Allerdings: Wie 5–6 in diesen Zusammenhang gehören (mitsamt der auffälligen und hier den Zusammenhang störenden Einleitung: »und die Apostel (sic!) sprachen zum Herrn«), bleibt mir auch nach der Lektüre der Kommentare undeutlich. Zweifellos ein echtes Jesus-Logion – was aber soll es gerade an dieser Stelle? Ich weiß es nicht, aber ich werde auch nicht mehr lange darüber nachgrübeln.
4. Phase: Entscheidung. Ich orientiere mich an Weigandts Hinweis darauf, daß das Gleichnis 7–10 zwischen zwei Geschichten vom Erbarmen Gottes steht (16,19–31: Gutes für Lazarus; 17,12–19: Heil(ung) für zehn Aussätzige) und daß ein anderes Gleichnis mit dem Stichwort »Sklaven« (12,35–38) auf den »fröhlichen Tausch« (der Herr bedient die Diener) abhebt.
So nehme ich das Gleichnis für meine eigene Situation ernst und erspare mir – mit Weigandts Worten – »Platzhirschverhalten, Hahnenkämpfe und dergleichen Spiele«.
Wohl wissend, daß ich das »Geschuldete«, nämlich die ganze Perikope 1–10 nicht predigen kann, entscheide ich mich ebenfalls für die Abgrenzung 7–10 und lasse mich

nicht von irgendwelchen Mühlsteinen beschweren. Mit dem Indikativ im Kreuz werde ich mich der Predigt des Imperativs zuwenden und die Schwierigkeiten thematisieren, die unsereiner (als »Knecht des Herrn«) beim Tun des eigentlich Selbstverständlichen hat.
5. Phase: Konkretion: Erörternde Paränese also, die sich an die gegenwärtigen Alltäglichkeiten hält. Im Moment des Aufschreibens ist der ebenso banale wie schreckliche Rassismus dran. Den will ich mir als exemplum vornehmen (und darbieten), um an ein paar didaktischen Fragen durchzubuchstabieren, wie wir (Plural!) als Freunde, Diener, Menschen Christi damit zurechtkommen können.
Im nächsten Frühjahr, wenn der Text »dran« ist, werden die 500 Jahre Entdeckung Amerikas mächtige Schatten werfen und in aller Köpfen sein. Dementsprechend können die hier auf Hoyerswerda bezogenen Konkretionen umgesetzt werden.
Andere Möglichkeiten:
- Man könnte auf die schwierigen Selbstverständlichkeiten im Umgang mit Behinderten eingehen.
- Man könnte darüber nachdenken, wie man mit seiner eigenen (gesellschaftlichen, physischen, psychischen) Macht angemessen umgeht (dazu biete ich eine Skizze an).

Vorschläge zur Liturgie

Lieder
EKG (hessisch) 454 »Nun ist vorbei die finstre Nacht«; 469,1–6 »So jemand spricht«; 363 »O Gott, du frommer Gott«.

Schuldbekenntnis
Vor dir, du freundlicher Gott, breiten wir aus, was unser Zusammenleben so schwer macht. Die großen Ansprüche an andere und uns selbst – die kleinlichen Rechnereien – die Muffigkeit unseres Alltags – die Angst zu kurz zu kommen. Wir möchten gern anders leben, darum bitten wir dich: Öffne uns die Räume des Denkens und Handelns, gib uns neuen Schwung! Herr, erbarme dich!

Zuspruch
Freut euch über Gottes Antwort: Wer bittet, der empfängt; wer sucht, der findet; wer anklopft, dem wird aufgetan! Glaubt und vertraut dieser Zusage!

Gebet
Offene Ohren – offene Herzen – einen wachen Verstand! Darum, Gott, wollen wir dich bitten, damit dein Wort bei uns ankomme und bei uns wohne! Amen

Lesung
Lukas 10,25–28: Tue das, so wirst du leben!

Gebet nach der Predigt

Deine Mahnungen, Gott, will ich mir gefallen lassen. Ich will annehmen, daß du meinen Wünschen und Plänen Einhalt gebietest. Denn du willst mich davor bewahren, daß mein Leben Halt und Richtung verliert, daß meine Tage ausufern und ich nicht mehr zu mir zurückfinde. Ich will auf deine Mahnungen achten, damit meine Augen sehen, was notwendig ist, damit mein Mund sagt, was wahr ist, damit meine Hand tut, was hilft, damit meine Füße den richtigen Weg gehen. Ich will auf deine Mahnungen achten, damit sich meine Gedanken nicht im Gestrüpp der Alltäglichkeiten verfangen. Ich will tun, was sich eigentlich von selbst versteht. Dazu mach mir Mut, Gott! Gib mir Vertrauen in deine Weisung, damit ich lerne, was dem Leben dient. Laß mich aufmerksam und fröhlich leben als einen Menschen, der dich zum Freund hat. Amen

(in Anlehnung an K. Bannach, Gebete der Stille, S. 65, zit. bei R. Alterhoff, Gottesdienstpraxis VI 3, Serie A, 1990, S. 46)

Vorschlag zur Predigt

Ja, liebe Leute, was lehrt uns diese Lerngeschichte?

1. Das Selbstverständliche ist gar nicht selbstverständlich. Die kleinen Probleme sind die großen Probleme. Im Alltag, im gritzegrauen kleinen Alltag, entscheidet sich Gelingen oder Mißlingen, Lust oder Frust des Lebens überhaupt. Der Alltag ist der Ernstfall – deshalb diese kleine Szene vom Essenrichten nach der Feldarbeit, die den Leuten vor 2000 Jahren nur zu gut bekannter Alltag war. So war das damals mit Herr und Knecht. Daß es nicht so blieb, ist sicherlich auch Ergebnis des Evangeliums. Das Christentum löste die Sklavenhaltergesellschaft von innen her allmählich auf (und wer sich anschauen will, wie das funktionierte, der lese in der Postkarte des Paulus an Philemon mal nach).

Und so hätte es auch bleiben müssen. Es kann ja wohl nicht sein, daß es vor Gott Gleiche und Gleichere gibt. Und trotzdem: Immer wieder ist das passiert. Immer wieder haben sich weißhäutige Christen für etwas Besseres gehalten. Immer wieder haben sie ihre Botschaft nicht zur Befreiung, sondern zur Unterdrückung gebraucht. Zu Zeiten des Kolumbus galten die Indianer als Halbtiere, heute hört man ähnliche Töne aus Hoyerswerda über Mozambikaner oder Vietnamesen. Täuschen wir uns nicht! Hoyerswerda ist überall. Das ist eben nicht nur eine Frage der Menschen dort und ihrer besonderen Benachteiligungen. Das ist eine Spaltung, die tief drin in uns allen hockt und sich im Alltäglichen äußert.

Etwas Besseres sein – das möchten wir gerne. Mehr gelten als andere, größer sein, wichtiger sein. Und darin das eigene Profil (vielleicht samt eigenem Profit) gewinnen.

Die Konkurrenzgesellschaft beginnt schon vorm Kindergarten. Und wächst mit ihren kleinen alltäglichen Zwängen in die Familien fast unaufhaltsam hinein mit ihrem: »Das muß man haben und das und das, wenn man in sein will«. Und wer kann es schon ertragen, nicht »in« zu sein?
Eben darum ist der Alltag so wichtig: Gutes wie Böses wachsen im Kleinen. Wer einen Garten hat, weiß es: Nicht die großen Unkräuter sind schlimm, sondern die in den Ritzen der alltäglichen Wege eingekrallten! Und darum ist dieses Gleichnis vom selbstverständlichen Alltag so aufregend!
2. Was nun ist das Selbstverständliche, das hier von den Leuten Jesu – und ich hoffe doch, daß wir das sind – gefordert wird? Es ist vor allem ein Tun. Das sehen wir ja immer wieder im Neuen Testament. Jesus fragt weniger Glaubensbekenntnisse und Lehrsätze ab, sondern orientiert sich vor allem am Handeln:
Weil der Mann aus Samaria richtig handelt am Überfallenen, ist er richtig, ist er ein Nächster. Weil die Frau aus dem Bordell von Tiberias die kostbare Salbe an Jesus verschwendet, tut sie – auf skandalöse Weise, aber eben mit ihren Mitteln – das Richtige und wird darum von ihm nicht nur in Schutz genommen, sondern zum Vorbild erklärt.
Daß ich richtig bin, daß ich mit mir selber einig bin, daß ich identisch bin, echt bin – das ist nicht das Ergebnis des klugen Nachdenkens, der überlegten Definition, des gelungenen Stylings meiner werten Persönlichkeit, sondern das kommt daher, daß ich mitmache beim Herstellen des Guten, des Lebensfördernden, so wie ich es eben kann. Und jede und jeder von uns kann das auf ihre und seine eigene unverwechselbare Weise. Ob Backen oder Singen, ob Lachenkönnen oder Verwaltungsgeschick, ob Sportskanone oder Talent zum Hören, ob heilende Hand oder grüner Daumen, ob Schauspielbegabung oder Geduld – ach, ihr Lieben, es gibt so unendlich viele Talente, die wir nutzen können. Und alle, alle werden gebraucht. Ganz selbstverständlich und ohne große Extra-Einladung!
Das ist noch nicht das Reich Gottes. Aber das ist der Anfang einer Gesellschaft, die Ernst macht mit der von Gott gewollten und von Jesus praktizierten Gleichheit aller Menschen. Die besteht eben nicht darin, daß ich nach der Art des berüchtigten altgriechischen Wegelagerers Prokrustes den zu Langen den Kopf abhacke und die zu Kurzen mit Gewichten auseinanderziehe, sondern, daß ich erst einmal jeden Menschen für wichtig und für von Gott geliebt anschaue. Dann weiß ich auch, was ich für ihn und was er für mich tun kann.
Dann hat das Reich Gottes doch schon mitten unter uns angefangen. Nicht weil wir so toll sind, sondern weil wir dann Gottes Willen ganz einfach tun. Vielleicht sogar, ohne es zu wissen.
3. Und wie erfahren wir davon, was zu tun ist? Sollen wir uns an unseren Sitten orientieren oder an den Propheten des Marktes? Brauchen wir astrologische Beratung oder Psychotraining, muß ein drittes Auge her oder reicht das Wissen um den berechenbaren Gang der Geschichte? Möglicherweise mag das eine oder andere helfen. Entscheidend ist all das nicht.

Entscheidend ist etwas anderes: Daß wir miteinander darauf schauen und darauf hören, was Jesus sagt und tut. So einfach ist das und so schwer! Einfach ist es, weil wir immer wieder Angebote zum Hören und Schauen bekommen. Dieser Gottesdienst ist auch so ein Angebot. Schwer ist das, weil wir uns immer wieder neu hineinarbeiten müssen in die entfernte Welt der Bibel, in die alte Sprache der Kirche, in die alltagsfernen Lieder und Gebräuche. Dazu müssen wir wohl alle helfen (und nicht nur der Mensch auf der Kanzel mit einer möglichst peppigen Auslegung), daß uns die Freundlichkeit Gottes immer wieder frisch und schön und neu nahekommt, auch da, wo es durch unwegsames Gelände geht.
Und wenn diese Kommunikation, wenn diese Verbindung untereinander klappt, dann wissen wir schon, was wir zu tun haben. Für diese Verbindung freilich müssen wir etwas tun. Das ist der Punkt, auf den es ankommt. Wenn wir uns gegenseitig nicht aus den Augen verlieren, dann verlieren wir auch Jesus nicht aus den Augen. Dann sehen wir ganz von alleine, was wir unserem »Herrn« schulden.
Dann brauchen wir – mit den Worten des Textes – gar keine Anweisung zum Essenkochen, sondern sind schon ganz von allein bei der Arbeit für Gott und die Welt. Es ist ja nicht so, daß die Welt von den Leuten Jesu nichts erwartet. Im Gegenteil! Da ist so viel zu tun, daß wir es gar nicht alles schaffen können. Erziehung zum alltäglichen Frieden ist von uns gefordert, Erziehung zur Aufmerksamkeit, zur Balance, zur Heiterkeit.
Mit Unfreundlichkeit kann man die Freundlichkeit Gottes nicht bekanntmachen. Schläge, Steinwürfe, Beleidigungen gegen die Fremden in unseren Städten und Gemeinden sind Schläge, Steinwürfe und Beleidigungen gegen Gott selbst. Daß wir die nicht zulassen, das ist der Christen selbstverständlicher Beitrag zum Zusammenleben.
Die Kleinen sind Gott wichtig. Sie sollen es uns auch sein. Das sind wir unserem Herrn schuldig. An jedem Tag. Amen.

Stichworte für eine alternative Predigt zu den selbstverständlichen Folgen des Christseins als Machtinhaber/in

Wie schön, daß wir am Sonntag hier sind! Daß wir uns versammeln, daß wir miteinander singen, beten, Gott loben!
Was ist vor der Kirchentür?

Was machen wir mit unserer Macht?
Drei Gefahren im Umgang mit den Selbstverständlichkeiten der Macht:
a) Christsein und Machthaben sind zwei Paar Schuhe (etwa Modell des Altbundeskanzlers Schmidt in durchaus protestantischer Tradition). Sorgfältige Trennung dringend erforderlich: »Mit der Bergpredigt kann man keine Politik machen«. Macht als autonomer (= gottfreier = gottloser) Raum. Verabsolutierung der gesellschaftlichen Wirklichkeit.

b) Durchsetzung der Theokratie als politisches Programm. Auch das hat lange Tradition (Savonarola, Calvin [Bürgermeinde als Volk Gottes], Francke [Gottes Reich vor Halles Toren?]). Gottes Willen als gesellschaftliche Norm, die den Andersdenkenden zum »Gutsein« zwingt. Andere Ausprägung desselben Ansatzes: der totalitäre Sozialismus.
c) Verzicht auf die Macht. Er überläßt die »böse Welt«, die »korrupte Politik« usw. den anderen, tut das Selbstverständliche des gelebten Glaubens nur im kleinen oder kleinsten Kreis. Steigt aus aus der vernetzten Wirklichkeit. Fahrlässiges »Licht-unter-den-Scheffel-Stellen« um der eigenen Reinheit willen.
Positive Beispiele dafür, daß ein Mensch einfach das tut, was er als Christ zu tun hat: Orden der Dienerinnen der Armen, Albert Schweitzer, Alfred Herrhausen (?).
Worauf es ankommt: Daß man die gesellschaftlichen Bedingungen nicht außer acht läßt, aber sie auch nicht festschreibt. Gelassener und zugleich öffnender Umgang mit den Bräuchen der Institutionen. Ansprechbar bleiben auf das Christ-Sein! Das öffnet Raum für kleine Utopien und (vielleicht große) Phantasien.
Die sinnverschiebende Pointe »unnütz« ist zu interpretieren: »normal«. Und das entlastet: Weder überflüssig sein noch Herkules spielen müssen (»alle Last der Welt tragen«): Sondern den Blick für das Nötige und Mögliche entwickeln und eine tätige Hand trainieren.
So können Auge und Hand in der alltäglichen Arbeit beglaubigen, was der Mund heute am Sonntag sagt und singt.

Kontexte

»Kein Heiliger hat in diesem Leben die Gebote Gottes genugsam erfüllt, also haben sie erst recht nichts darüber hinaus getan. Darum haben sie auch nichts hinterlassen, was man für den Ablaß verwenden könnte« (M. Luther).

»Ein rechter Knecht begehrt auch nichts anderes, greift Dienst um Dienst mit freudiger Willigkeit an, besorgt, was auf dem Feld zu tun und im Hause nötig ist, und verlangt nicht, daß der Herr ihm dafür danke; er treibt seine Arbeit, solange sie erforderlich. So hält es die Treue; so handelt der Knecht, dessen Dienst aus der Liebe fließt. In dieser Weise hat der Jünger Jesu seine Arbeit anzusehen, nicht mit dem Auge, das mißt, wie groß sie schon ist, nicht unwillig, ob sie nicht endlich fertig werde ... Der rechte Jüngersinn schaut nicht rückwärts auf das Geleistete, sondern vorwärts auf das, was jetzt nach Gottes Willen zu tun ist; er greift sein Werk unermüdlich an.« (A. Schlatter, zur Stelle, zit. nach der Taschenbuchausgabe der Erläuterungen zum Neuen Testament 2, 1987, S. 341)

Zum Columbus-Jahr:
Tagebuch-Eintragung am 14. Oktober 1492 (2 Tage nach der Landung und einem freundlichen Empfang):
»Sie (sc. die Indios) könnten als hervorragende und gute Sklaven Verwendung finden. Denn ich sehe, daß sie alsbald nachsprechen, was ich ihnen sagte. Sollten es eure Majestäten befehlen, so könnten sie sämtlich nach Kastilien gebracht oder auf

ihrer eigenen Insel als Gefangene gehalten werden. Mit fünfzig Mann vermöchte man sie alle im Zaume zu halten und könnte mit ihnen anfangen, was man wollte.«
Diese schlimmen Sätze aus den ersten Tagen der »Entdeckung« werden gern verschwiegen, z.B. im Buch von R. Grün, Christoph Columbus, Das Bordbuch 1492, Tübingen 1970

Eine verpaßte Gelegenheit
Aus den Erlebnissen der Rollstuhlfahrerin Sabine Horn
»Den letzten Abend dieses schönen Urlaubs (sc. in einer kleinen Stadt an der Ostsee) wollen wir mit einem gemeinsamen Essen in einem Restaurant krönen. Wir vier, mein ebenfalls behinderter Mitbewohner und unsere zwei Begleiter, machen uns fröhlich und mit großem Appetit auf den Weg.
Wir finden schnell ein geeignetes Restaurant, das in seiner Ebenerdigkeit und Geräumigkeit für die beiden Rollstühle wie geschaffen erscheint. Wir kutschieren also wohlgemut zwischen den Tischen hindurch und plazieren uns an einen Tisch. Genüßlich betrachten wir die reichhaltige Speisekarte, suchen unsere Gerichte aus in der Erwartung, bei dem Kellner zu bestellen. Aber nichts geschieht. Der bedienende Kellner rennt gleichgültig an uns vorbei, um die anderen, neueingetroffenen Gäste dienstbeflissen zu bewirten.
Es wird uns allmählich klar, daß wir sehr bewußt übersehen werden. Meine Vorfreude weicht langsam einer bedrückenden Unsicherheit.
Länger als eine halbe Stunde ertragen wir diese peinliche Situation, bis sich schließlich einer der Begleiter kurzentschlossen erhebt und auf den am Tresen rauchenden Kellner zugeht: »Wir möchten bitte bestellen!« Die Antwort des Kellners ist eine entschiedene Ablehnung: »Sie werden von mir nicht bedient!« – »Warum?« Darauf der Kellner: »Der Anblick dieser beiden Rollstuhlfahrer ist den Gästen nicht zumutbar!« Er weist unmißverständlich mit abfälligem Blick auf mich. Ich bin so perplex, daß ich nicht reagieren kann. Ich bin wie benommen und höre undeutlich die Aufforderung unseres Begleiters, mit dem Besitzer persönlich zu sprechen. Dieser erscheint prompt und verweist mit kalter Überlegenheit auf sein Hausrecht, das ihn ermächtigt, unerwünschte Gäste vor die Tür zu setzen. Er sagt, auch einen Schwarzen würde er rausschmeißen! Außerdem meint er, in diesem Speiserestaurant sollen sich die Gäste wohlfühlen und einen ruhigen, harmonischen Abend verbringen können.
Der Gesichtsausdruck unseres Begleiters wandelt sich von anfänglicher Hilflosigkeit in maßlose Empörung. Ohne sich einer weiteren Auseinandersetzung mit dem Wirt zu stellen, wendet er sich an die inzwischen stillgewordenen Gäste. Er fragt laut in den Raum hinein, ob sich jemand durch meinen Anblick beim Genuß des Essens gestört wühlen würde?!
Betretener Ausdruck in den Gesichtern der Umsitzenden und ein zaghaftes: »... aber nein ...« kommt als Antwort.
Dieser schüchternen Reaktion fehlt jedoch die Entschiedenheit, die ich, bzw. wir gebraucht hätten.
Wir verlassen das Lokal.
Draußen ist es mittlerweile dunkel geworden.
Im Weggehen höre ich das Gelächter und die Ausgelassenheit in umliegenden Lokalen.
Doch uns ist der Appetit vergangen! ...«
(aus dem Buch »Begegnungen einer Rollstuhlfahrerin mit ihrer Umwelt«, zitiert nach »evangelische aspekte« [Nachfolgezeitschrift des Radius] 3/91, 25)

Sexagesimae

Predigttext: Markus 4,26–29

Sigrid Lunde

Theologisch-homiletische Skizze

Zwei Dinge sind mir wichtig an diesem schönen Gleichnis von der »selbstwachsenden Saat« (aus einer vormarkinischen Sammlung mit unbestimmtem Hörerkreis):
1. Jesus hält die Wirklichkeit unseres Alltags für gleichnisfähig auf das Reich, die Herrschaft Gottes hin (»als heilsam andringendes Ereignis«, W. Weiß). Wie bei der Saat des Bauern, die über Halm, Ähre, Kornfülle zur großen Ernte reift, will auch Gottes Reich unter uns wachsen. In Vers 29 wird Joel 4,13 aufgenommen. Allerdings rückt das Gleichnis trotz des Stichwortes »Ernte« nicht den Gerichtstag Gottes ins Blickfeld, sondern den Samen und das Bereithalten für Gottes Tun. (Vielleicht einmal gegen zelotische Selbstüberschätzung, so J. Ernst, 1987.)
2. Bildkräftig (der Stadtgemeinde will ich Gelegenheit geben, sich in das Bild einzuleben!) wird das ganz normale Verhalten eines Bauern erzählt, der mit Säen und Ernten (Vers 29 nicht sekundär!) das Seine tut, um der Saat bzw. Gottes geheimnisvoller Lebenskraft in ihr (Vers 27f. automatē Hapaxlegomenon) zu überlassen, was ihr zukommt. Nicht auf die Passivität des Bauern – bzw. der Jüngerschar in der Zeit zwischen Berufung und Vollendung – zielt das Gleichnis, sondern auf den Zweiertakt im Lebensrhythmus (R. Roessler, 1975). Da ist ein Tun und ein Geschehenlassen, ein eigenes Handanlegen und ein göttliches Handanlegen, dessen Zeuge der Mensch Nacht für Nacht, Tag für Tag wird (jüdisches Zeitschema!). Die »Macher«, deren Leben aus diesem heilsamen Takt gerät, »leben gefährlich« (F. Steffensky). Die Gleichnisrede Jesu kann unsere Vorstellungskraft für veränderte Zukunft in viel atemloser Betriebsamkeit, in viel heillosem Durcheinander von sich überstürzenden Informationen und Aktionen im Berufs-, Familien- und auch Kirchengemeindealltag stärken. Im begrenzten Endlichen voll winterlicher Ermüdungserscheinungen (Sexagesimae) – über manchem ungeduldigen Herumziehen an den Halmen, um dem »Korn noch beim Wachsen zu helfen« – kann sich hier wieder einmal wohltuend der »Geschmack fürs Unendliche« einstellen.

Vorschläge zur Liturgie

Lieder
350,1–5 »Mein erst Gefühl sei Preis und Dank ...«
145,1+4–7 »Herr, für dein Wort ...«
503,1–6 »Danket dem Herrn ...«
112,1–5 »Brunn alles Heils ...« (bzw. 466,10 »Du bist mein Gott ...«)

Lesung
Lk 8,4–15

Gebet
Laß mich nie los, Gott meines Lebens und allen Lebens –
Wann immer die Vergangenheit wie eine Last auf mir liegt,
die Gegenwart mich bedrängt und die Zukunft mir Angst macht,
weil dein Heil meinen Augen entschwunden ist,
dann hebe meine Augen wieder auf zu dir
und öffne meine Ohren für das Wort, in dem du selbst zu mir sprichst.

Fürbittengebet
Gott, du Leben der Welt, Erbarmen der Welt –
Immer wieder werden wir eingeladen, unser Leben mit dir zusammenzubringen,
uns anzuschließen an deinen »ruhigen, beharrlichen, unvergänglichen Lebensstrom.«
Laß ihn unser Reden durchdringen und unser Schweigen.
Laß ihn durch unser Herz gehen und in alles hinein, was wir tun und lassen.
Laß ihn noch in das Dunkel unseres Schlafs hineinfließen und da sein, wenn wir erwachen.
Wir bitten um diesen Lebensstrom für unsere Familien, für unsere Arbeitswelt, unsere Kirchengemeinden …, unseren Umgang mit deiner verletzlichen Schöpfung …
Wir bitten um ihn besonders für alle, die schwermütig sind, für alle, die mit vererbten Schwächen und Behinderungen leben müssen …
Stelle unser aller Füße heute wieder in den weiten Raum deines wachsenden Reiches, von dem wir – gebunden an unser kleines Leben – so wenig sehen, fast nichts wissen. In der großen Schönheit vieler täglicher Dinge kommt es uns nahe, rührt uns seine Gegenwart an.
Laß uns wachsen in der Erkenntnis, in der Geduld, im Vertrauen.
Und am Ende der Tage, dem Tag der Ernte,
laß uns sein in der Schar derer,
die niemand zählen kann,
deren Leben wuchs und reifte zu dir hin,
ohne daß sie wußten, »wie« …
– Stille –
Vater unser im Himmel …

Vorschläge zur Predigt

Möglicher Predigtanfang
»Gott sei Dank, daß ich hier bin!« So beginnen die Tagebuchaufzeichnungen eines Mannes, der sich entschlossen hatte, einmal sieben Monate in ein Trappistenkloster zu gehen, um dort schweigend »auf die Stille zu hören«. Henri Nouwens Tagebuch kam 1978 bei uns heraus. Der Entschluß dieses

in Holland geborenen und in Amerika lebenden Theologen kam nicht über Nacht. Über Jahre hatte sich da etwas angesammelt. Und eines Tages konnte Henri Nouwen sein Getriebenwerden von einer Vorlesung zur anderen, einem Buch, einem Anruf, einem Gespräch zum anderen einfach nicht mehr aushalten. Unter einem erschreckenden Sog zerstörerischer Kraft hatte sich seine Berufung, Zeuge der Liebe, der Verheißungen Gottes zu sein, in einen ermüdenden Job verkehrt. Er war zum Gefangenen dessen geworden, was die Menschen von ihm erwarteten und er von sich verlangte. »Es war mir« – schreibt er – »gelungen, mich mit so vielem zu umgeben ..., daß ich nahe dran war zu glauben, ich sei ein unentbehrlicher Mensch.«

Sein Leben hing – so sah er es – wie in einem Spinnennetz aus quälenden Widersprüchen fest. Er klagte darüber, daß die Menschen so viele Forderungen an ihn stellten, aber ihm wurde zugleich sehr unbehaglich zumute, wenn Menschen und Forderungen ausblieben. Er stöhnte über die Last des vollen Schreibtisches, der zu häufigen Vortragsreisen, aber ein leerer Briefkasten, keine Einladungen machten ihn trübsinnig. »Kurz« – so schreibt er – »ich war voll Sehnsucht nach dem Alleinsein und hatte zugleich Angst davor, alleingelassen zu werden.« Mehr und mehr am Ende seiner Kraft begann Henri Nouwens Suche nach dem – wie er schreibt – »ruhigen, beharrlichen Strom unterhalb des Hin- und Hergewoges von Bestätigt- und Zurückgewiesenwerden.« Es begann seine Suche nach »dem Fluchtpunkt«, nach der »Verankerung« seines Lebens, die ihn neu »voll Hoffnung, Mut und Zuversicht« in die Welt hinausgehen lassen würden.

Ich denke, man muß kein so bekannter und geforderter Mann wie Henri Nouwen sein, um nicht sehr ähnliche Erfahrungen mit dem eigenen Leben zu machen. Die meisten von uns kennen das Aufbauwunder eines Lebens, wo um uns Familie, Haus, Beruf, Anforderungen wachsen und wachsen, bis uns die Arbeit nicht mehr losläßt. Wir kennen die Wochen und Monate, in die immer mehr hinein muß, bis schließlich noch der Sonntag und zuletzt auch der Urlaub dahinzusiechen beginnen. Wir kennen den wachsenden Druck, den Leistungsdruck in 1000 Arbeitsprozessen, aus denen die Arbeitsplätze – bis zur absoluten Grenze der Belastbarkeit weniger – wegrationalisiert werden.

36 % der Menschen in Amerika leiden unter Schlafstörungen, Schlaflosigkeit. Wir Deutschen sind zum Volk mit dem höchsten Verbrauch an Beruhigungsmitteln aufgestiegen. Wir haben Maßstäbe für unsere Arbeit und auch noch für unsere Freizeit gesetzt, an denen wir ruhelos und schlaflos geworden sind.

Aus unserem heutigen Predigttext, dem Gleichnis von der selbstwachsenden Saat, können Ruhe- und Schlaflose, denke ich, viel lernen. Es gibt Dinge, die können vor allem durch Gleichnisse, durch Bilder von uns wahrgenommen werden, uns einleuchten. Unsere Welt ist voller Bilder, voller Offenbarungsbilder, wenn wir Augen für sie bekommen.

Zum weiteren Verlauf

Jesus von Nazareth greift in seiner Verkündigung ständig solche Bilder auf. Seine Welt war allerdings – anders als unsere heutige – noch eine sehr bäuerliche Welt. Über 1000 Jahre war es her, daß die ersten israelitischen Kleinviehnomaden in das Land Kanaan eingedrungen waren. In kaum besiedelten Landstrichen – zwischen den Städten und Äckern der Kanaanäer – hatten sie begonnen, Ackerbauern zu werden. Die Arbeit des israelitischen Bauern war und blieb über die Jahrhunderte hart. Der Boden ist steinig und schwer im Hl. Land. Wenn der lange heiße Sommer ihn ausgetrocknet hat, ist er kaum aufzubrechen. So kann die Bestellung der Felder erst im Herbst mit dem Einsetzen der Regenzeit beginnen. Oft verschiebt sich die Feldbestellung bis in den Dezember hinein. Stünden wir heute in Galiläa, sähen wir an diesem Sonntag Sexagesimae, 60 Tage vor Ostern – anders als bei uns – jetzt diese zur Ernte hin wachsende Saat!

Mit den alten Pflügen, die aus einem Holzdorn mit einer Eisenspitze bestanden, konnte der Bauer nur die Erde aufreißen. Der Regen tränkte dann den Boden, und die Saat fiel in das gelockerte Erdreich. Die Reihenfolge – erst Pflügen, dann Säen – wurde nicht immer eingehalten. Es kam auch vor, daß der Bauer zuerst säte und der Same – wie wir es im Sonntagsevangelium eben hörten – auf festgetretenes Land voller Steine und Unkraut fiel und erst dann der Pflug den Boden aufriß. Die Saat blieb bis zur Ernte vielen Gefahren ausgesetzt. Hagel, Unkraut, Ungeziefer, heiße Winde, auch Sturzregen konnten die Saat vernichten. Jesus redet davon in anderen Gleichnissen.

Im heutigen Gleichnis hängt sein Auge am Bild der »selbstwachsenden Saat«. Und er faßt, denke ich, damit genau den »ruhigen, beharrlichen Strom« im Hin- und Hergeschütteltsein von Vernichtung und Bewahrung ins Auge, von dem im Tagebuch Henri Nouwens die Rede ist. Unsere wenigen Bibelverse zielen ins Herz der Dinge, in die Mitte der Schöpfung. Sie fragen nach dem Geheimnis des sich immer neu entfaltenden Lebens, fragen nach dem Wirken Gottes, der sein unendliches, unvergängliches Leben mit dem Leben seiner endlichen Schöpfung verbunden hat (vgl. E. Domay, Gottesdienstpraxis 1986, S. 138). Von etwas unvorstellbar Großem redet Jesus, wo er scheinbar von ganz kleinen, alltäglichen Dingen spricht. Wer zuzuhören versteht, findet das Geheimnisvolle angedeutet in dem kleinen Nebensatz, »daß er's nicht weiß«. Der Bauer hat gesät und wird hoffentlich eine gute Ernte einbringen. Für beides hat er zu sorgen. Aber zwischen Säen und Ernten liegt eine Zeit, wo sein Wissen, sein Sorgen – deren Charakter es ist, grenzenlos zu sein – von Gott begrenzt werden. Jesus läßt den sich abrackernden Kleinbauern, dem seine Zuhörer wie er selbst tagtäglich begegnen, herausfordernd schlafen gehen, abschalten, aufatmen. Die Saat geht von selbst auf und wächst und wächst. »Denn die Erde«, heißt es, bringt »automatisch« zum ersten das Gras, danach die Ähren, dann den vollen Weizen in den Ähren. Zwischen Saat und Ernte liegt ein Stück fruchtbarer Untätigkeit menschlichen Hirns und menschlicher Hände. Im Leben, im Atemholen – so lernten viele von uns schon in der Schule, ohne wirklich zu wissen, was wir da lernten – »im Atemholen sind zweierlei Gnaden: die Luft einziehen, sich ihrer entladen. Jenes bedrängt, dieses erfrischt, so wunderbar ist das Leben gemischt. Du, danke Gott, wenn er dich preßt. Und dank' ihm, wenn er dich wieder entläßt.« (Goethe) Wunderbar ist das Leben gemischt! Und der Bauer, der die Saat von selbst wachsen läßt, entmischt es nicht.

Ich stelle mir diesen Bauern, der sein Vorbild im Heiligen Land hat, ein wenig so vor, wie van Gogh ihn dann urbildlich gemalt hat. Er malte den über das Feld gehenden, weit zur Erde hinuntergebeugten Mann. Mit seiner übergroßen Hand streift er fast den Ackerboden, während sie sich behutsam öffnet und die Samenkörner freigibt. Dieser Bauer hat die Hand am Puls des Lebens, am Puls des »ruhigen, beharrlichen Stromes« göttlicher Kraft und Verheißung: »Solange die Erde steht, soll nicht aufhören Saat und Ernte ...« Ganz nah ist dieser Bauer dem Wunder des Lebens, und mit dem gorßen Sonnenball hinter seinem Kopf gibt ihm van Gogh einen, genauer: seinen Heiligenschein. Van Goghs Bauer tut, was er zu tun hat, und läßt Gott tun, was Gott zu tun verheißen hat.

Mit dem Reich Gottes – sagt Jesus – ist es wie mit diesem Bauern und mit seiner selbstwachsenden Saat. Da zeichnet sich für unsere Augen etwas durch die grobe Struktur der Dinge dieser Welt. Da wird ein offener Raum mitten in unserem Tun und Getriebenwerden wahrnehmbar. Es will viel geschehen dort, wo wir nichts wissen, wo es ein natürliches Wissen um unser Nichtwissen gibt. Es will da etwas in uns und unter uns wachsen, das noch nicht da ist.

Wunderbare Verwandlungen geschehen: Aus dem Gras wird die Ähre, reifen Weizenkörner. Was am Ende offenbar wird, geschieht jetzt, immerzu. Das Ende, die Ernte wird nichts Neues sein, sondern die Vollendung von dem, was jetzt wächst. Unsere Nähe bzw. Ferne zum Reich Gottes, zu jenem »ruhigen, beharrlichen Strom« unvergänglichen Lebens mitten in unserem Getriebenwerden in davonfliegenden Jahren, können wir ausloten. Sie bemißt sich nach unserer Fähigkeit mitten in unserem Getriebensein, unserem Unentbehrlichkeitswahn die »Pause« entspannend, glücklich als Geschenk entgegenzunehmen.

Schon viele haben es unternommen, die Menschen auf den rechten Weg zu führen. Schon viele sahen Gottes Reich unter Bildern, die die Welt uns offenbaren kann. Die Botschaft der altisraelitischen Propheten, in einem Bild zusammengeschaut, ließe sich vielleicht so beschreiben: Mit dem Reich Gottes verhält es sich wie mit einem hohen Berg, den wir mit aller Kraft zu erstürmen haben. Den Propheten unserer Zeit legt sich das Bild einer gewaltigen Explosion nahe: Wo es gelingt, das Leid dieser Erde, alle Unzufriedenheit und Ungerechtigkeit wegzusprengen, da kommt das Reich Gottes. Keiner unter den gewesenen wie gegenwärtigen Propheten hat einmal »so sanft und so geduldig« vom Reich Gottes gesprochen wie Jesus es mit seinem Bild von der selbstwachsenden Saat im Markus-Evangelium tut (vgl. Drewermann, Mk-Ev. I, 1989, S. 343f.).

Möglicher Schluß
»Gott sei Dank, daß ich hier bin«, schreibt Henri Nouwen in seiner Klosterzelle, in der er, am Ende seiner Kraft, auf die Stille zu hören beginnt. Wenn auch wir es nicht mehr im Alltag, nicht mehr am Sonntag und selbst nicht mehr im Urlaub schaffen, zur Ruhe zu kommen, uns wieder gesund zu schlafen, brauchen wir vergleichbare Orte völliger Stille, wo wir Gottes Reich als selbstwachsende Saat in uns und um uns wieder hören. Dankbarkeit und Freude sind die Vorboten, daß wir zu hören beginnen, daß wir zum »ruhigen, beharrlichen Strom« neuen göttlichen Lebens wieder hinfinden. Hoffnung, Mut und Zuversicht wachsen uns zu, ohne daß wir wissen, »wie«, und am Ende werden wir reiche Ernte haben – wir »wandernde kriechende Würmer für kommende Schuhe«. (Nelly Sachs)

Kontexte
Hubertus Halbfas »Das dritte Auge, Religionsdidaktische Anstöße«, 4. Aufl., Patmos Verlag, Düsseldorf 1989:
»Die gegenwärtige, zumal evangelische Theologie geht in ihrer Mißachtung der theologia naturalis von der stillschweigenden Unterstellung aus, man wisse, was »Natur« sei, zumal menschliche Natur ..., und die Hinordnung des Menschen auf das göttliche Geheimnis liege jenseits dieser Natur! Zu fragen bleibt hier, ob die innere und unbedingte Hinordnung des Menschen auf Gott nicht in dem Sinne ein Konstitutiv seiner Natur ist, daß der Mensch qua Mensch ohne dieses Konstitutiv nicht gedacht werden kann ... Der Weg zur Gotteserfahrung setzt dann nicht *neben* oder *hinter* den regulären menschlichen Erfahrungen an, sondern *in* diesen selbst. Die Menschen müssen befähigt werden, eine Erfahrung mit der Erfahrung zu machen.« (S. 155f.)

Henri J. M. Nouwen »Ich hörte auf die Stille – Sieben Monate im Trappistenkloster«, 12. Aufl., Verlag Herder, Freiburg 1990:
»Wenn ich mich jetzt in einem geistlichen Sinn zur Ruhe setzen, das heißt, vom Erfolg meiner Arbeit unabhängig werden könnte, dann wäre ich wahrscheinlich imstande, viel schöpferischer zu leben und viel weniger verwundbar zu sein. Diese Erfahrung des Mönchslebens schenkt mir etliches neue Verständnis dafür ..., das Leben weniger als einen Versuch zu betrachten, Neuland zu erobern und sich daran festzuklammern, sondern eher als eine dankbare Antwort ...« (S. 64).

Estomihi

Predigttext: Lukas 10,38–42

Heike Mahlke

Theologisch-homiletische Skizze

In einem normalen Gemeinde-Sonntagsgottesdienst werden mir bei diesem Predigttext die Frauen als Ansprechpartnerinnen besonders wichtig sein. Aber die männlichen Gottesdienstbesucher möchte ich nicht außen vor lassen, wenn es darum geht, diesen Konflikt aus der urchristlichen Gemeinde in unserem heutigen Kontext des Zusammenlebens von Männern und Frauen zu bedenken und nach den gemeinsamen Aufgaben bzw. Visionen zu fragen.

Hilfreich ist mir die Beschreibung des sozialgeschichtlichen Hintergrundes des Textes in der Exegese (Band 4). Ich finde es gut, wenn die Predigthörerinnen und -hörer erfahren, daß es in der christlichen Gemeinde am Ende des 1. Jahrhunderts in bezug auf die Stellung der Frau ein ernstes Problem gegeben hat, das in der Geschichte von Maria und Martha beschrieben wird.

In den frühchristlichen Gemeinden wurden die Leitungsfunktionen uneingeschränkt ebenso von Männern wie von Frauen ausgeübt. Zum Konflikt kam es, als Männer die alte geschlechtshierarchische Arbeitsteilung und die hierarchische Leitungsstruktur, wie sie in der antiken patriarchalen Gesellschaft vorgegeben waren, durchsetzen wollten (vgl. L. Schottroff in: Wörterbuch der Feministischen Theologie, hg. von Elisabeth Gössmann, Gütersloh, 1991, S. 13). Spannend finde ich, daß Lukas diesen Konflikt als den zweier Frauen beschreibt und ihm damit die Schärfe nimmt (Martha in der traditionellen sozialen Frauenrolle der patriarchalen Gesellschaft – Maria als Jüngerin Jesu, den Männern gleichgestellt). Unsere Geschichte bezieht in diesem Konflikt eindeutig Stellung: Jesus anerkennt die Jüngerschaft sowohl von Männern als auch von Frauen. Diese soll Frauen nicht genommen werden, indem darauf beharrt wird, daß Frauen dienend und sorgend in die Küche gehören.

Die biblische Geschichte regt mich dazu an, darüber nachzudenken, wo bei uns Frauen auf bestimmte, sozial festgelegte Rollen reduziert werden. Gleichzeitig ermutigt sie mich, mir auszumalen, was sich verändern könnte, wenn Frauen und Männer eine neue Lebenspraxis des Miteinander einüben würden, in der es keine Hierarchie gibt, sondern Frauen und Männer in gleicher Weise an der Haushaltsführung und am Beruf teilhaben. Meine Hoffnung ist, daß solches Miteinander Zeichen setzen könnte in bezug auf andere Hierarchien, wie z.B. zwischen Industrieländern und ausgebeuteten Ländern, zwischen Naturverbrauchern und Schöpfung. (Vgl.: L. Schottroff: Über Herrschaftsverzicht und den Dienst der Versöhnung, in: Luise und Willy Schottroff, Die kostbare Liebe zum Leben, © Chr. Kaiser Verlag, München, 1991, S. 130ff.)

Vorschläge zur Liturgie

Eingangsgebet

Noch bevor wir Dich suchen, Gott,
bist Du bei uns gewesen,

Wenn wir Dich anrufen als Vater,
hast Du uns schon längst wie eine Mutter geliebt.

Wenn wir sagen »Mutter«,
ermunterst Du uns, mit Dir zu reden
wie mit einem Freund oder einer Freundin.

Erkennen wir Dich als »Herrn«,
so gibst Du Dich in Christus als Bruder zu erkennen.
Rühmen wir Deine Brüderlichkeit,
so kommst Du uns schwesterlich entgegen.

Immer bist Du es,
der uns auf viele Weisen zuerst geliebt hat.
Darum sind wir jetzt hier,
nicht, weil wir besonders gut oder fromm wären,
sondern weil Du Gott bist, unendliche Liebe,
und weil es gut ist, Dir nahe zu sein.
(Kurt Marti)

Schlußgebet

Wir kommen zu dir, um dir für den Tag zu danken, den du uns gibst.
Wir danken dir für unsere Gemeinschaft, für die Gelegenheit,
miteinander zu reden und unsere Erfahrungen und Hoffnungen zu teilen.
Manchmal, Jesus, wenn wir zurückschauen, fühlen wir, daß wir zu egoistisch gewesen sind, wir haben zuviel Zeit verbraucht mit Studieren, Arbeiten, Geschäftig sein, und wir haben dabei unsere Freunde vernachlässigt, unsere Familien, unsere Gemeinschaften. Und wir fühlen uns schuldig.
Und manchmal, Jesus, bedauern wir es, daß wir unseren Kindern kein besseres Bild davon gegeben haben, was eine Frau und was ein Mann sein sollte – wir hätten mehr Weisheit, Mut und Liebe haben sollen.
Manchmal, Jesus, fühlen wir, daß da eine Kluft ist zwischen unverheirateten und verheirateten Männern und Frauen, zwischen denen, die zu Hause bleiben, und denen, die zur Arbeit gehen. Hilf uns, deine Richtung zu suchen, um richtige Wege und richtige Einsichten zu finden.
Hilf uns, uns zu erinnern, daß auch, wenn wir verschiedene Berufungen und Beschäftigungen haben, wir uns gegenseitig respektieren auf den Wegen, die wir wählten.
Laßt uns gemeinsam beten für die neue Gemeinschaft, die wir suchen.
(Aus: Die tägliche Erfindung der Zärtlichkeit, Gebete und Poesie von Frauen aus aller Welt, hg. Sybille Fritsch u. Bärbel von Wartenberg-Potter, Gütersloh, 1986, S. 78f.)

Siph' amandla (Sanftmut den Männern)

2. Flügel den Lahmen!
Lieder den Stummen!
Träume uns allen,
weil wir sie brauchen.

3. Ehrfurcht den Starken!
Mut den Gejagten!
Friede uns allen,
weil wir ihn brauchen.

Siph' amandla Nkosi
Wokungesabi
Siph' amandla Nkosi
Siyawadinga

Aus Südafrika. Satz: Utryck Verlag, Schweden. Übertragung ins Deutsche: Gerhard Schöne.

Zur Predigt

Ich möchte mit einem Gedicht beginnen, das ich gefunden habe in dem Gedichtband von Dorothee Sölle »zivil und ungehorsam«. Es ist ein leises Gedicht, ein Hoffnungsgedicht, und ich finde in ihm etwas wieder von dem, was in der biblischen Geschichte von Maria und Martha anklingt. Es heißt »Die Zuschauerin«:

Eine alte frau am fenster
hob verstohlen den vorhang
auf die straße zu spähen
zur menschenkette
die sich gegen den krieg stellt

Sie mochte wohl dabei sein
die alte frau
aber es waren vier stockwerke
und sieben wohnungsparteien
man konnte sie sehen

Die alte frau hat angst gehabt
achtundsechzig jahre lang
hat man sie verhetzt
noch reicht der mut nicht
noch schläft ihr zorn

Eines tages
geht sie weg von ihrem fenster
und kommt langsam die treppe herunter
ohne vorhang nur mit sich
ihre füße

werden auf ihr herz hören
eines tages
(Dorothee Sölle, Zivil und ungehorsam, Gedichte, © Wolfgang Fietkau Verlag, Berlin 1990, S. 114).

Ich kann mich gut in diese alte Frau hineinversetzen, ebenso wie ich mir die Reaktion von Martha in unserer Geschichte vorstellen kann. Beide Frauen sind geprägt von ihrer Rolle, die sie seit vielen Jahren ausfüllen. Martha ist diese Rolle der Hausfrau, der Versorgerin der Familie, der untergeordneten Frau selbstverständlich. Sie akzeptiert, daß sie für das Bedienen der Gäste zuständig ist, während sich die Männer zum Rabbi setzen, ihm zuhören und sich von der Frau bedienen lassen. Martha lebt in dieser patriarchalen, hierarchischen Ordnung, wo die einen dienen und die anderen sich bedienen lassen. Sie ist sogar empört darüber, daß ihre Schwester sich in diese Ordnung nicht einfügt, daß sie sich herausnimmt, sich zu den Männern zu setzen, und damit deutlich macht, daß sie ihnen gleichgestellt ist.
Anders die alte Frau. »Sie mochte wohl dabei sein, die alte Frau«, aber sie hatte Angst. »Achtundsechzig Jahre lang hat man sie verhetzt.« Sie spürt wohl, daß es richtig wäre, sich an der Menschenkette zu beteiligen. Aber sie fürchtet sich, aus der Anpassung herauszutreten. Sie hat Angst, zu schwach zu sein, wenn die Leute hinter ihrem Rücken reden, wenn sie sie meiden. Sie kann sich nicht vorstellen, daß sie genug Mut hat, dafür zu kämpfen, was ihr Herz als richtig empfindet.
Ich glaube, viele von uns kennen diese Angst der alten Frau, herauszutreten aus dem, was »man« für richtig hält; die Angst aufzufallen; die Angst vor Gerede, vor dem Alleingelassenwerden, vor Verachtung.
»Noch reicht der Mut nicht« – mir fallen viele Beispiele ein von Frauen, für die dieser Satz stimmt:
- etwa bei der Anstellung im Supermarkt, wenn es darum geht, eine gleichberechtigte Anstellung wie die Kollegen zu verlangen und nicht unter der 480-Mark-Grenze beschäftigt zu werden;
- etwa beim Gang zum Sozialamt, wenn es darum geht, gegenüber einem männlichen Amtsleiter die mir vom Gesetz zustehenden Rechte zu fordern, aufrecht, nicht gebückt und unterwürfig;
- etwa in der Auseinandersetzung mit meinem Mann, wenn es darum geht, die Aufgaben von Beruf, Haushalt und Kindererziehung gleichberechtigt zu teilen und nicht mit der Doppelbelastung allein gelassen zu werden;
- etwa in der Kirchengemeinde, wenn ich nicht nur Kaffeekocherin sein, sondern meinen Fähigkeiten entsprechend gleichberechtigt eingesetzt werden möchte.

»Noch reicht der Mut nicht, noch schläft ihr Zorn.«

Daß der Mut zur Veränderung zunimmt, wenn der Zorn in mir wächst, das ist eine Erfahrung, die ich von mir kenne. Der Zorn über ungerechte Verhältnisse, über zugefügtes Leid ist eine Kraft, vom Fenster wegzugehen, nicht mehr zuzuschauen. Es ist ein anderer Zorn als der, der Martha dazu bringt, sich bei Jesus zu beklagen. Martha ärgert sich, daß Maria die Norm verläßt, sich herausnimmt, sich den Männern gleichzustellen. Martha kommt nicht auf die Idee, über ihre eigene Rolle der sich unterordnenden Frau zornig zu sein. Vielleicht stutzt sie über die Reaktion Jesu. Jesus sagt: »Maria hat das gute Teil erwählt, das soll nicht von ihr genommen werden.« Das ist in der damaligen Zeit eine ungeheuerliche Botschaft. Jesus weist den Frauen keine dienende Rolle zu, in seiner Nachfolge sind sie den Jüngern gleichgestellt.

Für unsere Ohren klingt diese Botschaft selbstverständlich. Aber was würde es bedeuten, wenn wir die von Jesus vorgelebte Gleichrangigkeit von Männern und Frauen ernst nähmen und wahrmachen würden? Ich möchte es an einem Beispiel deutlich machen:

Ich gehöre noch zu der Generation von Frauen, die meinten, sich gegen die Berufsausübung für die Kinder entscheiden zu müssen. Heute sind Lebensorganisationen denkbar, die eine Teilung der Kinderarbeit und Hausarbeit zwischen Vater und Mutter ermöglichen. Ich bin sicher, dabei gewinnen die Frauen und die Männer. Die Frauen gewinnen die Möglichkeit, an Ausbildung und Erwerbstätigkeit ebenso wie die Männer teilhaben zu können, die Männer gewinnen die Möglichkeit, ihren Kindern näher zu sein, reicher zu werden an Glück und Liebe. Aber es gelingt nur, wenn Frauen und Männer alles teilen: Berufsmöglichkeit und Haus- und Kinderarbeit.

Ich höre viele von uns jetzt sagen: Aber das geht doch gar nicht. Ich bin sicher, es braucht auf Seiten der Frauen viel Mut, gleiches zu fordern und sich auf Neues einzulassen, und auf Seiten der Männer viel Verzicht, gerade was die Karriereorientierung angeht, und ebenfalls Mut, etwas zu tun gegen die gesellschaftliche Norm. Gemeinsam erfordert es viel Fantasie und Gespräch.

»Maria hat das gute Teil erwählt«, d.h. Maria tut recht daran, wenn sie sich zu mir setzt in den Kreis der Jünger, wenn sie die Norm von oben und unten, von Herrschaft und Unterdrückung, von Macht und Ohnmacht ablehnt.

Meine Idee ist, daß sich unsere Gesellschaft verändern wird. Sicherlich ist es ein Traum, oder richtiger: eine Aufgabe, die auf uns wartet. Es ist ein Traum von einer menschlicheren Gesellschaft und damit von einer menschlicheren Welt. Ich wünsche mir, daß wir ihn als Männer und Frauen gemeinsam träumen und gemeinsam an dieser menschlicheren Welt arbeiten. Und ich hoffe, daß der Zorn von uns Frauen und Männern über ungerechte Verhältnisse so groß wird, daß er uns in Bewegung setzt, vom Fenster wegzugehen, nicht länger zuzuschauen und das zu tun, was unser Herz spürt.

Invocavit

Predigttext: 1. Mose 3,1–19(20–24)

Wolfhart Koeppen

Theologisch-homiletische Skizze

1. Märchenmotive und weisheitliches Wissen, utopische Erinnerung und leidvolle Erfahrung, anthropologische Erkenntnis und theologische Frage, Ätiologie, Mythologie und Psychologie im Gewand des Erzählerischen: das ist der Stoff, aus dem diese Geschichte gewebt ist. Eine »unendliche Geschichte«, in der Tat. Jahrhunderte haben darin verdichtet, was ihnen als Geschick des Menschen und als Bedingung seiner Existenz aufgegangen ist: vor allem die Ambivalenz von Ohnmachtserfahrung und Allmachtsphantasie. Unendlich ist sie auch in dem Sinn, daß keine Exegese und erst recht keine Sonntagspredigt die Fülle der Assoziationen und Connotationen, die sie weckt, einzufangen vermag.

2. »Grundgegebenheiten des menschlichen Lebens« darzustellen, das ist die Absicht auch dieses Teils der Urgeschichte (Exegesenband). Der Gegenwartsbezug ist also entscheidend, das Bestreben, erfahrene und erlittene Lebenswirkichkeit verstehbar und damit – vielleicht – veränderbar zu machen. Es geht um Aufklärung (im präzisen Sinn dieses Begriffs) des mit der »Seuche der Erkenntnis« (G. Benn) geschlagenen, doch zugleich seiner selbst nicht bewußten, seiner hoffnungsvollen und erst recht seiner destruktiven Möglichkeiten nicht ansichtigen Menschen. »Warum ist das Leben so beschwerlich, so eingeschränkt und begrenzt, wenn doch die ganze Schöpfung Gottes gut und vollkommen ist, wie der Glaube bezeugt? Das ist die Frage, auf die ein Theologe der Zeit des davidisch-salomonischen Großreichs Antwort geben will« (Exegesenband).

3. Verunsicherung, Ratlosigkeit, Skepsis, welche den Glauben an eine gute Schöpfung, eine heile Welt in Frage stellen (mit nur zu berechtigten, allgemein einsichtigen Gründen übrigens): Das sind Motive, aus denen sich unsere Erzählung speist – und darüber hinaus die vorsichtige Neugier, ob denn die jedermann und jederfrau zugänglichen, nachprüfbaren Erfahrungen alles sind, was über menschliches Leben und die Zukunftschancen der Gattung Mensch zu sagen ist. Es sind nicht zuletzt die Fragen, die der Text selber stellt, die auch für Menschen des ausgehenden 20. Jahrhunderts unvermindert aktuell sind: Adam, wo bist du? Wer hat dir gesagt, daß du nackt bist? Warum hast du das getan? Darin lassen sich die »drei Menschheitsfragen nach der *Identität* (wer bin ich, wo stehe ich?), der *Autorität* (von wem lasse ich mir etwas sagen?) und der *Motivation* (warum tue ich, was ich tue?)« wiedererkennen (J. Scharfenberg).

4. In der Perspektive »jenseits von Eden« verschränken sich die Fragen heutiger Zeitgenossen und die Antworten des alten Erzählers miteinander. Deshalb halte ich es für reizvoll, die Anregung der Exegese, den Text von »rückwärts, vom Ende her zu lesen«, homiletisch aufzunehmen. Denn »immer läßt sich die Größe der Freiheit, ein Mensch zu sein, erst an ihrem Verlust ermessen« (R. Leudesdorff). Von dieser Vorentscheidung her möchte ich nach den Vorschlägen zur Liturgie im folgenden zwei Predigtmöglichkeiten skizzieren.

Die eine (A), eher diskursiv-argumentierend, thematisiert den ebenso allgegenwärtigen wie vergeblichen Wunsch nach Rückkehr ins verlorene Paradies – und die Aus-

sichtslosigkeit des Versuchs, sich über die Zwiespältigkeit des menschlichen Lebens zwischen gut und böse, vor allem die Spannung zwischen Wollen und Vollbringen (Römer 7!) hinwegzusetzen.
Der zweite Predigtansatz (B) bietet so etwas wie eine literarische Fiktion: Bruchstücke sozusagen aus den Memoiren der vier in der Versuchungsgeschichte handelnden Figuren Adam, Eva, Schlange, Gott, die im Rückblick über ihre ursprünglichen Absichten und die Folgen des Geschehenen nachdenken. (Mir ist bewußt, daß ich als Mann nicht aus der Perspektive »Evas« schreiben kann und dies deshalb, genau genommen, auch nicht tun dürfte. Mehr als der Hinweis, daß diese Rolle von einer Frau formuliert werden müßte, kann mein mühsamer Versuch also nicht sein.)
Dem Charakter des Textes als »Rückblende« gemäß sind die von den Perikopenschneidern in Klammern gesetzten Verse 20–24 für das Verständnis des Ganzen unverzichtbar.

Vorschläge zur Liturgie

Rüstgebet
Pfr.: »Dazu ist erschienen der Sohn Gottes, daß er die Werke des Teufels zerstöre« (1. Joh 3,8b – Spruch der Woche). Deshalb feiern wir Gottesdienst, lassen uns mit all unserem Widerspruch ein auf die Zusagen Gottes, der unser Leben will. Wie oft sind wir auf der Flucht vor uns selbst und vor anderen! Wie oft haben wir Angst, zu kurz zu kommen! Wie oft sind wir hin- und hergerissen zwischen Gut und Böse! Wie oft erleben wir den Zwiespalt zwischen dem Guten, das wir wollen, und dem Bösen, das wir tun! Deshalb suchen wir von neuem Gottes Nähe und rufen ihn an: Gott sei mir Sünder gnädig!
Gem.: Der allmächtige Gott erbarme sich unser, er vergebe uns unsere Sünde und führe uns zum ewigen Leben.
Pfr.: Komm uns nahe, Gott, und sieh uns an, wie wir sind. Laß uns aufatmen und zu uns kommen. Hilf uns Gottesdienst feiern in der Gewißheit, daß uns nichts von deiner Liebe trennen kann, weil du uns nicht aufgibst. Amen.

Kollektengebet
Gott,
gib uns Einsicht und Mut zum Handeln,
daß wir nicht das Schicksal oder die Mächtigen
für das Unglück der Welt verantwortlich machen:
den Haß, die Ungerechtigkeit,
den Hunger, die Kriege
und unsere Trägheit,
an alledem nichts zu ändern, sondern
uns selbst,
denen Christus die Augen öffnet

für das, was wir sind
und was wir vermögen.
Amen.

Lesungen
Als Alternative zur Epistel Hebr 4,14–16 eignet sich wegen der Anklänge an den Predigttext Römer 5,12.15.17–19. Den Zwiespalt menschlichen Lebens und menschlicher Erfahrung zwischen Wollen und Vollbringen verbalisiert Römer 7,15–19.24–25.

Dank und Fürbitte (nach dem Abendmahl)
Danke, Gott, für dein Wort, das unser Leben zurechtbringt.
Dank für das Mahl an deinem Tisch, das uns gestärkt hat für ein Leben, wie du es uns gönnst.
Danke, Gott, daß du uns in Jesus Christus begegnet bist und so unserem Denken, Wollen und Tun eine neue Richtung gibst.
So bitten wir dich für Ziellose, daß sie ihren Weg finden;
für Zweifler um entschiedene Schritte;
für Zwiespältige um klare Gedanken;
für allzu Sichere um Selbstkritik;
für Grübler und Verzweifelte, daß sie sich nicht verrennen.
Wir sind nicht allein.
Denn Jesus war Mensch wie wir, versucht und gefährdet.
Darum bitten wir, daß wir die verstehen, die in Gefahr sind, am Leben zu scheitern:
Kinder, die ohne Liebe aufwachsen;
Jugendliche, die für sich keinen Platz in unserer Gesellschaft finden;
Arbeitslose, die sich überflüssig vorkommen.
Du bist ihre Zuflucht. Laß uns ihre Hoffnung, ihr Beistand werden.
Wir sind befreit von den Lasten, die uns festhalten, von Sünde und Schuld.
Darum bitten wir um den Mut, allem zu widerstehen, was Menschen kleinhält, zerstört und sie leiden läßt.
Wir bitten um Geduld für alle, die Leiden aufdecken und ihm entgegentreten, die sich der Macht nicht beugen und auf Gewalt verzichten.
Du, Gott, wirst uns beschützen.
Du, Christus, wirst uns erneuern.
Du, Heiliger Geist, wirst uns ermutigen und beleben.
Dir sei Dank in Ewigkeit. Amen.
(In Anlehnung an: Liturgieentwürfe für das Kirchenjahr [EKHN], Frankfurt/M. 1985, S. 134)

Lieder
Das agendarisch vorgeschlagene Wochenlied EKG 208 (Ach bleib mit deiner Gnade) bietet sich seines Gebetscharakters wegen auch als Schlußlied

an. Weitere Möglichkeiten aus dem EKG: 345,1–4 (als Eingangslied); 180 oder 195; 166; 248 oder 258 (als Lied nach der Predigt). – Für unbrauchbar halte ich (wegen Vers 2) hingegen 243 (Durch Adams Fall ist ganz verderbt).

Aus »111 Lieder für Kirchentage« (Ruhrgebiet 1991) nenne ich: 43 (Er weckt mich alle Morgen – zum Eingang); 8 (Bewahre uns Gott – auch zum oder nach dem Abendmahl); 50 (Gott gab uns Atem); 78 (Manchmal kennen wir Gottes Willen – eines der ganz wenigen Lieder, das die Ambivalenz und Bruchstückhaftigkeit menschlichen Glaubens und Erkennens aufnimmt!); 67 (Kehret um – als Einwurf bzw. Responsorium geeignet).

Predigtvorschlag A

Möglicher Anfang

Adam und Eva sind an allem schuld. Sagen wir, wenn wir einer Verlockung auf den Leim gegangen sind; wenn wir eine Verfehlung herunterspielen möchten, die Folgen unseres eigenen Tuns nicht wahrhaben wollen. Adam und Eva sind an allem schuld. Sagen oder denken wir wie zur Entschuldigung – wenn wir untreu gewesen sind oder gewissenlos egoistisch, wenn wir rücksichtslos unsere Ziele verfolgten und hernach merken, daß wir um keinen Deut glücklicher geworden sind. Adam und Eva sind an allem schuld, meinen wir achselzuckend, wenn wir dabei sind, die Verantwortung für Probleme, die uns alle betreffen, herunterzuspielen oder anderen in die Schuhe zu schieben: für Arbeitslosigkeit und Gewalt gegen Ausländer, für die Zerstörung unserer natürlichen Lebensgrundlagen und den Hunger in der sogenannten Dritten Welt, für neurotische Kinder und vereinsamte alte Leute. Adam und Eva sind an allem schuld, spötteln wir, halb im Scherz, halb im Ernst, wenn wir sagen möchten: So ist halt das Leben! Das Paradies ist verloren, die Unschuld vorbei, das einzig Sichere im Leben der Tod.

Zum weiteren Verlauf

a) Die Sehnsucht nach dem verlorenen Paradies. Diese Sehnsucht ist unausrottbar, und die Zahl der Bilder, in denen wir es uns ausmalen, unendlich – von den kleinen, alltäglichen Wünschen nach ein bißchen Glück, Ruhe und Geborgenheit über den »paradiesischen« Urlaub bis hin zur Vision einer privaten Insel der Seligen inmitten einer unübersichtlichen, chaotischen, in ihren Gefährdungen kaum mehr überblickbaren Welt. In der Tat: Wir wissen genau, daß wir »jenseits von Eden« leben. Und doch träumen wir vom Paradies, als ob es sich auf dieser Welt überhaupt nicht aushalten ließe ohne diesen Traum, nicht ohne die Vermutung, daß er vielleicht doch nicht ganz unsinnig ist, und nicht ohne ein paar Spuren, die uns zeigen, was sein könnte, sein sollte ... Sie sind offenbar lebenswichtig, wenn unser Leben nicht in Enge und Begrenztheit ersticken und wenn unsere Erde eine Hoffnung haben soll.

b) Das Gegengewicht der Erfahrung. In der Sehnsucht spiegelt sich unser Wissen um die Abgründe und Schmerzen des Lebens: Herausforderungen, denen wir nicht gewachsen sind; Fragen, auf die es keine Antwort gibt; erfolgloses Bemühen, Enttäuschungen, Abschied und Tod. Die Augenblicke unbeschwerten Glücks dauern meist nur Minuten. Der berauschendste Urlaub entläßt uns spätestens nach drei Wochen wieder ins alltägliche Getriebe. Wenn wir aus den Träumen erwachen, finden wir uns nicht in einem Paradies voller Unschuld vor, sondern in einer feindlichen Welt, die alles andere ist als ein Schlaraffenland der Geborgenheit. Und vor allem: Wir merken, daß unsere Mühsal, unsere Enttäuschungen, der Verlust unserer inneren Heimat kein Verhängnis sind, sondern (zumindest *auch*) unser eigenes Werk. Adam und Eva: das ist die Menschheit, die im Grunde sehr wohl weiß, daß sie für den Erhalt dieser Erde und für den Sinn jedes einzelnen Menschenlebens verantwortlich ist. Adam und Eva: das sind wir, jeder und jede von uns.

c) Zwischen Gut und Böse. Wir sehnen uns nach dem Paradies, nach einem unbelasteten Leben voller Geborgenheit, Unschuld und Glück – und jagen zugleich unseren Zielen nach. Wir planen, setzen unsere Interessen durch und finden das auch ganz in Ordnung. Wir nehmen unser Leben in die Hand und versuchen, die Welt nach unseren Vorstellungen zu gestalten. So zeigt uns die Geschichte vom verlorenen Paradies auch, daß wir am liebsten beides wären: Kinder und Erwachsene, beides zugleich. Aber das geht wohl nicht. Nichts ist eindeutig. Eine saubere Unterscheidung zwischen Gut und Böse gibt es nur in einer bestimmten Sorte von Filmen und in Parteiprogrammen. Sobald wir uns ins Leben einmischen, wird uns unwiderruflich bewußt, daß es zwiespältig ist. Zwiespältig wie wir.

d) Mensch sein, nicht Gott. Gut und Böse klar und eindeutig unterscheiden – das könnte ja nur, wer allwissend, ja allmächtig ist wie Gott. Der Wunsch danach ist unausrottbar. Aber aussichtslos. Ich komme über Vermutungen, was gut und böse ist, nicht hinaus – und erlebe zudem immer wieder, daß mich die eigenen Wünsche und Interessen darüber zum Narren halten. Ich muß Verantwortung übernehmen, für mein eigenes Leben und, zumindest in einem überschaubaren Bereich, für diese Welt, und weiß zugleich, daß ich durchaus nicht alles weiß und keineswegs alle Folgen meines Tuns überblicke. Immer wieder scheitere ich, erlebe, daß böse Folgen hat, was ich für gut und richtig hielt, werde schuldig trotz bester Absichten. Ja, das ist mein Schicksal: Der Wunsch, alles zu überblicken, und die Erfahrung, daß ich das niemals kann. Vertrieben aus dem Paradies. Ohne Rückweg zum Baum des Lebens.

Möglicher Schluß
Und doch erfahre ich aus dem Neuen Testament, daß Gott selbst sein Paradies verläßt und den Menschen nachläuft, sich dabei selbst ins Zwielicht bringt und das Elend derer teilt, die in dem Wahn, alles zu wissen und bewirken zu können, mit der Erde ebenso zerstörerisch umgehen wie mit sich selbst. Vielleicht muß ich also gar nicht alles wissen, erkennen, beherrschen und bewältigen, um wirklich Mensch zu sein. Denn da ist einer, der im Unterschied zu mir und meinesgleichen nicht sein wollte wie Gott und der gerade deshalb ein Mensch war, wie ich im Grunde meines Herzens gern einer sein möchte: ein Mensch ohne Angst um sich selbst. Fähig und bereit, anderen nah zu sein; sie zu begleiten, wo sie suchen, fragen, irren, sündigen, leiden und sterben. Kurz gesagt: Ein Mensch, der – kaum zu glauben – einmal nicht *mehr* sein wollte als ein Mensch, und der gerade dadurch mehr Leben gestiftet hat, als die Schlange versprechen und Adam und Eva erträumen konnten.
Sie wissen, wen ich meine: Jesus von Nazareth, den das Neue Testament den »neuen Adam« nennt, den neuen Menschen. Er war, was wir werden können. Er macht uns Mut, Verantwortung zu übernehmen, auch wenn wir dabei schuldig werden. Er macht uns fähig, gelassen zu leben, obwohl wir immer nur in Bruchstücken erkennen, was gut und was böse ist. Er zeigt uns, daß dieses begrenzte, zwiespältige Leben fern vom Paradies ein Spielraum des Glücks sein kann. Er ist die Hoffnung für Adam und Eva, für uns also. Denn Adam und Eva sind wir.

Predigtvorschlag B (Bausteine)

Die Schlange
Verflucht. Mein Image ist nicht das beste. Ich gelte als gefährlich. Werde gemieden, wo immer es geht.
Meine Klugheit ist mein Verhängnis. Mein Differenzierungsvermögen und – zugegeben – auch mein Mut, die Dinge nicht zu einfach zu sehen, blauäugig, als wäre alles klar: Hier ein guter Schöpfer, dort eine gute Schöpfung, und der Mensch in der Einheit mit beiden.
Wer wird schon geliebt, wenn er andere so unwiderlegbar daran erinnert, wer sie sind und was in ihnen steckt.
Aber damit kann ich leben. Ganz gut sogar. Denn ich wohne in allen Ecken und Enden der Erde – nein: des menschlichen Wesens. Mögen sie mich verachten, ignorieren , verleugnen, treten, ins Lächerliche ziehen oder für das Überbleibsel einer veralteten Weltanschauung halten: jeden Tag werde ich von neuem lebendig im Traum der Menschen von Allmacht und Allwissenheit, als Verlangen, alle Grenzen zu sprengen, die Welt und das Leben in die eigene Hand zu nehmen, selber Schöpfer zu sein, homo faber.

Mein Trick ist ebenso einfach wie wirksam: jene subtile Unterstellung, ER habe ihnen verboten, das Leben zu genießen. Die List der Übertreibung, die den sicheren Widerspruch auf den Plan ruft, jene menschlich-allzumenschliche Reaktion, so schlimm sei es doch nicht, Gott behüte. Von diesem Augenblick an sind sie unheilbar infiziert vom Zweifel. »Sollte Gott gesagt haben? Fragen wird man ja noch dürfen!«

Und so glauben Sie denn, die Verführung, der sie erliegen, sei eine Art Verhängnis, von außen aufgedrängt, und nicht eine Regung ihrer eigenen Seele. Sie machen es sich einfach zu einfach, diese Menschen, wenn sie meinen, *ich* hätte Schuld an ihrem schmerzhaften Leben jenseits von Eden, an ihrer halbherzigen und darum mißglückten Emanzipation. Als sei alles Schicksal, was sie bedrückt, von außen aufgedrängt, und nicht auch ihr Werk: der Schmerz am Beginn und die Angst am Ende des Lebens. Enttäuschte Liebe und sinnlose Mühe. Die mißlungene Nähe, die Bruchstückhaftigkeit allen Tuns und die Erfahrung, daß nichts auf Erden Bestand hat, kein menschliches Werk, kein menschliches Glück.

Solange dieser Mensch nicht wahrhaben will, daß ich die Stimme seines eigenen Wollens bin, die Einflüsterung seiner eigenen Zwiespältigkeit – so lange habe ich Macht über ihn und bleibe selber unenträtselt, incognito.

Wer ich bin? Das Spiegelbild des Menschen, der am Boden hockt, nach allem greift, was nach Glück riecht, der zerstört, was er liebt, und der darum sterblich ist, obgleich er fliegen könnte und die Welt anstecken mit Leben.

Eva

Der Abhängigkeit wollte ich entkommen, frei sein, die unendliche Fülle des Lebens auskosten, mich durch keine Grenze einengen, durch kein Nein aufhalten lassen, an kein Ende glauben und alles für möglich halten. Du und immer wieder Du. Doch das ist es nicht mehr, nichts ist mehr wie früher, nicht einmal ich selber.

Du – nein, nicht mehr! Du siehst, ich zittere. Ich möchte gehen, um mich selbst wiederzufinden. Vielleicht werde ich wirklich eines Tages die Tür hinter mir ins Schloß werfen, um einen Alptraum hinter mir zu lassen. Ja, es gab Zeiten, da war ich wie berauscht, von dir, von mir, von uns. Vorbei. Ich merke, wie du mich ausnutzt, meine Liebe, meine Fruchtbarkeit, meinen Schmerz. Ich, die ich nicht ohne dich, den Mann, leben wollte, ich, die ich jedenfalls ohne dich, den Mann, kein Leben gebären konnte, fühle mich durch dich, diesen Mann, ums Leben betrogen. Zur Sache gemacht in deiner männlichen Welt. Was für ein Leben: zerrissen zwischen Verlangen und Erniedrigung, zwischen Hingabe und dem Verlust des eigenen Ich. –

Mit einer harmlosen Frage fing alles an. Sollte Gott gesagt haben? Natürlich hatte er nicht. So nicht. Natürlich hatte er niemals *alles* verboten, was Glück und Befriedigung versprach. Aber ist erst einmal Mißtrauen gesät, wuchert es wie ein Krebsgeschwür. Es steckt alles an. Sind Gottes gute

Absichten erst einmal in Zweifel gezogen, das Leben erst einmal zweigeteilt in Erlaubtes und Verbotenes, in Gut und Böse, verändert alles Verbotene auf seltsame Weise sein Gesicht: Was das Leben zu begrenzen schien, wird zur grenzenlosen Verlockung, die die Phantasie bezaubert wie eine Fata Morgana. Als wäre alles umsonst ohne die verbotene Frucht.
Ob Gott deshalb sein Gesicht verändert hat? Grau ist es geworden, fast unkenntlich. Manchmal wie die Fratze des Schicksals, das seinen Opfern kein Glück gönnt, sondern sie in Unwissenheit und Abhängigkeit hält, sie demütigt, sie hin und hertreibt zwischen Verlangen und Versagen und sie nach jedem gelungenen Stück Leben umso unbarmherziger zu Boden wirft. –
Mit all dem leben, was war und was ist, und trotzdem Vertrauen haben, zu mir selbst, zu dir, zum Leben, zu Gott – ob das möglich ist, jenseits von Eden, getrennt vom Baum des Lebens?

Adam
Ich werde sie einfach nicht los, die Frage. Adam, wo bist du? Immer noch diese Stimme! Warum darf ich nicht leben nach meiner Fasson? Warum immer wieder dieses Erschrecken? Als wär's das erste Mal, damals, als mir die Augen aufgingen. Aber da war nicht der Rausch, das Erlebnis, endlich das Leben in den Griff zu bekommen, alles zu vermögen, grenzenlos frei zu sein. Im Gegenteil. Der zweifelhafte Fortschritt war nur ... der Blick auf die eigenen Defizite. Die Entdeckung, im Grunde völlig ungeschützt zu sein, nackt, wie ausgeliefert. Von wegen Allmacht, Allwissenheit, Größe, Selbstbestimmung! Nein, kein Fortschritt, kein Aufstieg, sondern ein Fall. Aus dem Paradies der Fraglosigkeit auf den harten Boden der Realität, die niemals eindeutig ist.
Alles ist jetzt anders, anders als erträumt. Auch Gott hat sich dabei verändert. Nicht mehr Freund, Nachbar, Gefährte, der schützt, sorgt und liebt. Sondern einer, der mich entdeckt, wo ich's am wenigsten will. Ein Schnüffler, ein Aufpasser, der alles weiß, alles sieht, mich nie aus den Augen läßt, wo ich mich auch verstecke. Der mich, kaum daß ich ihm begegne, an meine Schuld erinnert und mir ein schlechtes Gewissen macht.
Seither nagt der Selbstzweifel an mir, je mehr ich den Selbstsicheren spiele. Ein Teufelskreis! Bin ich wirklich so nackt, so ausgesetzt, so ohnmächtig, wie ich mich manchmal fühle? Warum mißgönnt er mir Stärke, Macht und Wissen, die Fähigkeit, das Leben nach eigenen Maßstäben zu leben? Warum dieses Schwanken zwischen Angst und eiskalter Zielstrebigkeit, zwischen Alltmachtswunsch und Ohnmachtserfahrung? Manchmal – ich gebe es zu – zerreißt es mich fast. –
Nein, es gibt kein Zurück. Für mich nicht. Ich bestehe darauf. Man muß das Leben in den Griff kriegen, seine Atome spalten, seine Gene verändern, Feinde aufspüren und niederringen, das Unmögliche wollen, um jeden Preis versuchen, eine schöne neue Welt zu schaffen, nach eigenem Plan, nach des Menschen Wille und Vorstellung. –

Trotzdem: Immer wieder die Furcht vor dem Absturz. Die Angst, ertappt zu werden. Das Erschrecken, wenn die Folgen mich einholen. Warum eigentlich die Frage nach dem Warum? Ich habe doch nur genommen, was sich mir bot. Man kann nicht alles und jedes auf seine Verantwortbarkeit prüfen. Man muß auch mal was riskieren. Woher sollte ich wissen, daß da ein Wurm drin war? *Ich* habe schließlich nicht angefangen, es war nicht *meine* Idee. Man kann sich nicht immer heraushalten, manches muß man einfach mitmachen, sonst ist man ganz schnell weg vom Fenster. Ich weigere mich, für alles und jedes die Verantwortung zu übernehmen!
Trotzdem ist es manchmal zum Verzweifeln. Ich spüre, daß etwas wie eine Strafe auf mir lastet. Und ich beginne zu ahnen: Das ist nicht nur die Bosheit der Welt. Kein Verhängnis. Ich selber schaffe, was ich fürchte und woran ich leide: Die schmerzhafte Erde. Das mühsame Leben. Die Arbeit ohne Sinn. Den Fluch, nun wirklich alles wissen, alles haben, alles erreichen und möglichst alles können zu müssen, um das Leben zu bestehen. Und am Ende den Tod, unaufhaltsam. –
Komme ich da heraus? Was kann ich hoffen? Gibt es Heimat für mich? Komme ich zu mir, wenn ich dem Gott ins Gesicht sehe, vor dem ich mich verstecke?
Vielleicht ist der Weg zu ihm auch der Weg zu mir selber.

Gott

Noch immer kann ich es nicht fassen, sooft ich mich auch daran erinnere … Beinahe jeden Tag, bei jeder Gelegenheit begegneten wir uns. Ohne Vorbehalt. Ohne Verstellung. Ohne die Angst, es könne etwas zwischen uns sein, etwas Unheimliches, geheim Gehaltenes, Verbotenes. Sie waren, die sie waren, und wünschten sich gar nichts anderes. Nackt, aber menschlich. So konnte auch ich für sie sein, was ich bin: Gott. Nichts und niemand anderes als das. Das Leben in Person.
Daß es anders kam, war nicht mein Plan, behüte, ich habe es nicht einmal vorhergesehen. Ich gebe sogar zu: Selbst ich, Gott, war auf eine schreckliche Weise überrascht. Waren doch die Grenzen, die ich ihnen gesetzt hatte, zugleich ihr Schutz. Sie mußten doch nicht alles wissen, nicht alles können, nicht alles bewirken, um zu leben, glücklich und befreit! Sie hätten sich beschenken lassen können, hätten sich bergen können in mir, in der Schöpfung, im Paradies dieser Erde, um sie zu bebauen und zu bewahren, um mitzuwirken am Wunder des Lebens. Sie aber wollten mehr und verloren alles. Seither weiß auch ich, was Schmerz ist, Ohnmacht, vergebliche, mißglückte, enttäuschte Liebe.
Wenn ihr Leben zur Strafe wird, dann hadern sie mit mir. Werfen mir vor, ich hätte sie nicht genügend bewahrt, mit mir und meiner Liebe könne es also nicht weit her sein. Sie machen mir Vorwürfe, wie enttäuschte Kinder, als wäre ich ihresgleichen. Ein Vater, der seine Kinder entgelten läßt, wenn sie ihn nicht ernst nehmen. Von Verhängnis, von Schicksal reden sie und

wollen nicht sehen, daß es nur die Folgen ihres eigenen Tuns und Lassens sind, die sie einholen. –
Wo bist du, Adam? Wie könnte ich aufhören, dich zu suchen, dich und deinesgleichen! Bin ich euch nicht nachgelaufen in das Elend eurer eingebildeten Allmacht und Allwissenheit, in das ihr euch flüchten mußtet vor lauter Angst, nicht genug vom Leben zu erhaschen? Konnte ich mehr tun als werden wie ihr: der Vergeblichkeit und der Vergänglichkeit ausgesetzt, ins Zwielicht geraten, unter die Sünder gerechnet, zuletzt bestraft wie nur Menschen zu strafen vermögen: mit dem Tode, ja mit dem Tod am Kreuz? –
Und dennoch. Ich weiß bis heute keine andere Weise, den Menschen nahe zu kommen: daß ich ihr Leben teile. Wo und wie immer sie suchen, fragen, irren, zweifeln und verzweifeln, sündigen und sterben. Das ist mein Leben als Gott, solange es Menschen gibt: daß ich auf den *neuen* Menschen warte – also auf den, der nicht meint, alles zu wissen und zu können, alles beherrschen und alles erreichen zu müssen, sondern, der Ja sagen kann zu seinem Leben samt seinen Grenzen. Er ist meine ganze Hoffnung, und ich weiß, sie muß und sie wird sich erfüllen: daß endlich der Mensch ersteht, wie ich ihn dachte und wollte, von Anfang an. Einer, der lieben und leiden, glauben und hoffen kann und dessen ganze Sehnsucht ist, zu werden, was er sein kann: ein Segen. Für Zeit und Ewigkeit.
Ab und zu treffe ich ihn, wenn ich unterwegs bin in dieser Welt, meiner Schöpfung, meinem Haus. Dann weiß ich, daß es nicht umsonst ist, Gott zu sein.

Reminiscere

Predigttext: Matthäus 12,38–42

Martin Adam

Theologisch-homiletische Skizze

1. Es lohnt, Mt mit der Parallele Lk 11,16.29–32 zu vergleichen. Ich fände es leichter, mit Lukas die *Verkündigung* Jesu als das »Zeichen« zu predigen, das über Glaube und Unglaube, Heil und Unheil entscheidet. Demgegenüber nimmt Mt das Kreuz (und die Auferstehung) als Beweiszeichen, das aber dieses Geschlecht ausschließt und damit »den Charakter der Einladung verliert; ein Zeichen, das über Gott und sein Handeln letztlich verfügt, statt dafür zu öffnen« (W. Pratscher in der Exegese, Bd. 4). Mt erwartet das zukünftige Gericht als Gottes Verwerfung, die unabänderlich ist. Seine (jüdischen) Zeitgenossen haben jetzt keine Chance mehr zur Umkehr, sie sind vielmehr schon jetzt für ewig verworfen, durch eigene Schuld. Mt erklärt seiner Gemeinde diese Verwerfungs-These mit dem Überzeugungsmittel des typologischen Vergleiches, der nicht nur Ähnlichkeit, sondern auch Überbietung demonstrieren soll. »In Mt 12,39–45 werden Jona und Jesus in ihrem Geschick und dann nochmals Jona und Salomo unter dem Aspekt des Verhältnisses zu ihrem jeweiligen Publikum mit Jesus verglichen. Während im Geschick mit Jona Übereinstimmung festgestellt wird, wird bei den letzten Vergleichen Jesus über Jona und Salomo gestellt. Sodann wird nochmals das Geschick der bösen Generation am Ende verglichen mit dem Unheil von Geistern im zweiten Stadium ihrer Wirksamkeit (Rückfall). Das ganze Geflecht der argumentativen Vergleiche dient der Kennzeichnung der Bosheit der Angeredeten: Obwohl Jesus da ist, der mehr ist als Jona usw., ist es mit ihnen so schlimm wie mit rückfälligen Dämonen« (K. Berger, Formgeschichte des Neuen Testaments 1984, S. 27).

Anders als Mt sieht Lk die Schuld darin, die Verkündigung Jesu gering zu achten, sie erst durch ein Zeichen vom Himmel überboten haben zu wollen, bevor man umkehre. Während Lk den Weg zur Umkehr als Anschluß an Jesus noch nicht als völlig verbaut ansieht (allerdings ist Jesu Predigt das letzte Zeichen), findet Mt seine Adressaten bereits unrettbar verstockt. »Wo die Verstocktheit die Verkündigung Jesu ausschlägt und ein anderes Zeichen vom Himmel fordert, da gibt es nur noch das Gericht ... Diese Ankunft des Menschensohnes (scil. entspr. Mt 24,30) wird also die Anerkennung erzwingen, welche die Niniviten bereits der Predigt gaben, aber dann kommt die Anerkennung zu spät« (H. E. Tödt, Der Menschensohn in der synopt. Überlieferung 1959, S. 49).

2. Auf den ersten Blick scheint Mt mit seinem Vergleich zwischen Jona und Jesus auf das Hervorkommen aus dem Fisch/der Erde, d.h. auf Jesu Auferstehung abzustellen: Die Auferstehung als göttliches Zeichen – was soll dem Menschen Größeres als Legitimation vorgesetzt werden? Ich verstehe Mt anders. Zwar mögen seine Leser bei »3 Tage und 3 Nächte im Schoß der Erde« sofort auch die Auferstehung assoziiert haben (so sicher, wie das »am 3. Tage auferstanden« im Glaubensbekenntnis erwartet wird), aber Mt sagt eben das nicht. Er nimmt Jonas (wunderbare) Rettung nicht als das Zeichen für die Niniviten. Ich verstehe Mt so: Den Gegnern unterstellt er die Forderung nach eindeutigen, übermächtigen, überirdischen Beweisen, die Jesus als den gottgesandten Messias legitimieren, ohne Wenn und Aber. Doch

Jona kam nicht von oben und überwältigend, sondern »aus der Tiefe«, anfechtbar, ohne Autorität. So auch *Jesus*: Das Leiden, das Hinabsteigen, das Kreuz ohne entlastende Aussicht auf Rettung »bezeichnen« seinen Weg. Das Jona-Zeichen, das mit Jesus gegeben wird, ist sein Weg in die und durch die Tiefe der Existenz – nicht nur scheinbar, nicht unecht, sondern ganz menschlich und wirklich. Die Auferstehung darf nicht als überirdischer Legitimationsausweis herhalten, der von vorneherein »alles klar« macht, so daß einer sich nur von der Auferstehung überzeugen muß, ohne auch nur eine einzige Umkehrerwägung bei sich anstellen zu müssen.
Somit wird Jesus gerade durch seinen Weg nach unten qualifiziert. Allein seine Person ist das Zeichen, das gegeben wird. Losgelöst von ihr und ihrem Geschick, zusätzlich dazu wird keins gegeben. Der Anstoß, das Ärgernis und die Einladung zum Sicheinlassen auf Jesus hängen engstens mit seinem Weg nach unten zusammen: »In der Tiefe ist Wahrheit« (P. Tillich). Sie erschließt sich nur dem, der sich mit dem eigenen Leben auf sie einläßt, nicht aber dem, der sie vorab und als »von oben« legitimiert betrachten will. Jona und Jesus hatten keine übergeordnete, vorher aus der Distanz nachprüfbare Autorität vorzuweisen. Ihren Hörern wird die Entscheidung nicht dadurch entzogen, daß sie ihnen im voraus abgenommen wird. Glaube an Jesus Christus erweist sich erst in der Nachfolge auf seinem Weg.
3. Mir ist klar, daß Mt aus seiner Situation heraus schreibt. D.h. er reagiert auch seinen Ärger ab über die jüdische Oberschicht und deren hartnäckiges Nein zu Jesus Christus. Ich informiere die Gemeinde kurz darüber, wende mich dann aber gleich dem eigentlichen Predigtthema zu, den zwei grundverschiedenen Gottes- und Christus-Vorstellungen, die zur Debatte stehen.

Vorschläge zur Liturgie

Lieder
71; 221; 247; 256; 274

Lesung
Jes 53; 1. Kor 1,18–25

Eingang
Psalm 84,6–8a; Psalm 25,4–6

Sündenbekenntnis
Herr Jesus Christus, wir bekennen: Wie oft meinen wir, dein Weg sei nicht unser Weg. Du leidest – wir suchen uns Freude. Du erträgst Spott und Verachtung – wir jagen dem Glück nach unter großen Opfern. Du stirbst – wir wollen nichts als leben. Herr, wir leben fernab von deinem Weg und gehen eigene Wege. Zeige uns deinen Weg als den Weg zu uns selbst. Ziehe uns an deine Seite, wo wir Gott finden und uns selbst nicht verlieren.
Herr, erbarme dich.

Gnadenzusage
Gott geht zu allen Menschen in ihrer Not, / sättigt den Leib und die Seele mit Seinem Brot, / stirbt für Christen und Heiden den Kreuzestod / und vergibt ihnen beiden. (D. Bonhoeffer)

Gebet vor der Predigt:
Herr, laß uns dein Wort als Gottes Wort hören. Dein Wort kann uns verwandeln, und wir werden zu Menschen, die Gott gefallen. Sprich uns so an, daß wir uns von dir beanspruchen lassen. Überzeuge uns von deiner Lebensart, damit wir neu leben und anderen leben helfen. Herr, gib uns dein Wort, das unseren Glauben stärkt und deine Liebe in uns entzündet.

Fürbittengebet
Herr Jesus Christus, wir danken für das Angebot, mit dir deinen Weg zu gehen. Schenke uns Kraft und Ausdauer für ein mutiges Leben, das deinen Spuren nachgeht. Ermutige uns, wenn wir den Weg nach unten scheuen und den leidvollen Erfahrungen ausweichen wollen. Wir brauchen Kraft an jedem Tag. Wir brauchen festen Grund, wenn unser Vertrauen mißbraucht wird und der Glaube wankt. Gib uns Gelassenheit, vor dem Unabänderlichen nicht zu fliehen, sondern es tapfer anzunehmen. Gib uns Klarheit, das Machbare zu erkennen und ihm eine menschenfreundliche Gestalt zu geben. Gib uns Vertrauen, dann wird jede Lebensstufe, im Glück wie im Leid, zum fruchtbaren Land, auf dem Glaube, Liebe und Hoffnung wachsen.
Herr, wir bitten nicht nur für uns. Wir bitten auch für die Menschen, die in der Nähe und in der Ferne in Mühen und Sorgen leben, ungesehen und unbeachtet: für die Traurigen und Enttäuschten, für Menschen, die alleinstehen. Wir bitten für die Opfer von Krieg und Gewalt in aller Welt. Laß die Politiker und die Machthaber Wege zum Frieden suchen und finden. Laß immer mehr Menschen zum Werkzeug deines Friedens werden.

Vorschlag für die Predigt

Möglicher Anfang
Die mächtige Königin des Südens stieg herunter von ihrem Thron und begab sich auf den überaus gefährlichen langen Weg zu Salomo. Die stolzen und hartherzigen Leute von Ninive ließen sich von Jona zur Umkehr bewegen. Die Königin holte nicht erst schlüssige Beweise ein, daß Salomo wirklich ein so bedeutender Weiser und überhaupt noch im Amt sei – sie reiste einfach los. Und die Ninive-Leute fragten den durchnäßten, erbärmlich nach Fisch stinkenden Jona nicht lange nach Papieren und Bescheinigungen. Seine Person überzeugte sie, und seine Worte rissen ihren Stolz nieder. Nur die sattsam bekannten Pharisäer und Schriftgelehrten wollen

es auch jetzt wieder genau wissen! Sie versuchen, Jesus auszutricksen, indem sie von ihm erst mal den Ausweis, seine göttlichen Hoheitszeichen und unbezweifelbare Allmachtsbeweise fordern. Aber Jesus zeigt es ihnen, souverän und unbeeindruckt.

Möglicher weiterer Verlauf

Ich beschreibe kurz die Situation des Mt, d.h. seinen Frust darüber, daß die jüdische Oberschicht sich nicht bekehren ließ. Fazit des Mt: Sie sind verloren und gerichtet. Schluß, aus. Die Niniviten und die Königin von Saba treten als unwiderlegbare Zeugen der Anklage gegen sie auf.

Indem Mt die Pharisäer mit ihrer versucherischen Frage vorführt, kommt zugleich unsere Frage ans Licht als heimliche Forderung an Jesus: »Beweise deine göttliche Autorität, dann hast du uns gehorsam hinter dir!«

Zwei Glaubenswege stehen hier zur Wahl. Einerseits das Verlangen, Gottes Allmacht und die Hoheit Jesu Christi vorab und immer wieder eindeutig bewiesen zu sehen, andererseits der Anspruch der Person Jesu und seines gewählten Weges i.S. des jesajanischen Gottesknechtes: der Allerverachtetste und Unwerteste, keine Gestalt, die uns gefallen hätte, aber in ihm soll uns Gott begegnen.

Schon Paulus und die Evangelisten lebten und verkündigten in diesem Zwiespalt zweier Gottes- und Christus-Vorstellungen. Und die erstere verlockt immer wieder dazu, Jesus Christus golden »einzufärben«, seine insgeheime Hoheit herauszuheben, ihn zu einer Art Schein-Mensch zu machen, in dem Gott sich versteckt, der dann auch gar nicht echt leiden und wirklich sterben kann. Ein als Mensch verkleideter, unnahbarer Gott – die Pharisäerfrage deckt auf, was Christen zu allen Zeiten sich wünschten: den Gott, der uns Allmacht »liefert« (Wunder, Erhörungen, rettende Eingriffe gegen den Lauf von Natur und Geschichte); den »bezahlen« wir dann mit Anbetung, Gehorsam und Unterwerfung. Glaube als lohnendes Geschäft auf Gegenseitigkeit: do ut des; wie du mir, so ich dir.

Dieser Versuchung muß das Bild, die Person des irdischen Menschen Jesus entgegengestellt werden. Er trägt als bleibendes Kennzeichen »das Zeichen des Jona«. Keine vorab nachprüfbare Autorität, nur die Überzeugungskraft seiner Person, seines Geschicks unter Berufung auf Gott. Ich soll von Jesus Christus mitgenommen werden auf den Weg nach unten, mitten hinein ins menschliche Drunter und Drüber. In der Tiefe liegt die Wahrheit, die Jesus Christus anbietet: im gelebten Leben Gott zu begegnen und so zu mir selbst zu kommen. – Der Preis für diesen Glaubensweg ist hoch: der Verzicht auf das so erwünschte hoheitliche Gottesbild vom Allmächtigen, »der alles so herrlich regieret«. Wer durch Jesus Christus Gott finden will, muß seinen Weg mitgehen. Der führt tief hinab ins wirkliche und zugleich wahre Leben, wo Freude und Leid uns betreffen, Enttäuschung und Erfüllung auf uns warten. Die Bewegung, der Weg wird niemandem erspart; die Niniviten mußten selbst umkehren, die Königin von Saba mußte sich selbst aufmachen.

Ängstlich frage ich mich da, wie ich denn wissen kann, ob der Weg Jesu Christi wirklich zu Gott und zur Wahrheit meines Lebens führt. An dieser Stelle der Predigt können zwei *Beispiele* zeigen, daß es hier allein auf das mir anfänglich gegebene Versprechen (das Ja-Wort) der anderen Seite und auf mein dem entsprechendes Vertrauen ankommt. *Das erste Beispiel:* Jede Partnerschaft (z.B. eine Ehe). Gute Herkunft und beste Zeugnisse der beiden Partner können nichts vorab garantieren; erst unterwegs, im Laufe der Zeit miteinander bestätigt sich das Vertrauen. *Das zweite Beispiel:* Der sogen. Vertrauensspaziergang (bekannt auch als »blind walk«). Einer mit offenen Augen führt einen anderen mit geschlossenen Augen (und ganz ohne Worte) durchs Gelände. Diese Übung ist sehr eindrücklich. Was wird einer mit mir machen, in dessen Hand ich bin? Wird mein Anfangsvertrauen belohnt oder mißbraucht? Genauso ist es mit meiner Beziehung zu Jesus Christus: Ich habe allein sein vorab gegebenes Wort, das mein Zutrauen weckt, dieser »Bund fürs Leben« werde gelingen, der Vertrauensspaziergang durch Dick und Dünn führe mich in meine wahre Existenz. Erst unterwegs, erst im Vollzug bewahrheitet sich der Glaube als Vertrauen auf diesen Herrn meines Lebens. Besonders auf den dunklen Wegstrecken.

Möglicher Schluß

Worauf lasse ich mich ein, wenn ich mit Jesus Christus durchs Leben gehe? »Weg nach unten«, »an der Seite des Gekreuzigten leben« – das klingt so düster und beschwerlich, das scheint das gerade Gegenteil zu sein vom ersehnten erfüllten Leben! Leiden, Opfer bringen, das Kreuz tragen: was für ein Leben ... Prompt meldet sich dann auch das Bibelwort »Wer mir nachfolgen will, der verleugne sich selbst und nehme sein Kreuz auf sich«. Wieviel Unfug ist mit diesem Wort schon getrieben worden. Hüten wir uns, das Leiden und Kreuztragen zum von Jesus Christus allein gewollten Lebensstil zu erklären! Als müsse ein Christ sich alles gefallen lassen, sich ständig demütigen, zu Kreuze kriechen, sich selbst und sein Recht auf Leben und Glück verleugnen, um ein *guter* Christ zu sein. Als habe Jesus hier eine Kurzanleitung zum Unglücklichsein geben wollen. Nein, auch Jesus war kein ins Leiden verliebter Mensch, der die Freuden des Lebens verdammt hätte. Er weiß gut, daß *beides* zum ganzen Leben gehört, die Freude und das Leid. Wer vom Leben die Freude abspaltet, wird depressiv; wer vom Leben das Leid abspaltet, der ist und bleibt infantil, ist und bleibt wie ein Kind, das mit buntem Spielzeug spielt und das Angenehme immer zuerst und ausschließlich haben möchte. Der Mensch muß aber heranwachsen, muß sich den Realitäten stellen. Die Realität ist oft eine bittere Arznei. Wer sie verweigert, wird kein reifer Mensch. Wer sein Leben nur angenehm gestalten will, wird es in Wahrheit verlieren: seine reife Identität nämlich, seine reife Persönlichkeit.. Genauso wie auch der am Leben vorbeigeht, der immer nur nach *schlechten* Erfahrungen Ausschau hält und nur dann glücklich ist, wenn er so recht unglücklich sein kann. Das Leben ist nicht nur Freude, aber es ist auch nicht nur Kreuz. Wir sind zwischen diesen beiden Polen ausgespannt. Kein Mensch kann es ertragen, nur Freude zu erleben oder nur Leid. Im Glück die Augen vor eigenem und fremdem Leid nicht zu verschließen, im Unglück die Hoffnung auf die Auferstehung ins Leben nicht aus den Augen zu verlieren – das ist das erfüllte Leben, das uns Jesus Christus verspricht und das wir gewinnen können, wenn wir seinen Weg gehen.

Kontexte

Hüte dich vor dem Menschen, dessen Gott im Himmel ist! (G. B. Shaw)

Die Wahrheit ist nur dem zugänglich, den sie verwandelt. (E. Rosenstock-Huessy)

So ist der christliche Weg der Weg des Lammes, das unterwegs die eigene Wolle opfert und das Böse läßt. Symbol dieses Weges und Mutes ist das Kreuz. Der Glaube ist hier der Mut zu diesem menschlichen, wahrhaft menschlichen Weg.
(H. Buhr, Der Glaube – was ist das? 1963, S. 91)

Stellen wir uns einen Christus vor, der nicht gestorben, sondern in Herrlichkeit zu uns gekommen wäre und uns mit seiner Macht, seiner Weisheit, seiner Ethik und seiner Frömmigkeit belastet hätte! Er wäre fähig gewesen, unseren Widerstand zu brechen durch seine Stärke, seine Macht, seine Weisheit und damit seine Vollkommenheit. Aber er hätte unsere Herzen nicht gewinnen können. Er hätte uns ein neues Gesetz gebracht und es uns auferlegt durch seine allmächtige und vollkommene Persönlichkeit. Seine Macht hätte unsere Freiheit zerbrochen; seine Herrlichkeit würde uns wie eine brennende, blendende Sonne überwältigen. Unsere Menschlichkeit wäre durch seine Göttlichkeit verschlungen worden. Eine der tiefsten Einsichten Luthers war die, daß Gott sich selbst für uns in Christus klein gemacht hat. Indem er das tat, ließ er uns unsere Freiheit und unsere Menschlichkeit. Er zeigte uns sein Herz, auf daß unsere Herzen gewonnen würden.
... Wir sehnen uns nach einem Christus der Macht. Aber wenn er kommen und uns und unsere Welt verwandeln würde, so müßten wir den *einen* Preis zahlen, den wir nicht zahlen könnten: wir müßten unsere Freiheit, unsere Menschlichkeit und unsere geistige Würde aufgeben. Vielleicht würden wir glücklicher sein; aber wir würden auch Wesen einer niedrigeren Seinsstufe sein. Wir würden mehr glücklichen Tieren als Menschen, zum Ebenbilde Gottes geschaffen, gleichen. Diejenigen, die von einem besseren Leben träumen und dem Kreuz auszuweichen versuchen, und diejenigen, die auf einen Christus hoffen und den Gekreuzigten meiden möchten, kennen nicht das Geheimnis Gottes und des Menschen.
(P. Tillich, In der Tiefe ist Wahrheit, 1952[4], S. 138f.)

Okuli

Predigttext: Markus 12,41–44

Richard Hilge

Theologisch-homiletische Skizze

Exegeten weisen darauf hin, daß der vorliegende Text von Haus aus keine biografische Begebenheit aus dem Leben Jesu erzählt, sondern eine »ideale Szene« ist, vielleicht eine »Wanderzählung« (R. Bultmann), »die Markus aus der Tradition übernommen hat«. (M. Hoffmann in Band 4) Als Indizien werden dafür sowohl die religionsgeschichtlichen Parallelen dieser Erzählung genannt als auch ihr offener Schluß. Da wir keinerlei Einzelheiten über diese Witwe erfahren, nimmt man an, daß sie in dieser Perikope nicht als Person, sondern nur als Beispiel wichtig ist. Nach der Lektüre von Strack-Billerbeck (II, S. 37–46) meine ich allerdings, daß sich diese Geschichte in ihrem Kern sehr wohl in das Leben Jesu zurückdatieren läßt und daß dadurch das Verhalten Jesu am Opferstock erst verständlich wird. Aus einem Jesus, der den Leuten beim Almosengeben auf die Finger sieht, wird ein Jesus, der eine arme Witwe gegen den möglichen Spott und die Kritik eines Priesters schützt. (Eine gute Beschreibung dieser Situation am Opferkasten bietet H.-N. Caspary, PrSt III, I, 1980/81, S. 149)

An wen wendet sich Jesus in dieser Perikope?

1. Möglichkeit: Er wendet sich an die Witwe. Sie hat mit ihrem Opfer zwar nicht ihr Leben riskiert, wohl aber hat sie alles hergegeben, was sie im Augenblick zur Verfügung hatte. »Ortsansässige Bedürftige erhielten am Sabbathabend soviel Geld, daß sie davon jeden Tag zwei Mahlzeiten bestreiten konnten« (H.-N. Caspary, a.a.O., S. 149).

Im ersten Teil der Predigt möchte ich die Armut und das Opfer der Witwe wörtlich verstehen. Ich möchte ihr Verhalten allerdings nicht als ein Vorbild hinstellen. Jesus hat die Umstehenden aufgefordert, diese Frau als das gelten zu lassen, was sie ist. Dieses »Wunder der leeren Hände«, daß man auch in der bittersten Armut noch selbstlos schenken kann, ist vielleicht eine der tiefsten und beglückendsten Erfahrungen von Menschlichkeit, die es überhaupt gibt. (E. Drewermann, Das Markusevangelium II, S. 325ff.). Ich sehe in diesem Text eine Ermutigung an die Armen, sich dieser Würde und dieses »Reichtums« bewußt zu sein. So gesehen verschließt sich dieser Text allerdings uns Reichen. Aber wir können nicht alles haben: unseren Reichtum und »das Evangelium, das den Armen gepredigt wird«.

Im zweiten Teil der Predigt möchte ich die Armut und das Opfer der Witwe im übertragenen Sinn verstehen, als ein Bild für unsere eigene Armut an Glauben und an Liebe. Gerade als Christen leiden wir oft unter dem Gefühl, nicht genug getan zu haben und schon gar nicht genug zu sein. In diesem Fall ermutigt der Text dazu, das eigene »Scherflein« nicht ständig mit dem vielen zu vergleichen, das andere tun, sondern darauf zu vertrauen, daß das wenige, das wir tun können, viel ist.

2. Möglichkeit: Jesus wendete sich in dieser Geschichte an die Schriftgelehrten. Unmittelbar vor unserer Perikope warnt er vor ihnen (Mark 12,38–40). Er wirft ihnen Überheblichkeit, mangelnde Liebe und fehlende Wahrhaftigkeit vor (E. Drewermann, a.a.O., S. 361ff.). Hinter dem Verhalten der Schriftgelehrten steckt eine

tiefe Angst. Dagegen handelt die Witwe aus dem Vertrauen. »Dem beispielhaften Verhalten der Witwe kontrastiert das schlechte der Schriftgelehrten« (M. Hoffmann). (Siehe auch Alternativvorschläge)
Die Perikope vom »Scherflein der Witwe« steht an einer »Scharnierstelle des Markusevangeliums, zwischen der Auseinandersetzung Jesu mit den Schriftgelehrten (12,13–40) und der beginnenden Passion (Kap. 14), eingeschoben ist nur noch das Kapitel von der endzeitlichen Parusie Christi (13)« (H.-H. Jantzen, PrSt III, I, 1986/87, S. 181). Darum möchte ich die Predigt mit dem Gedanken schließen, daß die Witwe durch ihr Tun auf den hinweist, der am Ende sein Leben gab, um uns so zu befreien, daß wir mit dem Wenigen oder dem Vielen, das wir besitzen, weitherzig umgehen könnten (2. Kor 8,9).

Vorschläge zur Liturgie

Eingangspsalm
Ich preise den Herrn
und freue mich über Gott, meinen Retter.
Ich bin nur ein einfaches, unbedeutendes Geschöpf,
und doch hat er an mich gedacht.
Sein Name ist heilig.
Sein Erbarmen hört nicht auf;
über Generationen hin schenkt er es allen, die ihn ehren.
(aus dem Magnificat nach »Die gute Nachricht«)

Sündenbekenntnis
Mein Gott, was soll ich dir sagen? / Soll ich alle meine Worte zusammensuchen / und dich den Gott meines Lebens nennen? / Oder soll ich dir sagen, daß ich ein Sünder bin? / Das weißt du besser als ich. / Du weißt, wie mürrisch meine Gebete an manchen Tagen sind. / Meine Arbeit ist schlecht und recht getan, / und selbst das Beste an mir ist nicht eindeutig und klar. / Und doch bin ich ein Mensch dieser Erde, / der die Sehnsucht nach dem Himmel in sich trägt. / Und wie sollte ich mich aushalten können, / wenn nicht in der Erfahrung, / daß du mir trotzdem gut bist. / Erbarm dich meiner, / du Gott der Langmut und der Liebe. / Gib meinem dürren Herzen deinen Geist, / damit er es wandle. / Wenn es nur wach wird! / Wenn nur dieses enge und empfindliche Herz / in deine Großmut und in deine Weite hineinwächst! / Wandle meine Finsternis in Licht / und meine Ohnmacht in Kraft, / dann will ich dich preisen.
(nach Karl Rahner)

Schlußgebet
Gott, wir bitten dich,
weil unsere Welt, um überleben zu können, Menschen braucht, die für sie bitten, und die in Ehrfurcht eintreten für alles, was lebt.

Alle: Herr, erbarme dich … (3x nach der Melodie von P. Janssens)
Gott, wir hoffen quer zu allem, was in den Strukturen der Wirtschaft, der Politik und auch in uns selbst starr und übermächtig erscheint. Befreie unsere Vernunft, daß wir die Lage unserer Welt klar erkennen und daß wir eindeutig reden. Möge unsere Hoffnung der Gerechtigkeit Raum schaffen.
Alle: Herr, erbarme dich …
Gott, gib uns noch Zeit,
das zu tun, was wir tun können. Du bist in uns, und wir sind in dir. Darum sind unsere Möglichkeiten so klein nicht, wie wir oft meinen. Und wenn die Zeichen der Zeit eher auf Vernichten, auf Ausbeuten und auf Abholzen stehen als auf Retten und Erneuern, hör du nicht auf, uns zu erneuern, und laß uns dir dabei nicht im Weg stehen.
Alle: Herr, erbarme dich …

Vor dem Abendmahl
Herr, Jesus Christus, / du kümmerst dich um deine Gäste / wie ein aufmerksamer Diener, / du, der Sohn im Haus des Vaters. / Und weil es nichts an dir gab, / das nicht für alle bestimmt war, / dein Leben und dein Tod, / genügten dir ein wenig Brot und ein wenig Wein, / um den Deinen alles mitzuteilen. / Halte uns ab vom Wettlauf um Ehren und vom Zank um Einfluß, / uns, die wir die Macht erfinden, / um unsere Schwäche damit zu verbergen. / Wecke in uns den Sinn für das Kleine, / die wir das Bißchen, was wir sind, / nicht vergeuden für das Zuviel, / von dem wir träumen. / Entreiße uns kleinlicher Freundschaft, / die gibt, um etwas zurückzuerhalten, / und die Liebe nach Gewinn bemißt. / Gepriesen sei dein Name, Herr Jesus, / er bringt uns zum Staunen und bewegt uns zur Umkehr.
(nach Jean-Thierry Maertens)

Lieder
EKG 542,1+2+5; 526,1–4; 232,1–3; 140

Vorschläge für die Predigt

Möglicher Anfang
Daß diese Witwe ihren letzten Pfennig ausgerechnet in einen Opferkasten wirft, hat mich noch nie geärgert oder ernsthaft gestört, obwohl ich genau weiß, daß ich selbst nicht so weitherzig bin. Ich habe diese Witwe allerdings auch nie nachzuahmen versucht, und ich denke, ich brauche es auch nicht. Aber ich habe schon oft über ihr Verhalten gestaunt. Diese Frau ist für mich glaubwürdig. Dabei hat sie selbst wahrscheinlich überhaupt nicht das Gefühl, etwas Besonderes zu tun. Sie ist so. Was sie tut, ist nicht aufgesetzt. Und sie macht auch nicht etwas vor, das andere später nachmachen könnten. Sie handelt ganz unmittelbar aus ihrem Inneren heraus, ohne die Angst,

dadurch zu kurz zu kommen. Und obwohl sie in dieser Geschichte kein einziges Wort spricht, erzählt mir ihr kleines Beispiel mehr von Gott, als es sonst viele Bücher tun. Diese großzügige Witwe, die auch ihren letzten Pfennig noch hergibt, und der großzügige Gott, der seine Sonne über Böse und über Gute aufgehen läßt, sie gehören für mich zusammen.
Dagegen ist mir ein Jesus, der sich neben den Opferkasten setzt und der darauf achtet, was die Leute spenden, immer fremd geblieben. Hat er nicht bei einer anderen Gelegenheit über das Almosengeben gesagt, daß die linke Hand nicht wissen soll, was die rechte tut?
Aber dann las ich eines Tages, daß es 13 solcher Opferkästen im Tempel gab. Und wenn ich das Gelesene jetzt vereinfacht weitererzähle, dann klingt es so: Jemand, der damals ein Gelübde getan hatte, legte das versprochene Geld in einen dieser Opferkästen. Bevor er das aber tat, mußte er den Betrag noch einmal laut nennen. Ein Priester, der ebenfalls am Opferkasten stand, zählte das Geld nach und prüfte, ob die Spende als Dank für die erfahrene Hilfe Gottes auch groß genug war. Reiche Spender nannten ihren Betrag natürlich möglichst laut, damit auch alle Umstehenden es hörten. Arme Spender dagegen hätten sich wahrscheinlich in diesem Augenblick am liebsten unsichtbar gemacht; denn es konnte passieren, daß ein Priester mit Spott und Kritik über sie und ihr bescheidenes Almosen herfiel. Die Gaben wurden später für den Erhalt des Tempels und für die Ausgestaltung von Gottesdiensten verwendet. Und beides kostete viel Geld.
Als ich das alles las, verstand ich plötzlich, warum sich Jesus neben den Opferkasten setzte. Das war kein neugieriger und auch kein kontrollierender Jesus mehr. Das war ein Jesus, der sich zum Anwalt der Armen macht und der eine arme Witwe vor den bissigen Bemerkungen eines Priesters schützt: »Sie hat mehr in den Gotteskasten gelegt als alle, die etwas eingelegt haben.«
Eine Witwe war damals nicht versorgt, und sie wurde oft ein Opfer gewissenloser Zeitgenossen. Sie bekam zwar aus dem sog. »Armenkorb« soviel Geld, daß sie sich davon jeden Tag zwei Mahlzeiten leisten konnte. Wenn sie mehr brauchte, mußte sie betteln. Und genau dieses Geld, das einen Tag lang für das Allernötigste reichte, gab die Witwe in unserer Geschichte weg.

Zum weiteren Verlauf
Ich stelle mir vor, wie sich die Reichen, die noch am Opferkasten standen, und insgeheim auch noch der Priester über diese »unvernünftige« Frau lustig machten; denn so ist es üblich, daß man immer nur einen Teil abgibt, einen Teil des Geldes, einen Teil der Zeit und einen Teil der Kraft. Das Leben hat mich gelehrt, daß diese Art des Teilens über weite Strecken hinweg auch reicht. So sahen es auch die Kinder, mit denen ich diese Geschichte spielte. Ein Reicher gab von den DM 1200, die er hatte, DM 50

weg und ein Armer von seinen DM 2,67 allerdings mehr, nämlich DM 1. Selbst die Witwe am Opferkasten wird nicht jeden Tag ihren letzten Pfennig hergegeben haben. Aber es gibt Augenblicke im Leben, da zählt nicht mehr, was »vernünftig« und ohne Risiko ist. Wer dann »sein Leben erhalten will, der wird es verlieren« (Lk 9,24).

Sie, die so wenig besaß, gab sehr viel. Was diese Frau auch immer dazu bewogen haben mag, es hatte mit ihrem Glauben und ihrer Würde zu tun. Daß man selbst als Bettlerin noch selbstlos zu schenken vermag, dieses »Wunder der leeren Hände«, gehört zur Würde der Armen; vielleicht eine der tiefsten und der beglückendsten Erfahrungen von Menschlichkeit, die es überhaupt gibt.

Diese Erfahrung ist uns inzwischen reich Gewordenen weithin verschlossen.

Aber ich denke, wir können nicht alles haben: unseren Wohlstand und dann auch noch die Würde der Armen und den Trost, der nur ihnen gilt. Unser Geld öffnet uns nicht nur Türen, es verschließt uns auch Türen, weil es uns verändert.

Ich denke, daß Jesus diese Witwe die Kraft ihres eigenen Glaubens und die Würde ihres Schenkens erfahren lassen wollte; sonst hätte er auf irgendeine Weise dafür gesorgt, daß sie ihren letzten Pfennig für sich behielt.

Die Armut der Witwe als ein Bild:

Jeder von uns versucht, so redlich er kann, in unserer Zeit als Christ zu leben. Aber gerade dann überfällt uns oft ein Gefühl von Ungenügen. Das alles reicht doch nicht, sagen wir uns selbst, eigentlich müßten wir noch viel mehr tun! Aber oft wissen wir selbst nicht mehr, was richtig oder verkehrt ist. In Glaubensdingen fühlen wir uns nicht mehr kompetent, und für viele Probleme wissen wir keine Lösung. – Besonders älteren MitarbeiterInnen, die sich jahrelang treu engagiert haben, geht es so. Angesichts der kirchlichen Situation (3. Austrittswelle, weiterhin sinkende Zahl der Gottesdienstbesucher, Überalterung der Gemeinden, Berufstätigkeit der Jüngeren) und angesichts der wachsenden Herausforderungen unserer Zeit (zunehmender Flüchtlingsstrom, Gewalt gegen Asylsuchende und Ausländer, Bürgerkrieg in Jugoslavien) fühlen sich gerade ältere Mitarbeiter völlig überfordert. »Haben wir denn immer noch nicht genug getan?« sagen sie sich, oder »Haben wir denn alles verkehrt gemacht?«.

»Vergleicht doch nicht ständig Euer eigenes ›Scherflein‹ mit dem vielen, das andere tun!« höre ich Jesus sagen. »Woran wollt Ihr denn ablesen, was wenig und was viel ist? Nicht, was einer tut, ist entscheidend, sonderen wie er es tut.«

Albert Schweitzer hat einmal gesagt: »Das Wenige, das Du tun kannst, ist viel.« Und ich möchte fortfahren: »Das viele, von dem du meinst, darauf komme es noch unbedingt an, es kann am Ende sehr wenig sein.«

Möglicher Schluß
Ich habe mit einem Sozialhilfeempfänger, der früher auf der Straße lebte, über diesen Bibeltext gesprochen und ihn gefragt, ob er diese Witwe nicht für ziemlich dumm halte. Er dachte einen Augenblick nach und antwortete dann: »Die ist nicht dumm, die glaubt wirklich. Aber die Reichen mit Schlips und Kragen, die sind zu 60 % Scheinheilige. Die tun doch nur so fromm, in Wirklichkeit sind sie ganz anders. Und meistens sind sie auch nicht so reich, wie sie wirklich tun.«
Die Witwe glaubte wirklich. Aber vielleicht ist das ihre noch tiefere Bedeutung, daß sie mit ihrem Tun bis heute auf den hinweist, der am Ende nicht nur seinen letzten Pfennig, sondern sein Leben gab. »Er wurde arm um euretwillen«, heißt es im 2. Korintherbrief, »damit ihr durch seine Armut reich würdet.« Dafür lebte und dafür starb Jesus, nicht daß wir durch ihn wohlhabend, wohl aber, daß wir durch ihn frei würden, so frei, daß wir mit dem Wenigen oder auch mit dem Vielen, das wir besitzen, weitherzig und als liebende Menschen umgehen könnten.

Alternativvorschläge:

a) Ich kann mir gut eine Predigt vorstellen, die dem Gedanken folgt, daß sich Jesus in dieser Perikope an die Schriftgelehrten wendet. Er wirft ihnen vor, daß sie selbst nicht tun, was sie von anderen fordern. Bei ihnen klaffen Lehre und Leben auseinander. Darum haben ihre Lehrsätze etwas Erstarrtes und Hartgewordenes an sich. Was aber lebendig ist, läßt sich nicht in tote Formeln pressen. Hinter der Verrechtlichung und Verdogmatisierung des Lebens durch die Schriftgelehrten steht letztlich Angst. Dagegen lebt die Witwe aus einem tiefen Vertrauen. Im Gegensatz zu den Schriftgelehrten lebt sie authentisch. Die Schriftgelehrten sichern sich ab, die Witwe riskiert viel. – Die Schriftgelehrten und die Witwe als zwei Möglichkeiten in uns.
b) Die Witwe gibt ihren letzten Pfennig nicht für noch Ärmere, sondern für die Finanzierung von Tempel und Gottesdiensten her. Jesus läßt es so geschehen. Steckt dahinter die alte Erfahrung, daß Menschen, die Geld für den Gottesdienst übrighaben, auch die Bedürftigen nicht zu kurz kommen lassen? – Die Witwe erfüllt ein Gelübde. Sie bringt ihre Dankbarkeit gegenüber Gott öffentlich zum Ausdruck. Ist das ihr Glaubenszeugnis? – Es gibt nur eine Weise, die Wahrheit von Gott zu verbreiten: daß Menschen mit ihrer eigenen Existenz für das einstehen, was sie von Gott verstanden haben (Eugen Drewermann, Das Markusevangelium II, Walter-Verlag, Olten, S. 319).

Kontexte
»Es ist ein schweres Mißverständnis, wenn in unseren Tagen gesagt wird, das Christentum oder die Religion sei dazu bestimmt, von der Armut zu erlösen. Die Religion

Jesu ist dazu bestimmt, zur Armut zu befreien, und die ganze Kunst besteht darin, wie wir einen Menschen dazu bringen können, daß er inmitten seiner Armut aufhört, sich zu schämen, und den Reichtum fühlt, den er besitzt, wenn er nur weitherzig und großzügig genug ist« (E. Drewermann, a.a.O., S. 326).

»Danken kann man mit Worten, das ist leicht und kostet gar nichts; aber weder Gott noch Menschen liegt an einem solchen Dank. Danken kann man auch mit Taten, das kostet Opfer, fällt uns schwer, verdrießt uns; aber jede solche Tat hilft mit, daß unsere Welt ein wenig besser wird. Und in jeder Tat, die uns ein Opfer kostet, ist Gott selber mit am Werk, um Menschen durch Menschen zu helfen« (H. Frank).

Für diesen Band arbeiteten

Pfarrer Martin Adam, Mainz. Pfarrer Dr. Andreas Eitz, Freigericht. Pfarrer Hermann Otto Geißler, Wiesbaden. Pfarrer Dr. Wolfgang Gerlach, Kettwig. Pfarrer Rainer Glatz, Vorwohle. Pfarrer Dr. Friedrich Gölz, Stuttgart. Professor Dr. Gert Hartmann, Herborn. Pfarrer Richard Hilge, Münster. Pfarrerin Susanne Kahl-Passoth, Berlin. Pfarrer Hannes-Dietrich Kastner, Worms. Pfarrerin Ingrid Keßler-Woertel, Moormerland-Veenhusen. Pfarrer Heinz-Dieter Knigge, Göttingen. Pfarrer Wolfhart Koeppen, Ortenburg. Pfarrerin Sigrid Lunde, Bad Kreuznach. Pfarrerin Heike Mahlke, Hannover. Pfarrer Klaus von Mering, Nordseebad Langeoog. Pfarrer Hans-Georg Nagel, Bad Kreuznach. Propst Karl-Heinz Ronecker, Jerusalem. Professor Dr. Günter Ruddat, Bochum. Pfarrerin Christel Schibilsky, Bottrop. Pfarrer Christoph Schmidt-Ehmcke, Münster. Superintendent Nikolaus Schneider, Neukirchen-Vluyn. Pfarrer Dieter Schupp, Kaiserslautern. Pfarrer Helmut Siegel, Hildesheim. Pfarrer Holger Tietz, Weyhe-Erichshof. Pfarrer Klaus Wende, Creußen.